리더는 마지막에 먹는다

숫자가 아닌 사람을 귀중히 여기는
리더의 힘

LEADERS EAT LAST

리더는
마지막에 먹는다

사이먼 사이넥 지음 | 이지연 옮김

36.5

"조직의 복지에 초점을 맞추는 리더는 결코 실패하지 않는다."

역사상 조직이 경영을 통해 위기를 극복한 예는 없다. 모든 위기는 리더십을 통해 극복됐다. 그런데도 오늘날 수많은 교육 기관과 훈련 프로그램은 훌륭한 리더 양성이 아니라 효과적인 매니저 교육에 초점을 맞추고 있다. 단기 이익을 성공의 유일한 지표로 간주하고, 그 과정에서 조직의 장기적 성장 및 생존은 간단히 희생한다. 《리더는 마지막에 먹는다》는 바로 이러한 패러다임을 바꾸려는 시도다.

《리더는 마지막에 먹는다》에서 사이먼 사이넥은 새로운 리더십 이론이나 핵심 원칙을 제시하지 않는다. 그가 제시하는 것은 그보다 훨씬 고차원적이다. 사이먼은 세상이 한두 사람이 아닌 모든 사람에게 더 나은 곳이 되기를 바란다. 그의 비전은 간단하다. 조직의 성패가 경영의 수완이 아니라 뛰어난 리더십에 기초한다는 것을 제대로 이해하는, 새로운 세대를 창조하는 것이다.

리더는 언제나 구성원들에게 집중해야 한다는 점을 설명하기 위해 사이먼이 미 육군, 특히 해병대를 예로 드는 것은 우연이 아니다. 이들 조직은 강력한 조직문화와 공통의 가치관을 갖고 있고, 팀워크의 중요성을 이해하며, 구성원들 사이에 신뢰를 구축하고 있다. 또한 이들은 중심을 잃지 않으며 (가장 중요한 점으로) 미션을 성공시키려면 구성원 간의 관계가 중요하다는 사실을 잘 안다. 무엇보다 이들 조직은 실패의 대가가 곧 재앙이 될 수 있는 위치에 있다. 실패란 결코 용납할 수 없다. 그리고 이를 뒷받침해주는 건 두 말할 필요도 없이 조직을 구성하는 구성원의 힘이다.

혹시 식사시간에 미 해병대원들을 엿볼 기회가 있다면 한번 잘 살펴보길 바란다. 미 해병대원들은 최하급자가 가장 먼저, 최상급자가 가장 나중에 배식을 받는다. 더 살펴보면 이것이 결코 명령에 의한 행동이 아니라는 것도 눈치챌 수 있을 것이다. 해병대원이라면 누구나 그냥 그렇게 한다. 그뿐이다. 이 아주 간단한 행동 속에 리더십을 보는 해병대의 시각이 들어 있다. 해병대에서는 으레 리더가 제일 마지막에 먹는 것으로 되어 있다. 자신의 필요보다 기꺼이 타인의 필요를 우선할 수 있는 마음가짐이야말로 리더십에 따르는 진정한 의무이기 때문이다. 자신이 이끄는 사람들을 진심으로 걱정하며, 리더십이라는 특권을 누리려면 사리사욕을 희생할 필요가 있다는 사실을 이해하는 사람이 훌륭한 리더다.

《나는 왜 이 일을 하는가》에서 사이먼은 어떤 조직이 성공하기 위해서는 그 리더가 조직의 진정한 목적, 즉 '왜the Why'를 이해해야 한다고 설명했다. 《리더는 마지막에 먹는다》에서 사이먼은 어떤 조직은 왜 다른 조직보다 뛰어난지에 관해 한 차원 높은 이해를 보여준다. 그리고 그 과정에서 리더십이라는 어려운 임무를 구성하는 여러 요소를 조목조목 자세히 분석한다. 간단히 말해, 조직의 '왜'를 아는 것만으로는 충분하지 않다. 당신은 당신이 이끄는 사람들을 잘 알아야 하고, 사람은 결코 소모적 자원이 아니라는 것을 깨달아야 한다. 요컨대 전문성만으로는 훌륭한 리더가 될 수 없다. 훌륭한 리더는 자기가 맡은 사람들을 진심으로 아껴야 한다.

조직이 장기적으로 지탱하려면 훌륭한 경영만으로는 충분하지 않다. 사이먼은 인간 행동의 구성 요소들을 심도 있게 설명하면서, 단기적으로는 잘 해내던 조직이 결국에 가서는 실패할 수밖에 없는 진짜 이유를 명쾌하게 보여준다. 실패한 조직의 리더들은 사람이 정말로 중시되는 환경을 조성하는 데 실패했음에 틀림없다. 사이먼이 지적하는 것처럼 가치를 서로 공유하고 사람을 귀중하게 여기는 조직은 좋은 시절이든 힘든 시절이든 꾸준하게 성공을 유지한다.

미국 제6대 대통령 존 퀸시 애덤스는 사이먼의 메시지를 이미 이해하고 있었던 것 같다. 그는 리더가 된다는 것이 무슨 의미인지 명확히 아는 사람이었다.

'당신의 행동이 타인들로 하여금 더 많이 꿈꾸고,
더 많이 배우고, 더 많이 일하고,
더 나은 사람이 되게끔 영감을 불어넣는다면
당신은 분명 리더다.'

이 말 속에 사이먼 사이넥이 전하는 메시지가 고스란히 들어 있다. 리더가 자신이 이끄는 사람들에게 영감을 줄 수 있을 때, 그 리더를 따르는 사람들은 더 나은 미래를 꿈꾸며 시간과 노력을 투자해 더 많이 배우려고 하고, 조직을 위해 더 많은 일을 하며 그 과정에서 스스로 리더가 된다. 자신의 사람을 돌보고 항상 조직의 복지에 초점을 맞추는 리더는 결코 실패하지 않는다. 독자들도 이 책을 읽고 나면 언제나 제일 마지막에 먹고 싶어지기를 바라본다.

조지 J. 플린
전 미 해병대 중장

차례

1
부

우리는 안전하다고
느끼고 싶다

1장
보이지 않는 곳에서 보이는 곳으로

두꺼운 구름층이 빛을 완전히 차단했다. 달빛은커녕 별 하나 찾아볼 수 없었다. 깜깜했다. 골짜기 사이로 군인들이 천천히, 그리고 조금씩 앞으로 나아가고 있었다. 지형이 온통 바위투성이라 행군은 거북이걸음만큼이나 느릴 수밖에 없었다. 어딘가에서 수색하고 있을 적군의 시야에 잡혀서도 안 되었다. 부대원들은 하나같이 살얼음판을 걷는 기분이었다.

9.11 테러 공격이 있은 지 아직 채 1년도 지나지 않았다. 바로 얼마 전에는 알카에다의 리더인 오사마 빈 라덴을 넘기라는 요구에 불응하던 탈레반 정부가 미군의 대규모 공격을 받고 무너졌다. 이 지역에는 특수작전부대가 많았고 그들이 수행하던 임무는 심지어 오늘날까지도 기밀로 분류되어 있다. 지금 이들도 바로 그런 작전 부대 중 하나였고, 지금 하고 있는 일도 그런 임무 중 하나였다.

지금 우리가 아는 것은 스물두 명으로 된 특수부대가 적지 깊숙한 곳에서 작전을 수행하고 있었다는 것과, 이들이 얼마 전 소위 정부가 '고가치 표적'이라고 부르는 사람을 생포했다는 사실뿐이다. 이들은 이 '고가치 표적'을 안전가옥으로 호송하기 위해 아프가니스탄 산악 지대의 깊은 골짜기를 통과하는 중이었다.

그날 밤 두툼한 구름 위를 날고 있던 사람은 조니 브라보라는 콜사인(무전을 칠 때 사용하는 호출 부호 — 옮긴이) 혹은 별명으로 통하는 마이크 드라울리였다. 윙윙거리는 엔진 소리를 제외하면 구름 위는 완벽하게 평화로웠다. 하늘에는 수천 개의 별이 박혀 있었고 달빛이 구름 위를 환히 비추어 마치 눈이 금방 내려앉은 것처럼 보였다. 아름다운 풍경이었다.

조니 브라보와 그의 윙맨(2기의 전투기가 1개 조를 이룰 때 주로 뒤쪽에서 호위를 담당하는 전투기의 조종사 — 옮긴이)은 A-10 비행기로 구름 위를 선회하며 혹시나 있을지 모를 지상 부대의 지원 요청을 기다리고 있었다. 멧돼지라는 애정 어린 별명으로 불리는 A-10기는 정확히 말하면 전투기가 아니라 공격기였다. 비행속도가 다소 느리고 조종석이 하나뿐인 이 장갑 항공기는 지상에 있는 부대에 근접 항공 지원을 제공할 목적으로 설계된 비행기였다. 다른 전투기와는 달리 빠르지도 날렵하지도 않았지만(별명이 말해준다) 임무 수행에는 제격이었다.

A-10기에 타고 있는 조종사들이나 지상에 있는 부대원들이나, 이왕이면 서로를 눈으로 볼 수 있는 편이 좋았다. 머리 위의 비행기를 눈으로 보면서 누군가 망을 봐주고 있다고 생각하면 지상의

부대원들은 훨씬 더 자신감을 가질 수 있다. 파일럿들도 저 아래에 부대원들의 모습이 보이면 필요할 때 도움을 줄 수 있겠구나 하고 안심할 수 있었다. 하지만 그날 밤 구름으로 뒤덮인 아프가니스탄의 산악 지형에서 서로가 거기 있다는 것을 알 수 있는 방법은 오로지 간간이 오가는 무선연락뿐이었다. 시야에 잡히는 것은 없었고 실제로 무슨 일이 벌어지고 있는지도 전혀 알 수 없었지만, 무전기를 통해 저 아래에서 느끼고 있을 불안감이 전해졌다. 무언가 행동을 취해야 했다.

직감적으로 조니 브라보는 기체 강하가 필요하다고 판단했다. 구름 밑으로 내려가서 지상에서 무슨 일이 벌어지고 있는지 두 눈으로 봐야겠다고 말이다. 대담한 생각이었다. 두꺼운 구름이 낮게 깔려 있었고, 여기저기 폭풍이 불고 있었다. 아래로 내려가면 골짜기 사이로 비행해야 할 텐데 야간 투시경 때문에 시야가 좁아질 수밖에 없었다. 제아무리 경험 많은 파일럿이라고 해도 선뜻 시도하기 힘든 상황이었다.

아무도 조니 브라보에게 그런 위험한 비행을 하라고 명령한 적이 없었다. 오히려 들은 말이 있다면, 위치를 사수하며 지원요청이 올 때까지 기다리는 얘기뿐이었다. 하지만 조니 브라보는 그저 그런 파일럿이 아니었다. 그는 수천 피트 상공의 조종석이라는 안전한 보호 장치 속에 있으면서도 저 아래에 있는 사람들의 불안을 느낄 수 있는 파일럿이었다. 어떤 위험이 기다리든 지금은 강하를 하는 것이 옳은 일이라는 것을 그는 느끼고 있었다. 그리고 그것을 아는 이상 결코 주저할 수 없었다.

막 구름을 뚫고 계곡으로 내려가려던 찰나, 그의 직감이 옳았다는 것이 확인됐다. 무전기에서 세 마디 단어가 흘러나왔다. 그어느 파일럿이라도 목덜미가 서늘해질 짧은 세 마디였다. "부대 접촉 중."

'부대 접촉 중'은 지상에 있는 부대가 공격받고 있다는 것을 알리는 호출 용어다. 훈련 상황에서는 여러 번 이 말을 들어보았지만, 조니 브라보가 교전 상황에서 '부대 접촉 중'이라는 호출을 들은 것은 이날 밤 2002년 8월 16일이 처음이었다.

조니 브라보는 지상에 있는 대원들과 교감할 수 있는 방법을 개발해두고 있었다. 대원들이 느끼는 것을 그대로 느낄 수 있는 방법 말이다. 훈련비행을 할 때마다, 전장 위를 날 때마다, 조니 브라보는 항상 마음속으로 영화 〈라이언 일병 구하기〉에서 연합군이 노르망디 해안으로 밀고 들어가던 장면을 떠올렸다. 히긴스 보트에서 경사로가 내려지면 병사들은 쏟아지는 독일군의 포화를 뚫으며 해변을 향해 달렸다. 총알들이 쌩쌩 병사들 옆으로 스쳐갔고 길 잃은 총알들은 강철로 된 선체에 가서 탕탕 부딪혔다. 총에 맞은 병사들은 비명을 내질렀다. 조니 브라보는 훈련 중에 '부대 접촉 중'이라는 말을 들을 때마다 언제나 저 밑에서 그런 일이 벌어지고 있다고 상상하는 훈련을 했었다. 지금 지원 요청에 반응하는 조니 브라보의 머릿속에도 그 장면들이 생생히 떠올랐다.

그는 윙맨에게 꼼짝 말고 구름 위를 지키고 있으라고 지시하고는 관제실과 지상부대에 자신의 뜻을 전했다. 그리고 저 아래 어둠 속으로 기수를 돌렸다. 구름을 뚫고 들어가자 난기류가 비행기와 조니 브라보를 강타했다. 왼쪽으로 푹. 아래로 뚝. 오른쪽으로 덜컹. A-10기는 우리가 타고 다니는 여객기처럼 비행기 탑승자의 편이를 위해 설계된 기계가 아니었다. 구름층을 통과하는 동안 조니 브라보의 비행기는 정신없이 흔들리고 튀어 올랐다.

뭐가 있을지 감조차 잡을 수 없는 미지의 상황 속으로 돌진하며 조니 브라보는 온 신경을 비행기에 집중했다. 최대한 많은 정보를 수집해야 했다. 그는 계기판을 하나하나 체크하는 동시에 잽싸게 전방을 훔쳐보았다. 고도, 속도, 방향, 전방. 고도, 속도, 방향, 전방. "제. 발. 좀. 돼. 라. 제. 발. 좀. 돼. 라." 그는 중얼중얼 혼자서 속삭였다.

마침내 비행기가 구름층을 통과했다. 비행기는 계곡 위를 날고 있었고 지상까지 거리는 1,000피트도 되지 않았다. 눈앞에 펼쳐진 광경은 지금까지 조니 브라보가 보았던 그 어떤 장면과도 달랐다. 훈련에서도 영화에서도 이런 장면은, 비슷한 것조차 본 적이 없었다. 계곡 양쪽에서 적군의 포화가 불을 뿜고 있었다. 어마어마한 포화였다. 대체 얼마나 많이 쏘아대는지, 예광선(총알을 뒤따르는 빛의 꼬리)이 그 일대를 환하게 밝히고 있었다. 총알과 로켓탄은 모두 가운데를 향하고 있었다. 저 아래 꼼짝도 못하고 있는 특수작전부대에게 그 모든 포화가 정조준되어 있었다.

2002년에는 비행기 전자장치가 요즘처럼 정교하지 못했다. 자동항법장치에만 의존하면 비행기가 산자락에 가서 부딪칠 수도 있었다. 게다가 그가 의지해야 하는 지도는 1980년대 아프가니스탄 침공 때 구소련군이 남기고 간 지도였다. 하지만 지상부대의 기대를 저버리는 것은 상상조차 할 수 없는 일이었다. "죽음보다 더한 운명도 있는 거죠." 조니 브라보는 이렇게 표현한다. "죽음보다 더한 운명 중 하나는 실수로 같은 편을 죽이는 거예요. 다른 하나는 나머지 스물두 명이 죽었는데 혼자 살아서 돌아가는 거고요."

그래서 8월의 그 어두웠던 밤 조니 브라보는 숫자를 세기 시작했다. 그는 자신의 비행 속도와 산으로부터 떨어진 거리를 알고 있었다. 그는 머릿속으로 재빨리 계산을 끝내고 큰 소리로 계곡의 벽에 닿기까지 남은 시간을 세었다. "하나 둘 셋 넷, 둘 둘 셋 넷, 셋 둘 셋 넷……" 그는 적들의 포화가 쏟아져 나오는 곳을 향해 총구를 겨누고 개틀링 기관총의 방아쇠를 당겼다. "넷 둘 셋 넷, 다섯 둘 셋 넷, 여섯 둘 셋 넷……" 계곡까지 거리가 빠듯해지자 그는 조종간을 당겨 비행기를 급선회시켰다. 머리 위 구름 속으로 다시 진입하자 비행기가 우르릉 쾅쾅 우는 소리를 냈다. 산에 부딪히지 않을 방법은 그 수밖에 없었다. 다시 돌아가기 위해 방향을 틀자 관성력 때문에 몸이 조종석 깊숙이 가서 처박혔다.

그런데도 무전기에서는 아무 소리도 나지 않았다. 그 침묵에 조니 브라보는 순간 멍해졌다. 무전기에서 아무 소리도 들리지 않는다는 건 그가 한 지원사격이 아무 소용없었다는 뜻일까? 무전기를 든 병사가 쓰러진 걸까? 아니면 더 절망적으로, 부대원이 전멸한 건 아닐까?

그 순간 무전 호출이 왔다. "명중! 명중! 계속 쏴라!" 그래서 그는 계속 쐈다. 조니 브라보는 산자락에 처박히지 않으려고 숫자를 세면서 또 한 번 계곡을 지나갔다. "하나 둘 셋 넷, 둘 둘 셋 넷, 셋 둘 셋 넷……." 급선회하여 돌아와서 다시 사격. 같은 식으로 한 번 더. 그리고 다시 한 번 더. 사격은 매번 명중이었고 연료도 충분했다. 문제는 탄약이었다.

조니 브라보는 기수를 구름 위로 돌려 여전히 주변을 선회하고 있는 윙맨과 다시 합류했다. 재빨리 파트너에게 상황을 알려주고 딱 한 가지 일만 해달라고 지시했다. "날 따라와." 곧 날개를 겹치다시피 3피트 간격으로 날고 있는 두 대의 A-10기가 구름 속으로 함께 사라졌다.

잠시 후 그들 둘은 지상에서 1,000피트도 떨어지지 않은 곳에 나타났다. 두 사람은 함께 계곡을 날기 시작했다. 조니 브라보가 숫자를 세고 윙맨은 그 뒤를 따르며 포화를 퍼부었다. "하나 둘 셋 넷, 둘 둘 셋 넷, 셋 둘 셋 넷, 넷 둘 셋 넷……." 신호에 맞춰 두 대의 비행기는 함께 급선회를 하고, 다시 돌아오고, 다시 돌아왔다. "하나 둘 셋 넷, 둘 둘 셋 넷, 셋 둘 셋 넷, 넷 둘 셋 넷."

그날 밤, 스물두 명의 대원은 살아서 귀환했다. 사상자는 한 명도 없었다.

인센티브로는 설명할 수 없는 공감의 가치

8월의 그날 밤 아프가니스탄 상공에서, 조니 브라보는 다른 사람들을 살릴 수 있을지 모른다는 생각에 자신의 목숨을 걸었다.

그는 아무런 보너스도 받지 못했다. 승진을 하거나 회사 밖에서 상을 받은 것도 아니었다. 세간의 관심을 받거나 리얼리티 쇼에 나가고 싶어서 그런 일을 한 것도 아니었다. 조니 브라보에게는 그것이, 그의 표현에 따르자면, '자기가 맡. 은. 일.'의 일부였을 뿐이다. 그 일을 통해 그가 받은 가장 큰 상은 자신이 그날 밤 상공에서 지원사격을 제공한 대원들을 만난 일이었다. 단 한 번도 만난 적이 없었지만 그들은 서로를 만나자마자 마치 오래된 친구처럼 끌어안았다.

　수직적 위계서열 속에서 일하는 사람들은 자신이 한 일을 윗선에서 알아주길 바란다. 우리는 인정받고 상을 받기 위해 손을 번쩍 든다. 대부분의 사람이 상사에게 더 많이 인정받을수록 더 많이 성공했다고 생각한다. 하지만 이것은 우리를 관리하는 상사가 회사에 계속 남아 있고, 그 상사가 위로부터 지나친 압박을 느끼지 않을 때만 효과를 낼 수 있는 시스템이다. 그저 '윗선으로부터 인정받기 위해서'라는 동기는 조니 브라보 같은 사람이 갖고 있는 임무 성공의 의지와 조직에 기여하고픈 염원을 전혀 제대로 설명하지 못한다. 이런 염원과 의지는 희생과 봉사의 문화 속에 녹아 있는 것이며, 그런 문화를 가진 조직에서는 상부와 하부를 막론하고 서로가 서로를 보호한다.

　돌아오지 못할 수도 있다는 사실을 알면서도, 뭐가 있을지 모를 어둠 속으로 뛰어들 수 있는 용기는 대체 어디에서 나오는 걸까? 조니 브라보의 대답은 당신의 예상을 벗어날 수도 있다. 훈련이 중요하기는 해도 훈련이 용기의 근원은 아니다. 학교에서 갖가지 고급 과정을 이수한 것도 맞지만 교육이 원인도 아니다. 우수한 장비들을 사용하고는 있지만 비행기나 정교한 시스템이 용기를 주지는 않는다. 조니 브라보는 비행을 하며 수많은 첨단 기술을 사용하지만 실제로 임무를 수행하는 데 가장 훌륭한 자산은 공감할 수 있는 능력이라고 말한다. 제복을 입고 타인을 위해 위험을 무릅쓰는 직업을 가진 이들에게 왜 그 일을 하는지 물어보라. 돌아오는 대답은 한결같을 것이다. "그 사람들도 나를 위해 그렇게 해줬을 테니까요."

조니 브라보 같은 사람들은 대체 어떻게 생겨나는 걸까? 그저 타고나기를 그렇게 타고난 것일까? 그런 사람도 있을 것이다. 하지만 일터의 환경이 특정 기준을 만족시킨다면 그 누구라도 조니 브라보와 같은 용기와 희생을 발휘할 수 있다. 목숨을 걸거나 다른 사람의 목숨을 구하는 정도까지는 아니더라도, 기꺼이 동료의 성공을 돕고 함께 영광을 나눌 것이다. 그리고 환경이 뒷받침된다면 동료들 역시 우리를 위해 그렇게 하려 할 것이다. 이런 일이 벌어지면, 다시 말해 이런 유대감이 형성되면, 그 어떤 돈이나 명예, 포상으로도 사지 못할 성공과 성과를 낼 수 있는 기초가 마련되는 것이다. 리더가 조직원들의 복지를 최우선으로 생각하는 곳, 그래서 조직원들이 서로의 복지와 조직 전체를 보호하고 발전시키기 위해 자기가 가진 모든 것을 바치는 곳에서 일한다는 것은 바로 이런 의미이다.

내가 군대를 예로 드는 이유는 생사가 달린 문제일 때 교훈이 더욱 크게 느껴지기 때문이다. 최고의 성공을 달성하는 조직, 경쟁자들의 허를 찌르는 혁신을 이뤄내는 조직, 안팎으로 최고의 존경을 받는 조직, 충성도가 높고 직원 이탈이 적으며 그 어떤 폭풍우나 도전을 만나도 이겨낼 수 있는 조직에는 일정한 패턴이 존재한다. 이런 특출한 조직들은 위에서는 리더가 보호막을 쳐주고 아래에서는 조직원들이 서로를 지켜주는 문화를 갖고 있다. 그들이 기꺼이 한계를 넘어서고 위험을 감수하는 이유는 바로 이런 문화 때문이다. 그리고 어떤 조직이든 이런 문화를 형성할 수 있는 방법은 바로 공감이다.

2장
놓치기 쉬운 한 마디, '직원도 사람이다'

회사에 공감이 생기기 전에는 출근하는 것이 일하러 가는 기분이었다. 아침마다 공장 직원들은 기계 앞에 서서 업무 시작을 알리는 벨 소리가 울리길 기다렸다. 그리고 벨이 울리면 일제히 자기 앞에 있는 스위치를 올리고 기계를 가동했다. 불과 몇 초 만에 윙윙거리는 기계 소리에 직원들의 목소리가 파묻혀 버렸다. 업무 시간이 시작된 것이다.

약 두 시간 뒤에 다시 한 번 벨이 울리면 직원들의 휴식시간이었다. 기계는 멈춰 섰고 직원들은 다들 자리를 떴다. 화장실에 가는 사람도 있고 커피를 마시러 가는 사람도 있었다. 어떤 이들은 그냥 다시 업무 시작 벨이 울릴 때까지 기계 옆에 앉아서 쉬기도 했다. 몇 시간 후에는 다시 한 번 벨이 울렸고 직원들은 건물을 벗어나 점심을 하러 갔다. 그동안은 항상 이런 식이었다.

"다른 방법을 몰랐어요." 조립라인의 조장인 마이크 머크의 말이다. 14년간 헤이슨샌디어커 사에서 일해온 그는 남부 지역 특유의 느릿느릿 끄는 억양으로 이렇게 말했다. "아마 건물 안에 있는 다른 사람들도 모두 같은 얘기를 할 거예요."

하지만 사우스캐롤라이나에 위치한 이 회사를 밥 채프먼이 인수한 이후 상황은 달라졌다. 채프먼은 제조기업 위주로 구성된 회사 집단인 배리웨밀러 사의 CEO였고, 몇 년째 같은 업종의 회사를 꾸준히 사들이고 있었다. 대부분 곤란을 겪고 있는 회사들이었다. 재무상태도 부실했고, 때로는 재무상태보다 기업문화가 더 형편없기도 했다. 헤이슨샌디어커 사는 채프먼이 가장 최근에 인수한 회사였다. 다른 CEO였다면 컨설턴트 팀도 데려오고 새로운 전략도 도입해서 전 직원들에게 '회사 수익성 개선 방안'을 설명하려 들었을지도 모른다. 하지만 채프먼은 그와 달리 적극적으로 기꺼이 직원들의 이야기를 듣고자 했다. 회사를 하나 인수할 때마다 늘 그랬듯이 채프먼은 직원들과 함께 앉아서 그들의 이야기를 들었다.

이 회사에서 27년을 근무한 베테랑 직원 론 캠벨은 석 달간 푸에르토리코 출장을 막 끝내고 돌아온 참이었다. 그는 그곳에서 고객의 공장에 헤이슨샌디어커 사의 제조 장비를 설치했다. 캠벨은 채프먼과 면담을 하면서도 회사 생활에 관해 이야기하기를 주저했다. 캠벨은 이렇게 물었다. "먼저, 제가 진실을 이야기해도 내일 출근할 수 있는 겁니까?" 채프먼은 미소를 지었다. "오늘 말한 것과 관련해서 내일 조금이라도 문제가 생긴다면 나를 부르세요." 채프먼은 캠벨을 안심시켰다.

그제야 캠벨은 입을 열기 시작했다. "사장님, 사장님은 제가 여기 있을 때보다 제가 안 보일 때 저를 더 신뢰하시는 것 같습니다. 저는 멀리 고객사에 나가 있을 때가 지금보다 더 자유로웠어요." 캠벨은 푸에르토리코에서 보낸 시간을 예로 들며 이렇게 말했다. "출장에서 돌아와 공장에 들어서자마자 자유가 몽땅 사라지는 것 같아요. 누군가 계속 따라다니며 명령을 내리는 것 같죠. 출근했거나 점심을 먹으러 나가거나 돌아왔거나 퇴근할 때마다 출퇴근 카드를 찍어야 해요. 푸에르토리코에서는 그럴 필요가 없었는데 말입니다." 채프먼은 이전에 그 어느 공장에서도 이런 얘기를 들어본 적이 없었다.

"엔지니어나 회계부서 직원처럼 사무실에서 일하는 사람들과 저는 똑같은 문으로 출근합니다." 캠벨은 말을 이었다. "그 사람들은 왼쪽을 돌아서 사무실로 가고 저는 직진해서 공장으로 들어올 뿐이죠. 하지만 우리는 철저히 다른 대우를 받습니다. 사장님은 그 사람들이 언제 음료수를 사오고 커피를 마시고 휴식을 취할지 그들의 결정에 맡겨두시면서 저한테는 벨이 울릴 때까지 기다리라고 하시죠."

다른 사람들도 똑같이 느끼고 있었다. 마치 서로 다른 두 개의 회사가 있는 것 같았다. 기계 옆에 서 있는 사람들은 자신이 책상이 아닌 공장 바닥에서 일하기 때문에 아무리 많은 노력을 쏟아부어도 회사가 자신을 신뢰하지 않는 거라고 느꼈다. 자녀에게 오늘 좀 늦겠다고 집에 전화를 걸어야 한다면 사무실 직원은 그냥 수화기를 들고 전화를 걸면 됐다. 하지만 공장에서는 공중전화를 써도 될지 먼저 허락을 받아야 했다.

캠벨이 말을 마치자 채프먼은 인사팀장을 불러 출퇴근시간 기록계를 치워야겠다고 말했다. 업무 시작 벨도 없애야 했다. 무슨 대단한 선언식을 한다거나 반대급부로 직원들에게 무엇을 요구하는 일 없이 채프먼은 앞으로 여러 가지 환경을 바꾸기로 결심했다. 그리고 이것은 시작에 불과했다.

채프먼은 회사에 공감대를 형성시키기로 했고 신뢰라는 기준을 새롭게 세우기로 했다. 채프먼은 모든 사람을 공장 노동자나 사무실 직원으로 보는 것이 아니라 같은 사람으로 보고 똑같이 대우할 수 있게끔 회사를 변화시켰다.

그동안 예비용 기계 부품들은 자물쇠가 채워진 창고에 보관되어 있었다. 부품이 필요한 직원은 창고 밖에 줄을 서서 담당 직원에게 필요한 것을 가져다달라고 얘기해야 했으며 직접 창고 안에 들어갈 수는 없었다. 좀도둑을 막기 위한 경영진 나름의 방식이었다. 하지만 이런 방식은 도둑은 막아줬을지 몰라도 경영진이 직원들을 신뢰하지 않는다는 사실을 뇌리에 강하게 주입시켰다. 채프먼은 열쇠를 모두 없애고 철책을 철거하라고 지시했다. 그리고 직원 중 누구라도 창고에 들어가 자신이 필요하다고 생각하는 부품이나 기구를 가지고 나올 수 있게 했다.

채프먼은 공중전화를 모두 치우고 모든 직원이 언제든지 회사 전화를 이용할 수 있게 했다. 동전도, 허락도 필요하지 않았다. 모든 직원은 언제든지 회사 안 어느 문이든 열고 들어가서 어느 부서든지 방문할 수 있었다. 행정실에서 일하는 직원이든, 공장에서 일하는 직원이든 모두 똑같은 대우를 받도록 했다. 이것이 회사의 새로운 방침이 되었다.

채프먼은 사람들의 신뢰를 얻기 위해서는 조직의 리더가 먼저 그들을 사람으로 대접해야 한다는 사실을 잘 알고 있었다. 신뢰를 얻고 싶으면 신뢰를 실천해야 했다. 채프먼은 대학을 나오고 회계에 능한 사람이라고 해서 검정고시로 고등학교를 마치고 손재주가 좋은 사람보다 더 신뢰할 만하다고는 생각하지 않았다. 채프먼은 사람들은 근본적으로 선하다고 믿었고 그래서 그렇게 대우하려고 했다.

얼마 지나지 않아 회사가 마치 한 집안처럼 느껴지기 시작했다. 일하는 환경만 바꾸었을 뿐 사람들은 그대로였는데도 서로를 대하는 방식이 달라지기 시작했다. 직원들은 서로 소속감을 느꼈고, 편안하고 존중받는 기분이 들었다. 직원들은 내가 돌봄을 받는다고 느끼는 만큼 다른 사람을 돌보기 시작했다. 이렇게 서로를 돌보는 환경 덕분에 직원들은 (채프먼이 즐겨 쓰는 용어로) '머리와 가슴'을 모두 헌신할 수 있었고 회사도 매출도 오르기 시작했다.

페인트 부서에서 일하는 시간제 직원 한 명이 사생활에서 위기를 맞았다. 당뇨병을 앓고 있는 아내가 다리를 잃게 되었던 것이다. 이 직원은 아내를 돌볼 수 있는 시간이 필요했지만 그렇다고 해서 일하는 시간을 줄인다면 임금이 줄어들 것이므로 일을 줄일 수도 없었다. 그러나 이제 헤이슨샌디어커 사는 이전의 그 회사가 아니었다. 아무도 부탁하지 않았지만 동료들이 서둘러 대책을 마련했다. 이 직원이 휴가를 더 쓸 수 있도록 자신들의 유료 휴가일을 넘겨준 것이다. 이전의 회사 같았으면 상상도 못했을 일이었다. 심지어 그 일은 사규에 위반되는 일이었지만 그런 것은 문제가 되지 않았다. "우리는 이전보다 확실히 동료를 더 많이 배려하고 있었어요." 머크의 말이다. 그래서 행정실 직원들의 도움을 받아 위기에 빠진 직원을 도울 수 있었다.

"일을 즐길 수 있을 거라고는 한 번도 생각해보지 못했어요." 캠벨은 이렇게 말했다. "신뢰를 주면 사람들은 그 신뢰를 얻거나 유지하기 위해 더 열심히 일합니다." 철조망으로 된 울타리를 없앤 지 10년도 넘게 지났지만 회사 부품을 훔쳐간 사람은 거의 없었다. 무엇보다 어느 직원이든 개인적인 문제가 생기면 회사의 지도부나 동료들이 도와줄 거라는 사실을 다들 알고 있었다.

직원들은 단순히 서로의 곤란한 문제를 도와주는 데서 그치지 않았다. 직원들은 기계를 더 세심하게 조작했고 그 결과 고장을 덜 일으켰으며 생산이 중단되는 일도 줄어들었다(따라서 경비도 줄었다).

이런 변화는 직원들뿐만 아니라 회사에도 유익했다. 채프먼이 회사를 인수한 이후 헤이슨샌디어커 사의 매출은 5,500만 달러에서 9,500만 달러로 증가했다. 자체 성장과 인수합병을 통한 성장이 반영된 결과였다. 그것도 차입 없이 그리고 경영 컨설턴트의 조직 개편 없이 이뤄낸 성장이었다. 성장의 원인은 원래부터 일하던 직원들의 힘이었다. 직원들은 새로운 마음으로 회사에 헌신했고 그렇게 된 이유는 보너스나 협박 같은 다른 원인이 아니었다. 직원들은 스스로 원해서 회사를 위해 일하게 됐다. 서로를 아껴주는 새로운 문화 덕분에 직원들과 회사의 여러 전략이 시너지 효과를 발휘하게 되었다.

회사의 리더가 직원들의 말에 귀를 기울이면 이런 일이 일어난다. 강요나 압박, 강제를 가하지 않아도 직원들은 자연스럽게 서로를 돕고자 협력하고 회사를 발전시킨다. 의무감으로 일하던 것이 자부심을 갖고 일하는 것으로 바뀐다. 회사에 마지못해 출근하던 것이 서로를 위해 일하려고 출근하는 것으로 바뀐다. 그리고 이제 직장은 두려운 곳이 아니라, 존중을 받는 곳이 된다.

우리는 보고 싶은 것만 본다

채프먼은 헤이슨샌디어커 사를 처음 방문했던 때 일을 즐겨 이야기한다. 마이크 머크와 론 캠벨이 이야기하는 변화가 일어나기 5년 전이었다. 직원들은 평소처럼 일할 준비를 했고 일과가 시작되길 기다리고 있었다. 그때는 채프먼이 회사를 인수한 첫날이라서 그가 새 CEO라는 걸 알아볼 사람도 없었고, 그렇기에 첫 회의를 앞두고 카페테리아에 앉아 커피를 홀짝이고 있는 채프먼을 신경 쓰는 사람은 없었다. 채프먼이 회사에 변화를 시도하게 된 것은 바로 그 1997년 3월의 어느 아침 카페테리아에 앉아 목격한 장면 때문이었다. 채프먼은 여러 사업체를 운영하면서 단 한 번도 그런 장면을 본 적이 없었다. 그 장면이 얼마나 충격적이었던지 채프먼은 회사를 운영하는 방법에 관해 지금까지 배웠던 모든 것을 처음부터 다시 생각해봐야 했다. 그가 헤이슨샌디어커 사에서 취한 조치들은 나중에 그가 사업 전체를 운영하는 기본 방침이 되었다. 그리고 더욱 큰 의미를 갖는 것은 채프먼이 직원들을 대하는 방식이 바뀌었다는 점이다.

카페테리아에 앉아 지켜보자니 직원들은 일을 시작하기 전에 함께 모닝커피를 마시는 중이었다. 직원들은 재미난 시간을 보내고 있었다. 마치 오래된 친구처럼 서로 농담을 하고 웃음을 터뜨렸다. 그들은 그날 밤에 방송될 미국대학경기협회의 농구경기에 관해 내기를 걸고 있었는데, 서로 잘 지내는 것 같았고 함께 있는 시간을 즐기는 것 같았다. 하지만 일과를 시작하기 위해 자리에서 일어서자마자 직원들의 태도는 180도 달라졌다. 마치 누가 큐 사인이라도 보낸 것처럼 미소 띤 얼굴은 어두운 표정으로 바뀌었다. 웃음소리는 사라졌고 동료애도 자취를 감췄다. "마치 직원들에게서 에너지가 몽땅 빠져나간 것 같았지요." 채프먼의 말이다.

채프먼은 무시무시한 절망감에 휩싸였다. 어려움을 겪는 회사를 인수한 게 이번이 처음은 아니었다. 다른 직원들을 지켜본 적도 있었다. 하지만 어쩐된 영문인지 이날 본 이런 장면은 한 번도 본 적이 없었다. 그는 방금 목격한 모습이 너무나 가슴 아팠고 그래서 이런 생각을 하게 됐다. '과연 회사에서도 회사 밖에서처럼 즐겁기를 바라는 것은 지나친 욕심일까?'

그날까지 채프먼은 MBA에서 가르치고 있는 전형적인 경영인이었다. 수치에 능하고 비즈니스라는 게임을 사랑했다. 데이터와 시장 상황, 재무 기회에 기초해 결정을 내렸고 필요할 때면 힘든 결정도 서슴없이 내렸다. 그래야 한다면 남의 비위도 기꺼이 맞출 수 있는 비위도 갖추었다. 그는 비즈니스를 수치로 가득한 표로 나타낼 수 있는 그 어떤 것이라고 정의 내리고 있었고, 직원은 자신이 가진 많은 자산 중 하나, 즉 재무 목표를 달성할 수 있게 도와주도록 만들어야 할 대상이라고 여겼다. 이런 측면에서만 보면 채프먼은 유능한 경영자였다.

카페테리아의 그 순간을 겪기 전 채프먼은 어려운 결정도 기꺼이 감내할수 있는 사람이었다. 세인트루이스에 위치한, 이 회사는 1975년 아버지가 돌아가신 뒤 채프먼이 인수했고, 그 당시 빚더미에 앉아 있어 파산 직전에 처한 회사였다. 상황이 그렇게 지독할 수 없었으므로 채프먼은 책임 있는 CEO라면 누구라도 했을 법한 일들을 위해 칼을 들었다. 바람직한 재무 목표를 달성하는 데 꼭 필요하다고 생각되면 직원에게 해고 통지를 했고, 회사 채무는 반드시 재협상해 낮추고, 은행의 도움을 받아 자금 문제를 해결했다. 또 성장을 이루기 위해, 성공한 CEO라면 누구나 이해할 법한 과감한 전략도 선택했다. 그 결과 회사는 서서히 이익이 나는 방향으로 회복되어가던 참이었다.

채프먼은 카페테리아에서 일어나 첫 회의를 하러 들어갔다. 원래는 만나서 인사 정도만 나눌 예정이었다. 새로운 CEO인 채프먼이 고객서비스 팀에 자기소개를 하면 고객서비스 팀이 업무보고를 할 예정이었다. 하지만 아침에 그런 광경을 보고 나니 채프먼은 회사를 매일 출근하고 싶은 곳으로 만들어야겠다는 생각이 처음으로 들었다. 그래서 그는 직원들이 스스럼없이 자신을 드러낼 수 있고 개인의 발전을 인정받고 축하받을 수 있는 환경을 조

성하는 작업에 착수했다. 바로 채프먼이 '진정한 인간적 리더십'
이라고 부르는 것의 토대를 구축하기 시작한 것이다.

'직원들이 조직 내부의 위험에 대처하는 데 급급하다면,

외부 위험에 대한 전체 조직의 대처 역량은

줄어들 수밖에 없다.'

진정한 인간적 리더십은 조직 문화를 파괴할 수도 있는 내부
경쟁으로부터 조직을 보호해준다. 동료로부터 스스로를 보호해
야 한다면 그 조직은 결국 병들 수밖에 없다. 하지만 내부적으로
신뢰와 협력이 원활히 쌓인다면 조직원들은 서로 뭉칠 것이고 조
직은 더 튼튼해질 것이다.

인간 신체의 거의 모든 시스템은 우리의 생존과 번영을 돕기
위해 존재한다. 수천 년 전 다른 종들이 명종할 때도 우리는 살아
남았다. 우리는 다른 종에 비해 비교적 짧은 기간 동안 지구 상에
존재하고 있지만 곧 지구 상에서는 경쟁할 상대가 없을 만큼 번
영을 이룩한 종이 되었다. 실은 너무나 성공적이어서 우리가 내
린 결정은 다른 동물, 심지어 다른 인간들의 생존 혹은 번영에도
영향을 끼치게 됐다.

우리를 위험으로부터 보호해주고 스스로에게 가장 이로운 행
동을 되풀이하게끔 만드는 우리 내부의 시스템들은 우리가 생활

하고 일하는 환경에 따라 반응한다. 위험을 감지하면 방어 시스템이 가동된다. 내 사람들 속에서, 내 부족 혹은 내 조직 안에서 안전함을 느끼면, 긴장이 이완되고 열린 마음으로 신뢰하고 협력할 수 있게 된다.

높은 성과를 내는 조직들, 직원들이 안심하고 출근하는 회사들을 면밀히 조사해보면 놀라운 사실이 밝혀진다. 이런 회사의 문화는 인간이라는 동물이 가장 잘 활동할 수 있는 환경과 섬뜩할 만큼 닮아 있다. 한정된 자원을 놓고 집단별로 각축을 벌이던 적대적이고 경쟁적인 세상에서 종으로서의 우리가 생존하고 번성하는 데 도움을 준 여러 시스템들은 오늘날 회사와 같은 여러 조직이 생존하고 번영하는 데도 똑같이 도움이 된다. 복잡한 경영 이론도 필요 없고, 최고의 인재로 드림팀을 구성할 필요도 없다. 그저 약간의 생물학과 인류학적 지식이 필요할 뿐이다. 단지 몇 가지 조건이 충족되어 조직 구성원들이 서로에 대해 안심할 수 있다면 그들은 서로 협력하여 혼자서는 결코 해낼 수 없을 일을 이뤄낼 것이다. 그리고 결과적으로 전체 조직 역시 경쟁자들을 제치고 우뚝 서게 될 것이다.

배리웨밀러 사에서 채프먼이 했던 일이 바로 이거였다. 다분히 우연한 계기로 시작된 일이었지만 채프먼은 (생물학적으로) 직원들에게서 최선의 모습을 이끌어낼 수 있는 업무 환경과 회사 문화를 조성했다. 채프먼은 직원들을 바꾸려고 들지 않았다. 대신 직원이 일하는 환경을 바꾸려고 했다. 그냥 회사가 좋아서 자신이 가진 모든 것을 내놓고 싶어지는, 그런 문화를 창조한 것이다.

이 책에서 우리는 '우리가 특정 행동을 왜 하는지'를 알아볼 것이다. 인간 신체의 시스템들은 대부분 음식을 찾고, 살아남고, 종을 발전시킬 수 있는 방향으로 진화해왔다. 그러나 세계 많은 지역, 특히나 선진국에서 음식을 찾고 위험을 피하는 일은 더는 주된 관심사가 아니다. 이제 우리는 사냥이나 채집을 하지 않는다. 적어도 원시인이 했던 그런 방식은 아니다. 현대 사회에서 말하는 성공이란 커리어를 개발하고 행복과 성취를 찾는 것이다. 하지만 우리의 행동과 의사결정을 좌우하는 내부 시스템들은 아직도 수만 년 전과 같은 방식으로 작동하고 있다. 우리 안의 원시인은 아직도 주변 세상을 '안녕에 대한 위협' 또는 '안전을 확보할 기회'라는 어휘로 이해한다. 우리를 지배하고 있는 이 시스템들의 '원리'를 이해한다면, 우리는 더 쉽게 목표에 도달하고 우리가 속한 집단 역시 더 쉽게 성공을 쟁취할 수 있을 것이다.

그러나 안타깝게도 현대 사회가 발달시킨 회사 경영 시스템들을 살펴보면 직원들이 진정으로 헌신할 수 있게끔 동기를 부여하는 회사는 극히 소수다. 오늘날 대다수의 회사나 조직에서 표준처럼 받아들여지는 문화는 우리가 타고난 생물학적 성향과 반대되는 문화다. 이 말은 곧 행복하고 의욕 있고 성취감을 느끼는 직원들이 흔하지 않고 오히려 드물다는 뜻이다. 딜로이트 사의 조사에 따르면 우리 중 80퍼센트의 사람은 자신이 하는 일에 만족하지 않는다. 직원들이 직장에 머무는 것조차 싫어한다면 회사 발전을 이루는 데 더 많은 비용과 노력이 들 것이고 발전이 멈추는 경우도 자주 생길 것이다. 심지어 우리는 수십 년에 걸친 회사의 장기적인 성공에 대해서는 측정조차 해보지 않고 오직 분기별 실적에만 연연하고 있다.

사람보다는 단기 실적과 돈에만 매달리는 비즈니스 환경은 사회 전반에 영향을 끼친다. 직장에서 행복이나 소속감을 찾기 어려우면 그 스트레스가 집에까지 전해지기 때문이다. 직원들을 활용해야 할 자원이 아니라 보호해야 할 사람으로 대우하는 회사에서 일하고 있는 사람들은 하루 일과를 마치고 집으로 돌아갈 때 충분한 성취감과 만족감을 느낀다. 그리고 이것은 우리 모두에게 예외적인 경우가 아니라 일상사가 되어야 한다. 의욕을 얻고 안심하고 성취감과 감사를 느끼면서 퇴근하는 일은 현대 사회에서 운 좋은 소수의 사람만 누릴 수 있는 사치가 아니라 우리 모두가 마땅히 누려야 할 권리이다.

채프먼이 뭔가 '한 가지' 대단한 조치를 내려서 회사가 혁명적 변화를 맞이한 것은 아니다. 그의 회사를 극적으로 변화시킨 것은 오랜 시간에 걸친 일련의 작은 변화들이었다. 채프먼은 자잘한 것들을 아주 많이 바꾸었다. 일부는 성공적이고 일부는 별 효과가 없었지만 그것들은 모두 채프먼이 직감적으로 변화가 필요하다고 느꼈던 사항이었다. 무엇이 그런 결정들을 내리게 만들었는지 채프먼이 보다 분명히 말로 표현할 수 있게 된 때는 그로부터 몇 년이 지난 어느 결혼식 자리에서였다. 사업을 향한 그의 열정과 불굴의 집념을 참작한다면 밥 채프먼이 왜 그런 방향 전환을 택했는지 그의 설명을 들어본다면 다소 의외라고 생각할지도 모르겠다.

책임이라는 근사한 말

채프먼은 아내와 함께 교회 신도석에 앉아 예식이 진행되는 것을 지켜보고 있었다. 신랑이 신부가 다가오는 모습을 그윽이 바라보고 있었다. 두 사람이 서로를 얼마나 사랑하는지는 말하지 않아도 그 자리에 참석한 모든 사람이 느낄 수 있었다. 그때 전통에 따라 신부의 아버지가 잡고 있던 딸의 손을 미래의 남편에게 건네주었다.

"바로 저거야!" 채프먼은 깨달았다. 딸을 보호하기 위해서라면 못할 일이 없을 아버지가 이제는 이 예식을 통해 그 돌봄의 책임을 다른 이에게 넘겨주고 있었다. 딸의 손을 넘겨주고 나면 아버지는 다시 신도석에 앉아 딸의 남편이, 마치 자신이 그랬던 것처럼 딸을 잘 보호해줄 거라고 기대할 것이다. "회사도 마찬가지야." 채프먼이 깨달은 사실이었다.

'한 명 한 명의 직원은 모두 누군가의 아들이고 누군가의 딸이다. 회사의 리더는 마치 부모와 같이
직원의 소중한 삶을 책임져야 한다.'

한 명 한 명의 직원은 모두 누군가의 아들이며 누군가의 딸이다. 부모는 자녀에게 좋은 교육과 멋진 삶을 제공하려 애쓴다. 부모는 자녀가 자라서 행복하고 자신감에 넘치며 타고난 재능을 펼

칠 수 있는 사람이 되도록 가르친다. 그런 다음 부모가 자녀를 회사에 넘겨줄 때는 그 회사의 리더가 자신들과 똑같은 사랑과 돌봄을 자녀에게 베풀 것으로 기대한다. "이제 그들의 소중한 삶을 책임지는 것은 회사인 거죠." 채프먼은 이렇게 말하면서 헌신적인 전도사처럼 두 주먹을 불끈 쥐었다.

리더가 된다는 것, 튼튼한 회사를 세운다는 것은 바로 이런 것이다. 리더가 되는 것은 부모가 되는 것과 같고, 회사에 들어가는 것은 새로운 가족의 일원이 되는 것과 같다. 회사는 아플 때나 건강할 때나 직원을 자기 자식처럼 돌봐야 한다. 회사가 그렇게 한다면 직원들은 마치 회사의 이름을 가족의 표식처럼 여기고 충성을 다할 것이다. 배리웨밀러 사에서 일하는 사람들은 회사를 '사랑한다.'고, 서로를 '사랑한다.'고 말한다. 배리웨밀러 사의 직원들은 작업복에 새겨진 회사의 이름과 로고를 자신의 이름처럼 자랑스러워한다. 이들은 회사와 동료를 자신의 친혈육처럼 지킬 것이다. 그리고 이런 회사에 다니는 직원들은 자신의 정체성을 이야기할 때 스스럼없이 어느 회사 직원이라는 점을 밝힌다.

정말 아이러니한 일이지만 자본주의는 우리가 타고난 모습에 걸맞게 작동될 때, 즉 우리가 인간으로서의 기본적 의무를 다할 수 있을 때 오히려 더 잘 작동한다. 우리는 직원들에게 단순히 일손을 요구할 게 아니라, 협동하고 신뢰하고 애정을 가질 수 있게 동기를 부여하여 회사의 목적에 헌신할 수 있게 만들어야 한다. 직원들을 단순히 피고용인으로 대할 것이 아니라 가족과 같이 대해야 한다. 표에 적힌 수치를 지키려고 사람을 희생할 것이 아니라 사람을 지키기 위해 수치를 희생해야 한다.

우리가 타고난 모습에 걸맞게 일할 수 있는 업무 환경을 조성한 회사들을 살펴보자. 그곳의 리더들은 사람을 중시하니까 대신 실적과 성과를 희생할 것처럼 생각되지만, 실상을 알고 보면 오히려 정반대다. 사람을 중시하는 이들 회사야말로 업계에서도 가장 안정적이고 혁신적이며 높은 성과를 이룩한다. 그러나 안타깝게도 회사의 리더들은 직원을 그저 수치를 달성하기 위한 도구로 인식하는 경우가 더 많다.

위대한 회사의 리더들은 돈을 불리기 위해 직원이라는 재료를 운영한다고 생각하지 않는다. 오히려 직원들을 성장시키기 위해 돈이라는 재료를 운영한다고 생각한다. 실적이 정말로 중요한 이유는 이 때문이다. 실적이 좋을수록 더 크고 튼튼한 회사를 세울 수 있는 원료가 늘어나는 셈이고 그렇게 튼튼해진 회사는 일하는 이들의 마음과 영혼을 살찌운다. 그러면 그 직원들은 다시 자신이 가진 모든 것을 바쳐서 회사를 성장시킨다. 이런 식으로 성장의 선순환이 반복되는 것이다.

직원들이 자발적으로 힘을 합쳐 회사를 발전시키는 문화를 만들어내려면 기본적으로 사람이 돈에 복종하는 것이 아니라 돈이 사람에게 복종한다는 시각을 가져야 한다. 필요한 일을 하게끔 직원들을 성장시킬 수 있어야 안정적이고 지속적인 성공을 거둘 수 있다. 맨 위에서 지휘를 내리는 천재 한 명이 직원들을 위대하게 만드는 것이 아니다. 위대한 직원들이 맨 위에 있는 사람을 천재처럼 보이게 만든다.

사람들이 출근하고 싶어 안달하는 세상을 꿈꾸다니, 말도 안 되는 이상주의자라고 나를 비난해서는 안 된다. 회사 리더가 직원을 신뢰하고 직원이 회사 리더를 신뢰하는 세상이 올 수 있다고 믿다니, 현실을 모르는 사람이라고 혀를 찰 필요는 없다. 이런 조직이 실제로 존재한다면 나는 결코 이상주의자가 아니기 때문이다.

제조업에서 첨단산업, 미 해병대에서 정부 부처에 이르기까지 빛나는 여러 사례가 이런 조직의 긍정적 성과를 보여준다. 조직 내부의 사람들이 서로를 적수나 경쟁자, 반대편으로 생각하지 않고 신뢰할 수 있는 동지로 대하는 조직 말이다. 우리는 조직 외부의 위험에 대처하는 것만으로도 충분히 버겁다. 그런 상황에서 내부적으로까지 위협받는 조직을 만들 이유는 전혀 없을 것이다.

우리들 중 단 20퍼센트만이 자기가 하는 일을 '사랑'한다. 채프먼 같은 이들은 우리에게 자신들의 길에 동참하라고, 이 수치를 좀 올려보자고 촉구한다. 하지만 과연 우리에게 그럴 만한 용기가 있을까?

우리는 사람을 먼저 돌보는 조직을 더 많이 만들어야 한다. 리더로서 구성원들을 보호하는 것은 온전히 리더의 책임이다. 그렇게 할 때 구성원들은 서로를 보호하고 조직을 발전시킬 것이다. 만약 리더가 우리를 돌보지 않는다면 회사의 직원 혹은 단체의 구성원인 우리가 스스로 용기를 내어 서로를 돌보아야 한다. 그렇게 한다면 우리 자신이 우리가 바랐던 그 리더가 될 것이다.

3장
소속감을 부르는 회사의 조건, '안전권'

'나'에서 '우리'로

"오늘부터." 교관이 소리를 질렀다. "여러분의 사전에 '나'라든 가 '내 것'이라는 단어는 없다. '우리' 그리고 '함께'라는 단어가 그 자리를 대신할 것이다."

이제 시작이었다.

조지는 심장이 방망이질 쳤다. 입소를 결정했을 때만 해도 조지는 자신만만했다. 하지만 실제로 이곳에 와보니 인생 최대의 실수를 저지른 것만 같은 기분이었다. 하지만 지금 그건 중요하지 않았다. 코앞에서 질러대는 고함 때문에 '이렇게 할 수 있었는데……', '저렇게 할걸.' 하는 생각 따위를 할 수 없었다. 처음에는 약간이나마 도전이나 설렘을 느꼈다면 이제 그것은 순식간에 긴장감, 고립감, 무력감으로 바뀌어 있었다.

조지가 겪고 있는 과정은 조지 이전에도 수천 번 일어났고 이후에도 수없이 계속될 과정이었다. 여러 해 시행착오를 거치며 다듬어진 이 훈련은 한 사람을 미 해병대원으로 바꿔놓는 과정이었다.

동부 해안에 하나, 서부 해안에 하나 있는 두 신병교육대 중 한 곳에 꼭두새벽부터 지치고 어리둥절한 신병들이 도착하면서 훈련은 시작된다. 신병들을 맞이하는 이들은 시뻘건 얼굴의 훈련교관들이다. 수년간 목청을 혹사하는 바람에 언제나 쉬어 있는 교관의 목소리는 신병들에게 이곳에서는 누구 말을 따라야 하는지 순식간에 알고도 남게 만든다.

지옥 같은 13주를 보내고 나면 각 해병대원은 교육 과정을 완수하고 조직의 일원이 되었다는 상징으로 독수리와 지구와 닻을 한데 새긴 장식 핀을 받을 것이다. 그 핀을 손에 받아 쥐는 순간 많은 신병들은 넘치는 자부심에 눈물이 차오를 것이다. 신병교육대에 처음 들어왔을 때는 불안한 마음이었고 자기 한 몸만 책임지면 됐다. 하지만 이곳을 떠날 때는 자기 능력에 대한 자신감과 함께 동료들에 대한 헌신과 책임을 느끼며 동료들 역시 자신과 똑같이 느낄 것이라는 확신을 갖게 된다.

가치의 공유와 깊은 공감을 통해 생기는 이런 소속감은 신뢰와 협력, 문제해결력을 극적으로 상승시킨다. 미 해병대원들은 서로에 대해 그 어떤 위험도 느끼지 않기 때문에 외부의 위험에 더 잘 맞설 수 있다. 그들은 튼튼한 '안전권Circle of Safety'내에서 활동한다.

당신은 얼마나 안전하다고 느끼는가?

'황소 네 마리가 살고 있는 풀밭에 사자 한 마리가 어슬렁거리고 있었다. 사자는 여러 차례 황소들을 사냥해보려고 했지만 사자가 다가올 때마다 황소들은 서로 꼬리를 맞대었다. 그래서 사자가 어느 쪽으로 다가와도 황소의 뿔에 가로막히게 되었다. 그러던 어느 날 황소들 사이에 내분이 일어났다. 황소들은 각자 한쪽 구석으로 가서 혼자서 풀을 뜯게 되었다. 사자는 한 마리씩 차례로 황소들을 공격했고 결국은 네 마리 모두 잡아먹히고 말았다.'

— 이솝, 기원전 6세기

해병대 신병교육대는 단순히 달리고 뛰어오르고 사격하고 싸우는 방법을 가르치는 곳이 아니다. 물론 이런 기술들도 우리가 이력서에 쓰는 여러 기술처럼 해병대의 직무에 포함될 수 있다. 하지만 그 기술들 덕분에 해병대가 그토록 효과적인 조직이 되는 것은 아니다. 우리가 업무 수행에 필요한 여러 기술을 배우듯이 해병대원들도 기술들을 배우긴 하지만, 기술이 곧 최고 수준의 임무 수행을 가능하게 하는 팀워크와 협업에 필요한 신뢰를 만들어주지는 못한다. 뛰어난 성과를 내는 집단이 그렇게 뛰어날 수 있는 것은 기술 덕분이 아니다. 사람으로 이루어진 어느 집단이 뛰어난 성과를 낼 수 있느냐 하는 문제는 집단을 이루는 사람들이 하나의 팀으로서 얼마나 잘 뭉칠 수 있느냐에 달려 있다. 그리고 이런 사실에 영향을 미치는 요소들이 있다.

우리를 둘러싼 세상은 우리 삶을 끔찍하게 만들 수도 있는 갖가지 위험으로 가득 차 있다. 누가 일부러 그렇게 만든 것이 아니라 세상이 원래 그렇다. 언제 어디서든, 우리가 알든 모르든, 우리의 성공을 방해하고 심지어 우리를 죽일 수도 있는 여러 가지 요인들이 존재한다. 선사시대에는 위험이 말 그대로 진짜 그런 위험이었다. 초기 인류는 목숨을 위협하는 온갖 종류의 위험에 무방비로 노출되어 있었다. 그 위험은 식량 부족일 수도 있고 날카로운 송곳니를 가진 호랑이이거나 혹은 기후일 수도 있었다. 특별히 내게만 그런 위험이 있는 것이 아니라 모두가 그랬기에, 그게 삶이라고 받아들일 수 밖에 없었다. 이런 상황은 오늘날도 마찬가지다. 우리의 생존을 위협하는 것들은 계속해서 나타난다.

현대 사회의 기업과 단체에서 우리가 맞닥뜨리는 여러 위험은 생생하고도 직접적이다. 주식시장의 등락이 회사의 실적에 영향을 줄 수도 있다. 새로운 기술이 나타나 이전의 기술이나 전체 비즈니스 모델을 하루아침에 구닥다리로 만들 수도 있다. 경쟁자들은 우리가 장사를 못하게 하거나 혹은 우리를 없애려는 의도까지는 아니라 하더라도, 우리의 성공을 좌절시키고 우리 고객들을 뺏어가려고 항상 노리고 있다. 이것으로 끝이 아니다. 그때그때 기대치에 부응해야 한다는 절박함과 수용 능력의 한계 등 여러 외부적 압력 역시 기업이 끊임없이 직면하는 위협들이다. 이런 요인들은 언제나 성장과 수익성을 저해하는 쪽으로 작용한다. 이런 요인은 계속해서 나타난다. 이것들은 우리가 통제할 수 있는 것이 아니며 사라지지도 않고 결코 바뀌지도 않을 것이다. 그저 받아들일 수밖에 없는 것이다.

조직의 내부에도 위험 요인들이 있기는 마찬가지다. 하지만 외부 요인과는 달리 내부 요인은 가변적인 요인이고 우리의 통제 범위 내에 있다. 이 중 몇 가지는 우리가 실제로 겪을 수도 있고, 일단 발생하면 우리에게 즉각 영향을 끼치는 것들이다. 분기 실적이나 연간 실적이 나빠져 직원들을 해고하는 경우처럼 말이다. 뭔가 새로운 것을 시도했다가 회사에 손해를 끼쳐 일자리가 불안해지는 사람도 있을 것이다. 사내 정치 역시 지속적인 위협 요인이다. 다른 직원이 자신의 출세를 위해 우리를 짓밟을지도 모른다는 두려움을 안고 가야 한다.

우리는 조직 내에서 협박, 망신, 고립, 바보가 된 기분, 무력감, 배척과 같은 온갖 스트레스를 회피하기 위해 노력한다. 그러나 내부 위험은 통제가 가능한 요인이다. 서로 간에 위험을 느낄 필요가 전혀 없는 문화를 정착시키는 것이야말로 리더의 목표가 되어야 한다. 이를 달성하는 길은 구성원들에게 소속감을 심어주는 것이다. 뚜렷한 인간적 가치와 믿음에 기초한 튼튼한 문화를 제공하는 것이다. 의사 결정을 내릴 수 있는 권한을 주고 신뢰와 공감을 일으켜 안전권을 조성하는 것이다.

리더가 조직 구성원들의 둘레에 안전권을 만들어준다면 구성원 개개인이 집단 내에서 느끼는 위협이 줄어들 것이다. 그러면 구성원들은 계속되는 외부 위험으로부터 조직을 보호하고 큰 기회를 포착하는 데에 더 많은 시간과 에너지를 집중할 수 있다. 만약 그렇지 않다면 구성원들은 어쩔 수 없이 서로로부터 스스로를 보호하는 데 너무 많은 시간과 에너지를 소모해야 할 것이다.

결국 우리가 에너지를 어디에 쏟게 될지 결정짓는 것은 회사, 그리고 함께 일하는 동료들이다. 내 왼쪽에 선 사람과 오른쪽에 선 사람이 나를 지켜줄 거라는 신뢰가 강할수록 끊임없는 외부 위협에 함께 대처할 수 있는 좋은 토대가 마련된다. 우리는 안전권 내에 있다고 느낄 때에만 통일된 하나의 팀으로 뭉칠 수 있고 외부 환경과 관계없이 더 쉽게 살아남고 번영할 수 있다.

고대 그리스 시절 전사들의 사회였던 스파르타는 그 강인함과 용기, 끈기로 인해 두려움과 숭배의 대상이었다. 스파르타의 군대가 강했던 것은 그들의 창이 날카로워서가 아니었다. 그것은 그들의 방패가 강해서였다. 스파르타인들 사이에 전투에서 방패를 잃어버리는 것은 가장 큰 범죄였다. '스파르타인들은 전투에서 투구나 흉갑을 잃어버린 전사는 아무런 징벌 없이 용서해준다.' 테르모필레 전투(영화 〈300〉의 배경이 된 전투)를 설명하면서 스티븐 프레스필드는 이렇게 썼다. '하지만 방패를 버린 남자는 시민권을 박탈당했다.' 이유는 분명했다. '투구와 흉갑은 스스로를 보호하기 위한 장비이지만 방패는 전열 전체의 안전을 위한 장비이기 때문이다.'

마찬가지로 회사가 얼마나 튼튼하고 견고한가를 결정하는 것은 만들어낸 제품의 품질이나 서비스의 우수함이 아니라 직원들이 얼마나 잘 뭉칠 수 있느냐에 달려 있다. 집단 내 모든 구성원은 안전권을 유지하기 위해 제 역할을 해야 하며, 그들이 반드시 그렇게 하도록 만드는 것이 리더의 역할이다. 안전권 내에 들어와 있는 사람들을 잘 살피는 것이야말로 리더가 수행해야 할 가장 중요한 역할이다.

'누군가를 조직 내에 들이는 일은
어린아이를 입양하는 일과 같다.'

조직의 수문장으로서 리더는 누구를 들일지 기준을 정한다. 누가 안전권 내에 들어올 수 있고 누구는 들어올 수 없는지, 누가 우리 소속이고 누구는 아닌지를 정한다. 대학 졸업장을 기준으로 사람을 들일 것인가, 이전에 다니던 직장을 중시할 것인가, 아니면 성격이나 기업문화에 대한 적합성을 기준으로 잡을 것인가? 누군가를 조직 내에 들이는 일은 어린아이를 입양해 가족으로 받아들이는 일과 같다. 새로 온 사람은 그곳에 사는 다른 모든 사람과 마찬가지로 가족과 그 구성원들을 돌볼 책임을 공유해야 한다. 리더가 뚜렷한 인간적 가치에 기초해 사람들을 들인다면 구성원들의 소속감이나 서로 힘을 합쳐 팀에 기여하려는 의욕에 큰 영향을 준다.

리더는 또한 안전권을 어디까지 넓힐 것인지도 결정한다. 조직이 작을 때는 자연히 외부 위험에 더 민감하지만, 안전권을 운영하는 일은 더 간단하다. 작은 기업은 이미 서로 알고 지내고 신뢰하는 친구들의 모임인 경우가 많다. 안전권 내에 있는 사람들을 내부 위험으로부터 지키기 위해 새로 관료 체제를 만들 필요가 없다. 하지만 조직이 성장하게 되면 꼭대기에 있는 리더는 중간 경영층이 자기 책임 하의 구성원들을 잘 감독할 거라고 신뢰할 수 있어야 한다. 그러나 그런 내부 관료 체제가 주로 스스로를 보호하기 위해 작동한다면 발전은 느려지고 전체 조직은 외부의 위협과 압력에 더욱 민감해질 것이다. 안전권이 조직 내의 몇몇 사람 혹은 몇몇 부서가 아니라 구성원 전체를 포함할 때에만 안전권의 이점이 온전히 실현될 수 있다.

안전권의 이점을 고위 간부와 선택받은 몇몇 사람에게만 적용하는 리더는 부실한 리더이다. 그들은 자기들끼리만 서로 지켜줄 뿐 권력의 '핵심층', 즉 자기들 모임 밖의 사람들에게는 그런 배려를 해주지 않는다. 결국 핵심층의 밖에 위치한 사람들은 리더의 보호가 없이 혼자서 묵묵히 일하거나 아니면 개인적 이해관계를 보호하고 증진하기 위해 작은 무리를 이뤄 일할 수밖에 없다. 그렇게 되면 사일로(silo, 부서 간에 담을 쌓고 자기 밥그릇만 챙기는 기업문화 ― 옮긴이)가 형성되고, 곧 기업 내에 사내 정치가 자리 잡고 만다. 실수는 드러나는 대신 은폐되고, 정보의 확산은 느려지며, 협업이나 안도감 대신 불안이 자리 잡는다.

반면 강한 리더는 안전권을 확대해서 한 사람도 빠짐없이 모든 구성원을 포함하게 한다. 보신주의는 불필요해지며 나눠갖기식의 영역주의는 살아남기 힘들다. 안전권에 포함될 수 있는 뚜렷한 기준이 있고 여러 층의 리더십이 안전권의 범위를 확대한다면 더 강하고 유능한 조직을 만들 수 있다.

내가 안전권 안에 있는지 알 수 있는 방법은 간단하다. 느낌이 오기 때문이다. 안전권 내에 있으면 동료들이 나를 존중하고 상사가 나를 돌봐준다는 느낌이 든다. 조직의 리더와 함께 일하는 사람들이 나를 위해 존재하고 나의 성공을 돕기 위해 무슨 일이든 할 거라는 확신이 든다. 집단의 일원이라는 소속감을 느낀다. 내 집단 안에 있는 사람들, 안전권 내에 있는 사람들이 나를 지켜준다고 믿게 되면 서로 자유롭게 정보를 교환하고 효과적으로 커뮤니케이션할 수 있는 환경이 만들어진다. 기본적으로 이런 환경이 조성되어야만 혁신을 자극하고, 문제가 커지는 것을 막고, 외부 위험으로부터 조직이 스스로를 더 잘 보호하고, 기회를 포착할 수 있다.

안전권이 없는 조직에서는 피해의식과 냉소주의, 이기주의가 판을 친다. 안전권을 구축하는 목적 자체가 외부 위험을 막는 데시간과 에너지를 고스란히 투자하기 위해서다. 밤에 문을 잠그는 것과 똑같은 이유인 것이다. 내부에 있어서 안전하다는 느낌은 마음의 평화를 줄 뿐만 아니라 조직 자체에 놀랍도록 긍정적인 효과를 미친다. 안전권이 확고하게 만들어져 누구나 소속감을 느낄 수 있다면 협업과 신뢰 그리고 혁신이라는 결과는 저절로 따라온다.

바로 이 부분이 중요하다. 사람들에게 우리를 신뢰하라고 강요할 수는 없다. 대단한 아이디어를 생각해내라고 지시할 수도, 협업하라고 요구할 수도 없다. 이런 것들은 언제나 행동의 결과로 자연스레 생겨나기 때문이다. 함께 일하는 사람들 사이에서 안전하다는 느낌과 신뢰받고 있다는 느낌이 생겨나면 이런 결과는 자연스레 따라온다. 안전권이 확고하면 사람들은 자연스레 아이디어와 정보를 공유하며 스트레스라는 짐을 나눠진다. 우리가 가진 모든 역량과 장점이 증폭되어 경쟁력이 높아지고, 외부 세계의 위험에 더 잘 대응하며, 조직의 이익을 훨씬 더 효과적으로 증진할 수 있다.

하지만 유의할 점이 있다.

리더들 역시 안전하다고 느끼고 싶어 한다는 점이다. 위계서열속 내 자리가 어디이든 사람은 누구나 다른 구성원들이 나를 소중하게 여긴다는 느낌을 받고 싶어 한다. 일진이 나빴거나 실적이 부진해도 상사가 고함을 치는 대신 "자네, 괜찮아?"라고 물어주길 바란다. 마찬가지로 안전권의 구성원인 우리도 리더에 대한 책임이 있다. 우리가 리더에게 소중한 사람이 되는 것은 우리가 낸 실적 때문이 아니라 우리가 리더에게 책임을 지기 때문이다. 그렇기 때문에 이유 없이 상사가 내게 심하게 대할 때는 상사의 안부를 물어주는 것이 우리 책임인 것이다. 그래야만 안전권이 튼튼하게 지속된다.

당신이 리더를 맡고 있건 아니건, 중요한 질문은 이것이다. '당신은 직장에서 얼마나 안전하다고 느끼는가?'

4장
'이 정도면 괜찮아'는 위험하다

　켄은 다국적 은행에서 일하는 평범한 임원이다. 회사 내의 애 널리스트나 트레이더만큼은 아니지만 연봉도 충분히 받고 있다. 결혼도 했고, 두 자녀와 함께 교외에 있는 예쁜 집에 산다. 밖에 서 보면 켄은 분명 행복해야 하는 사람이다. 그리고 대부분의 경 우 켄은 '괜찮은 편이다'. 켄은 자기 일을 사랑한다고는 말하지 않는다. "괜찮은 편이죠."가 일에 대한 켄의 대체적인 생각이다. 은행 일을 그만두고 다른 일을 하고는 싶지만 아이들과 주택담보 대출금을 생각하면 그럴 시기는 지난 것 같다. 지금으로서는 책 임감 있는 남편과 아버지가 되어야 하고 그러기 위해 사랑하지 않는 일을 해야 한다면 기꺼이 그렇게 할 것이다.

　자기 일을 사랑하다니 얼마나 멋진 생각인가. 직장에 있으면 마음이 놓이고 회사는 나의 기분이나 내가 하는 일에 정말로 관 심을 기울이고 말이다. 그러나 안타깝게도 직원들이 안심할 수 있게 해주려고 열심히 노력하는 회사 리더의 수는 생각보다 적다. 일은 그저 일인 것이다.

일이 얼마나 더 좋아질 수 있는지를 역설하는 책이라면 내가 말하는 것과 같은 이상주의도 상관없다. 하지만 현실에서는 우리 대부분이 (아무리 배리웨밀러 같은 회사의 이야기를 들어도) 뭘 바꿀 수 있는 위치에 있지가 않다. 우리에게는 지불해야 할 청구서들이 있고, 부양해야 할 아이들이 있으며, 아이가 크면 대학등록금도 내야 한다. 할 일이 너무 많은 것이다. 저 바깥세상은 미지의 세상이고 그래서 위험하다. 결국 우리는 차마 움직일 엄두를 내지 못한다.

이와 마찬가지로, 모두가 안심하고 서로를 돌봐주는 회사를 운영한다는 것은 멋진 아이디어처럼 들린다. 대부분의 리더는 직원들의 복지를 우선시하는 것이 얼마나 중요하고 가치 있는 일인지 머리로는 이해한다. 이를 다룬 책도 많고《하버드 비즈니스 리뷰》의 수많은 기사들도 그렇게 말하니까 말이다. 그들도, 나도 마치 아무도 모르고 있는 얘기인양 시치미를 떼고 이런 주제를 글로 쓴다. 하지만 크든 작든, 개인 회사든 주식회사든, 실제로 기업을 운영해보면 나 같은 사람이 말하는 일을 실천하기란 거의 불가능하다. 월스트리트나 이사회에서는 압박이 들어오고 경쟁자들의 위협 또한 치열하다. 작은 기업이라면 그저 문을 닫지 않기 위해 고객을 찾는 일만으로도 충분히 버겁다. 게다가 모두가 안심하고 서로를 돌봐주는 회사를 운영해가는 일은 비용이 많이 들고 성과 측정은 어려우며 얼핏 보기에는 '안이하게' 보이거나

'애매모호하게' 느껴지기도 한다. 게다가 최소한 단기적으로는, 이런 운영이 가져다주는 투자수익률을 증명하는 것은 불가능에 가깝다. 달성해야 할 연간 목표가 있는 회사, 도태되지 않으려고 기를 쓰는 회사라면 직원들을 우선시하는 이런 선택을 결코 우선순위로 내세울 수가 없다. 충분히 이해할 수 있는 얘기다. 이런 회사들은 외부에서 들어오는 위협이 너무 크기 때문에 내부 사람들이 어떻게 느끼는지는 걱정할 겨를이 없는 것이다.

배리웨밀러와 같은 회사를 만든다는 것은 근사한 얘기이지만, 현실에서 이런 일은 좀체 일어나고 있지 않다. 하지만 배리웨밀러와 같은 회사가 더 생기지 않는다면 직원의 복지를 정말로 걱정하는 회사에 우리가 일자리를 찾기란 더욱 어려워질 것이다. 그래서 우리는 그냥 지금 가진 것에 만족하자고 스스로를 타이른다. 판을 뒤집어엎거나 불필요한 리스크를 감수할 이유가 뭐가 있겠는가? 리스크가 너무 높아서 상황이 더 나빠질 수도 있고 똑같은 결과만 되풀이할지도 모르는 마당에 변화가 왜 필요한가? 하지만 모든 결정에는 언제가 대가가 따르게 마련이다.

우리가 아이들을 부양하고, 먹고 살 만큼 돈을 벌고, 일정한 라이프스타일을 유지할 수 있는 것은 때로 직장에서 우리 자신의 즐거움이나 행복, 성취감을 희생한 대가이다. 현실이 그렇다. 그리고 많은 이들이 그래도 된다고 생각한다. 우리는 바깥세상, 모르는 세상은 언제나 위험하다고(실제로도 그렇다) 스스로를 설득한다. 적어도 이 안에 있으면 안심할 수 있다는 희망이 있다고. 희망이라……

하지만 현실은 그게 다가 아니다. 우리가 안정감을 얻기 위해 희생한 대가는 결코 녹록치 않다. 그 대가는 단순한 행복의 차원을 넘어 건강의 문제, 심지어 생사의 문제에 이르기도 한다.

먼저 지금 우리가 느끼는 안정감은 많은 경우 스스로에게 하는 거짓말이다. 많은 회사들이 연간 비용 예산에 맞춰 손쉽게 직원들을 해고한다는 사실은 이전에 비해 우리가 훨씬 더 불안한 상태라는 뜻이며, 결코 생각만큼 안전하지 않다는 뜻이다. 이게 정말 능력에 따른 문제라면 열심히 내 일을 잘하면 내 자리는 안전할 거라고 생각할 수도 있을 것이다. 하지만 실제로는 그렇지가 않다. 물론 성실함이 자리를 보존해주는 경우도 더러 있겠지만 마음 놓고 믿을 수 있는 수준은 결코 아니다. 대부분의 경우, 특히 대형 회사의 경우 정리해고는 산술의 문제다. 그리고 때로는 우리의 고용상태를 유지하는 데 드는 비용이 등식의 이쪽 편, 잘못된 편에 위치하는 일이 생긴다. 많은 회사가 이 등식을 해마다 재평가한다. 즉 우리는 매년 위험에 노출되어 있다는 얘기다.

하지만 고용안정성이라는 신화 따위는 지금 걱정할 거리조차 아닐 수도 있다. 2011년 호주 캔버라 대학교 사회과학 팀이 수행한 연구에 따르면 싫어하는 직장을 다니는 것은 실직 상태만큼이나, 혹은 그 이상으로 건강에 해롭다. 직장에서 행복하지 않은 사람의 우울과 불안 지수는 실업 상태인 사람보다 더 크거나 같은 수준이다.

직장에서 겪는 스트레스와 불안은 일의 종류와는 별 관계가 없다. 오히려 부실한 경영과 리더십과 더 큰 관련이 있다. 내 기분에 신경 써주는 사람들이 회사에 있다는 것을 알면 스트레스 수준은 내려간다. 하지만 사람들이 자기 앞가림만 한다는 기분이 들거나 회사의 리더가 직원보다는 수치에 더 신경을 쓴다고 느껴지면 스트레스와 불안 수준은 올라간다. 애당초 우리가 직장을 바꾸려 하는 이유도 바로 이것이다. 리더가 아무런 소속감도 만들어주지 못하는 회사, 임금이나 수당 외에는 회사에 있을 이유를 찾을 수 없는 회사에 충성심이 생길 리는 없으니 말이다.

2011년 런던 대학교에서 실시한 또 다른 연구에 따르면 직장에서 인정받지 못한다고 느끼는 사람은 심장 질환을 앓을 가능성이 높았다. 그 이유에 대해 '주로 자신에게 주어진 권한에 대한 (혹은 권한이 없다는) 느낌 때문'인 것으로 추정한다고 연구진인 리즈 대학 건강심리학과의 다릴 오코너 교수는 말했다. 그는 또 이렇게 설명했다. "많은 노력을 투자했는데 보상이 없다고 느끼면 스트레스가 증가하고 심장 질환의 위험으로 이어지는 거죠." 그리고 이것은 회사에도 해롭다.

'괴로움은 나누면 반이 된다지만
괴로움을 즐기는 회사야말로 가장 크게 고통 받는다.'

2013년 '미국 직장 현황' 갤럽 설문조사에 따르면 상사가 직원을 철저히 무시할 경우에는 40퍼센트의 직원이 일에서 확연히 멀어진다고 한다. 반면 상사가 직원을 수시로 야단을 칠 경우에는 22퍼센트의 직원이 확연히 멀어진다고 한다. 이 말은 비록 야단을 맞더라도 누군가 우리의 존재를 알아주는 것만으로도 일에 더 몰두하게 된다는 얘기다! 게다가 상사가 직원의 장점 중 한 가지만이라도 인정해주고 잘한 일에 대해 보상해줄 경우 해야 할 일에서 멀어지는 직원은 1퍼센트에 불과하다. 실제로 불행한 마음으로 출근하는 사람은 적극적으로든 소극적으로든 주변 사람들까지 불행하게 만든다. 괴로움은 나누면 반이 된다고 말하고 싶지만 이 경우에는 괴로움을 즐기는 회사야말로 가장 크게 고통받는다.

직책이 오를수록 스트레스는 낮아진다

사람들은 승진을 하면 할수록 체감하는 스트레스는 더 커지고 안도감은 약해질 거라고 짐작한다. 전형적으로 신경질적인 임원이 주주나 직원들, 대형 고객들로부터 살벌한 압박을 받는 모습을 상상해보라. 그런 임원 중 한 명이 쉰 살도 되기 전에 심장마비로 죽는다고 해도 우리는 별로 놀라지 않을 것이다. 심지어 여기에 붙이는 병명까지 있는데 '임원 스트레스 증후군'이 그것이다. 그러니 어쩌면 중간 관리직에서, 혹은 심지어 우편물 관리실에서 생고생을 하는 것도 그리 나쁘지 않은 일인지 모른다. 적어도 건강에 문제가 생기지는 않을 테니 말이다.

수십 년 전에 영국의 학자들이 이렇게 직위와 스트레스 사이의 관계에 관한 연구를 시작했다. 아마도 스트레스가 임원들의 건강과 생명에 끼치는 영향을 알아내 그들을 도와줄 목적이었을 것이다. 총칭하여 화이트홀 연구(화이트홀은 정부 관청이 밀집해 있는 런던 중심가의 이름이다. 일반적으로 영국 정부를 뜻한다 — 옮긴이)라고 부르는 이 일련의 연구가 밝혀낸 내용은 뜻밖에 아주 놀랍기도 했고 심오한 시사점을 갖고 있었다. 연구진은 직위 상승에 흔히 수반되는 책임감이나 압박감의 증가가 스트레스의 원인이 '아니라는' 사실을 발견했다. 가장 큰 스트레스 요인은 직무에 따르는 부담감이 아니라 직원이 하루 종일 자기 마음대로 할 수 있다고 느끼는 권한의 정도였다. 또한 직무가 요구하는 노력 그 자체가 스트레스를 유발하는 것이 아니라 자신이 들인 노력과 체감하는 보상 사이의 불균형이 스트레스의 원인이었다. 간단히 말하면 '권한이 줄어들수록 스트레스는 증가'했다.

화이트홀 연구는 똑같은 건강 보험 혜택을 받는 정부 직원들을 대상으로 했기 때문에 더욱 중요했다. 즉 연구진은 건강보험이라는 변수를 통제할 수 있었던 것이다. 미국의 대형 공개 기업을 연구했다면 불가능했을 수도 있는 부분이었다. 하긴 미국에서 실시한 연구도 결과는 비슷했지만 말이다.

2012년에도 비슷한 연구가 있었는데 하버드와 스탠포드의 연구진이 하버드 MBA 고위 경영자 프로그램에 참여한 사람들을 대상으로 스트레스 수준을 측정했다. 이 연구에서는 참가자들의 코르티솔 수치를 조사했다. 코르티솔은 스트레스를 받을 때 신체가 분비하는 호르몬이다. 연구진은 참가자들의 코르티솔 수치를 최고 자리까지 오르지 못한 직원들의 수치와 비교했는데 이에 따르면 리더들은 대체로 그 밑에서 일하는 직원들보다 스트레스 수준이 더 낮았다. "다시 말해 자기 인생을 스스로 책임진다는 느낌이, 높은 사회적 지위에 수반되는 책임 증가를 상쇄하고도 남는 것일 수 있다." 스탠포드 뉴스 서비스 사의 맥스 맥클루어가 연구 결과를 알리며 쓴 글이다.

업무 스트레스와 건강 사이의 관계를 생각하면 화이트홀 연구 결과는 더욱 인상 깊다. 조직의 위계서열 내에서 지위가 낮을수록 스트레스와 관련한 건강 위험은 오히려 커졌다. 다시 말해 잔뜩 긴장하고 있는 것처럼 보이는 고위 임원들이 실은 그들 밑에서 일하는 가게 점원이나 매니저들보다 더 오래, 더 건강하게 살고 있었다. "직위가 높을수록 낮은 직급보다 더 오래 살 것으로 기대된다." 런던 대학교 공중보건 연구진이 2004년 실시한 연구 보고서에 나오는 말이다. 그리고 그 차이는 상당하다. 말단 직원은 최고위 임원보다 조기 사망률이 4배나 높았다. 권한이 작은 직무 종사자는 정신질환을 앓을 확률 또한 높았다.

이런 결과는 비단 사람에게만 해당되는 것이 아니었다. 사회적으로 무리를 지어서 사는, 인간이 아닌 영장류들도 계급이 낮을수록 질병에 더 잘 걸리고 스트레스 관련 호르몬 수치도 높았다. 그러나 계급 내의 지위 자체가 문제의 원인은 아니었다. 계급은 진화 과정에서 입력된 것이니 계급을 없앨 수는 없다. 그리고 무엇보다 계급은 해결책이 아니다. 단순히 더 많은 돈을 벌고 더 높은 직위를 갖는 것은 스트레스 감소를 위한 처방전이 되지 못한다. 이 연구 결과는 일에 대해 우리가 느끼는 권한, 실은 삶에 대해 느끼는 권한을 이야기하고 있었다.

이것은 거꾸로 보아도 마찬가지다. 직원을 격려하고 잘 관리하는 업무 환경은 건강에 이로운 영향을 끼친다. 권한이 더 있다고 느끼는 사람, 허락을 기다릴 필요 없이 내가 결정하면 된다고 느끼는 사람은 스트레스를 덜 받는다. 시키는 대로만 일하는 사람, 언제나 규칙을 따라야 하는 사람은 스트레스를 심하게 받는다. 자신이 느끼는 권한과 스트레스, 최고의 실력을 발휘하는 것 등은 모두 조직 내에서 얼마나 안전하다고 느끼는가와 직접적으로 연관된다. 당연히 안전하다고 느껴야 할 사람들, 이를테면 같은 부족 사람들(현대 사회에서는 직장이 곧 부족이다) 곁에서도 안전하지 못하다고 느끼는 것은 기본적인 자연 법칙에 어긋나며 우리의 타고난 생활 방식에도 맞지 않는다.

화이트홀 연구는 새로운 결과가 아니다. 같은 내용이 이후에도 거듭 반복해서 확인되었다. 이렇게 압도적인 데이터에도 불구하고 우리는 여전히 아무런 조치도 취하지 않고 있다. 직장에서 불안을 느끼면 업무 성과도 나빠지고 건강에 해로우며 심지어 죽을 수도 있다는 사실을 알면서도 우리는 싫어하는 일을 계속한다. 어째서인지 우리는 외부의 알 수 없는 위험이 내부의 위험보다 더 위험하다고 스스로를 설득한다. 그래서 만족스럽지도 않고 실력을 발휘할 기분도 들지 않는 불편한 업무 환경에 참으면서 적응한다. 내 지위나 자리를 정당화하면서 하던 일을 그냥 계속한 경험이 누구나 한 번씩은 있을 것이다.

HR 전문 컨설팅 회사 머서 LLC의 보고에 따르면 2010년 4사분기에서 2011년 1사분기 사이에 직장인 세 명 중 한 명은 직장을 떠나는 것을 심각하게 고려했다고 한다. 5년 전에 비해 23퍼센트가 증가한 비율이었다. 문제는 실제 자발적으로 직장을 떠나는 사람은 1.5퍼센트도 되지 않는다는 점이다. 잘못된 이성 관계처럼 좋아하지 않으면서도 떠나지 못하는 것 역시 열악한 업무 환경과 관련된 이슈 중 하나이다. 구관이 명관이라는 인식 때문인지 아니면 다른 이유가 있는지는 몰라도 사람들은 건강하지 못한 업무 환경에서 벗어날 수 없다고 느끼고 있는 것 같다.

전체 직장인의 3분의 1이 현재의 직장을 떠나고 싶어 하면서도 그렇게 하지 않는다는 사실은 두 가지 사항을 시사한다. 첫째는 거북할 만큼 많은 수의 사람들이 다른 곳에서 일하고 싶어 한다는 점이고 둘째는 이들이 직장을 그만두는 것 외에는 다른 개선책을 모른다는 점이다. 하지만 다른 방법도 있다. 훨씬 더 간단하고 효과적이면서 직장을 떠날 필요도 없는 방법 말이다. 오히려 이 방법을 실천하려면 현재의 직장을 떠나지 말아야 한다.

그러나 아무 일도 하지 않고 현 상태를 탈출할 수 있다는 얘기는 아니다. 우리는 직장에 있을 때 행동하는 방식을 바꿔야 한다. 나 자신에 대한 관심을 내 좌우에 있는 사람들에게로 일부 돌려야 한다. 스파르타인처럼 우리가 가진 힘은 창의 날카로움에서 나오는 것이 아니라 나의 방패로 타인을 보호할 때 생긴다는 사실을 배워야 한다.

고용시장이 부실하고 경제 상황이 열악하므로 어떻게든 버텨야 한다고 말하는 사람들도 있다. 실은 이럴 때일수록 회사 리더들은 직원들에게 더 잘해야 한다. 형편이 나아지면 직원들이 썰물 빠지듯이 빠져나가는 것을 막기 위해서라도 말이다. 그리고 경제 상황이 좋을 때도 회사 리더들은 직원들을 잘 대우해야 한다. 그래야만 다시 힘든 시절이 와도(힘든 시간은 반드시 온다) 직원들이 발 벗고 나서서 회사를 도와줄 테니까 말이다. 최고의 회사들이 항상 힘든 시기를 잘 버텨내는 이유는 직원들이 똘똘 뭉쳐서 그렇게 만들기 때문이다. 다시 말해 순전히 비즈니스적인 입장에서 보더라도 경제 상황이 어떻든 직원들을 잘 대우하는 일은 비용 대비 무척 효과적인 방법이다.

그럼에도 불구하고 돈을 들여서, 실적을 손해봐가며, 직원들의 건강을 해치는 방식으로 회사를 경영하는 리더들이 너무나 많다. 아직도 뭔가 바꿔야 한다는 생각이 들지 않는다면 아이들에 대한 사랑이 그 이유가 되면 어떨까. 보스턴 칼리지 사회복지대학원의 두 연구원에 따르면 아이들의 행복감은 '부모가 직장에서 많은 시간을 보내느냐'보다는 '집에 돌아온 부모의 기분이 어떠한가'에 더 큰 영향을 받는다고 한다. 좋아하는 일을 밤늦게까지 하는 부모를 둔 아이들이 행복하지 않은 기분으로 더 적은 시간을 일하는 부모의 자녀보다 더 잘 지냈다. 이것이 바로 일이 우리의 가족들에게 미치는 영향이다. 늦게까지 일하는 것은 아이에게 부정적 영향을 끼치지 않지만 직장에서 어떤 기분을 느끼는가는 아이에게 영향을 준다. 늦게까지 사무실에 머물고 자주 출장을 다닌다면 부모는 죄책감을 느끼고 아이는 부모를 그리워하겠지만 그것이 문제가 되지는 않는다. 요약하자면 아이들을 생각한다면,

현재의 직장을 싫어한다면 집에 가지 마라.

우리의 행복에 관심을 기울이라고 리더들에게 요구하지 않음으로써 우리가 치르는 대가는 무엇일까? 우리는 (우리 생각처럼) 자녀들을 부양하기 위해 괴로움을 참고 있는 것이 아니라, 괴로움을 참음으로써 아이들에게 해를 끼치고 있다.

사람보다 수치를 우선시해도 된다고 생각하는 회사 리더가 있다면 그 결과로 어떤 일들이 벌어질지 생각해보라.

이 문제를 해결할 수 있는 방법은 하나밖에 없다. 우리가 일하는 곳에 안전권을 만들고 지키는 것이다. 비난할 대상을 찾는 것은 해결책이 아니다. 힘을 합쳐서 조치를 취해야 한다. 여기서 좋은 소식은 우리를 도와줄 수 있는 강력한 힘을 가진 요소들이 있다는 점이다. 초자연적 힘을 가진 것으로 보이는 이 요소들을 활용하는 방법을 배운다면 우리는 한참 어긋난 것들을 제대로 돌려놓을 수 있을 것이다. 그냥 하는 주장이 아니라 생물학이 주는 해결책이다.

2
___
부

우리를 움직이는
강력한 요소들

5장
우리의 적은 안이 아니라 바깥에 있다

　열악한 환경이었다는 말로는 부족했다. 그 누구도 살고 싶지 않은 최악의 환경이었다. 믿기지 않을 만큼 위험했다. 겨울에도 난방 따위는 없었고 여름에도 에어컨은 상상조차 할 수 없었다. 슈퍼마켓 비슷한 것도 없었고 식량은 주민들이 직접 찾거나 사냥 해야 했다. 이런 환경에서는 생존 말고는 그 어떤 것도 생각할 수 없었다. 하루 24시간, 365일 언제든지 밖에는 위험 요인이 도사 리고 있을 수 있었다. 교육을 받거나 직장을 구하는 일 따위는 걱 정거리에도 들지 못했다. 교실도 병원도 없었고 구할 수 있는 직 장도 없었다. 아무것도 없었다. 회사라는 것도 당연히 없었고 국 가도 아직 생기기 전이었다. 이런 것들은 아직 먼 미래의 얘기였 으니 생각조차 할 필요가 없었다. 영화 〈매드 맥스〉에서처럼 종 말 이후의 세상을 말하는 것이 아니다. 5,000년 전 현대적 인간 호모 사피엔스가 세상에 첫발을 내디딘 때의 이야기다. 우리는 거기서부터 시작되었다.

우리 조상들은 찢어지게 가난했다. 출신 학교와 부모의 인맥에 따라 기회가 생기는 세상이 아니었다. 기회는 오직 자신의 의지와 기회를 만들려는 힘겨운 노력의 결실이었다. 그리고 그들은 기회를 만들었다. 우리 종은 엄청난 위험과 부족한 자원의 환경에서도 살아갈 수 있게끔 만들어졌다.

구석기 시대의 삶이란 허리케인 이후의 삶과는 달랐다. 허리케인은 결핍이 아니라 파괴다. 우리 조상들은 우리가 흔히 상상하는 그런 동굴인이 아니었다. 그들은 넓적한 이마에 몽둥이를 들고 구부정하게 돌아다니지 않았다. 그들은 오늘날의 우리와 똑같이 생겼고 우리만큼 똑똑했으며 지금 우리가 하는 일들을 그들도 할 수 있었다. 다만 그때에는 아직 현대 사회의 진보와 이기들이 없었을 따름이었다. 그것만 제외하면 그들도 당신이나 나와 똑같은 사람이었다.

인간이 가진 거의 모든 면은 힘든 시절, 지독히 힘든 시절에 생존과 종의 보존을 돕도록 만들어졌다. 인간의 생리학적 측면이나 협동의 필요성은 생존을 위해 존재하는 것이다. 우리는 '함께' 위험에 대처할 때 능력을 최대로 발휘한다. 하지만 너무나 많은 리더들이 내부적으로 긴박한 분위기를 조성하는 것이 외부의 도전에 직면했을 때 직원들을 가장 잘 독려하는 방법이라고 믿는 것은 안타까운 일이다. 생물학적으로, 그리고 인류학적으로 볼 때 이것만큼 잘못된 생각도 없다.

내가 이 집단에 속한다고 느끼고 함께 일하는 사람들을 신뢰할 수 있을 때 우리는 자연히 외부의 도전과 위협에 맞서기 위해 협력한다. 하지만 소속감이 없을 때는 서로로부터 자신을 보호하기 위해 시간과 에너지를 투자할 수밖에 없다. 그렇게 되면 의도치 않게도 외부의 위협과 도전에 대해서는 더욱 취약한 상태가 된다. 게다가 내부로 관심을 돌리는 만큼 외부에 있는 기회를 놓치게 된다. 함께 일하는 사람들 속에서 안심이 된다면 우리는 생존하고 번영할 확률이 높아질 수밖에 없다.

우리가 번성한 이유

우리가 태어났던 열악한 환경에 우리보다 더 크고 강한 종들이 있었음에도 불구하고 호모 사피엔스가 생존하고 번영하는 방향으로 훨씬 더 잘 적응한 데는 나름의 이유가 있다. 우리에게 주어진 이점 중 하나는 신피질, 즉 복잡한 문제해결이 가능한 두뇌였다. 이 두뇌 덕분에 우리는 정교하게 소통할 수 있었고, 의사소통이 가능한 다른 동물들과는 달리 구문과 문법을 구사할 수 있었다. 하지만 우리가 생존할 수 있었던 또 하나 중요한 원인은 놀라운 협동 능력이었다. 우리는 고도로 사회화된 종으로서 타인의 도움에 기대어 생존하고 번영했다.

함께 일하며 서로를 도와주고 보호하는 능력은 큰 효과를 발휘했고 그 결과 우리는 생존을 넘어 번영을 구가했다. 코끼리 역시 살아남았지만 코끼리의 삶은 100만 년 전이나 지금이나 별 차이가 없다. 그에 반해 우리는 5,000년 전과는 비교도 할 수 없을 만큼 다른 삶을 살고 있다. 비록 우리 종은 환경에 맞춰 적응했지만 협업과 문제해결에 아주 능했던 우리는 환경을 우리한테 맞출 수 있는 방법들을 찾아냈다. 더 많은 방법들을 찾아내면서 우리는 환경에 맞춰 변화하는 대신 환경을 우리의 필요에 맞춰 변화시키는 데 능해졌다. 하지만 문제는 우리의 기본적 유전자 코드는 그대로라는 점이다. 우리는 자원이 넘쳐나는 현대 사회에 살고 있는 구식 인간들이다. 여기에는 분명 이점도 있지만 역시나 치러야 할 대가도 있다.

뭉쳐야 살고, 살기 위해 뭉친다

기껏해야 150명 정도가 모여 살던 공동체에서는 모든 구성원들이 서로 알고 지냈고 집단을 돕는 일이 자신에게도 이익이 된다는 것을 다들 이해한다고 믿어도 좋았다. 남자들은 함께 나가서 사냥을 했고 공동체 전체가 함께 아이들을 키우고 노약자를 돌보고 서로를 지켜주었다.

물론 어느 집단에나 그렇듯이 충돌도 있었다. 하지만 결정적 순간이 되면 그런 차이는 모두 미뤄두고 함께 힘을 보탰다. 형제 자매 간에 아무리 심각한 문제가 있더라도 외부에서 위협이 닥치면 다 함께 나서서 서로 보호해주는 것처럼 말이다. 우리는 항상 우리 사람들을 보호했다. 그렇게 하지 않는 것은 인간의 본성에 반하는 일이었고 궁극적으로는 집단의 생존과 번영을 해치는 일이었다. 반역죄를 살인죄처럼 엄하게 처벌할 수 있는 것도 바로 이런 이유에서다. 신뢰라는 것은 우리가 살아남는 데 매우 중요한 역할을 하므로 인간들은 신뢰를 아주 진지하게 받아들인다.

지금까지 거둔 우리의 성공이 그것을 입증한다. 협동과 상호 보조는 경쟁이나 철저한 개인주의보다 더 좋은 결과를 낳는다. 그렇지 않아도 험악한 자연과 한정된 자원, 그 밖의 외부 위협에 맞서 힘겹게 싸워야 하는 판국에 뭐 하러 끼리끼리 싸워서 상황을 더 어렵게 만들겠는가?

마을 단위의 이런 협동 생활은 아마존의 열대우림에서부터 아프리카의 드넓은 평원에 이르기까지 어디에나 존재했다. 다시 말해 우리의 생존과 성공 확률을 높여준 것은 물리적 환경이 아니라 우리 종의 생물학적 특성, 즉 인간의 본성 그 자체였다. 우리가 어디서 왔건, 우리가 마주친 환경이 얼마나 열악했건 상관없이 우리가 진화한 방식(서로를 돕는 것)은 효과가 있었다. 어느 문화권에 속하든, 지구상 모든 인간은 협동하려고 하는 것이 자연스럽다.

예상이 가겠지만 힘들게 일만 했던 것은 아니다. 우리는 사회적 동물이다. 사회적인 면은 수천 년 전에도 지금처럼 중요했다. 그것은 우리가 신뢰를 형성하고 유지하는 중요한 방법이었고 서로를 알아가는 방식이었다. 일하고 있지 않을 때 사람들을 알려고 시간을 투자하는 것은 끈끈한 신뢰를 형성하기 위한 방편이다. 함께 식사를 하고 한 가족으로서 여러 가지 행사를 하는 일이 반드시 중요한 것도 같은 이유에서다. 콘퍼런스를 열고 야유회를 가고 정수기 주변에 모여 시간을 보내는 것 역시 중요하다. 더 친근해질수록 유대감도 더욱 강해진다. 또한 사회적 상호작용은 회사의 리더들에게도 중요하다. 회의가 아니더라도 복도를 돌아다니며 직원들과 교류하는 것은 정말로 중요한 일이다.

현대적 시스템 중에서 조상들의 친족사회와 가장 비슷한 곳은 아마 대학의 기숙사일 것이다. 학생들은 각자 (보통 함께 쓰는) 자기 방이 있지만 방문을 열어놓을 때가 많다. 학생들은 여러 방을 돌아다니며 친목을 도모한다. 기숙사 복도는 사회생활의 중심이 되고 방에서는 숙제를 하거나 잠을 자는 정도이다(가끔은 잠조차 자지 않을 때도 있지만). 이런 기숙사에서 형성되는 끈끈한 우정은 매우 중요하다. 대학생들이 가장 친한 친구를 사귀는 곳은 강의실이 아니라 기숙사이다.

종으로서의 우리가 이룬 성공은 운이 아니라 노력으로 얻은 것이었다. 우리는 이곳에 이르기 위해 열심히 노력했고, 그것도 함께 열심히 노력했다. 우리는 협동하도록 만들어졌다. 뿌리 깊은 생물학적 차원에서 보면 우리는 사회적 기계들이다. 우리가 서로를 돕기 위해 일하면, 우리 신체는 그에 대한 보상을 내놓는다. 그 결과 우리는 계속해서 서로를 돕게 된다.

생존을 위한 대자연의 인센티브

우리 몸의 생리학적 작용은 모두 진화 과정의 시행착오에서 만들어진 것이기 때문에 사소한 것들에조차 제각각 나름의 존재 이유가 있다. 대자연은 단순히 최상급 포도주나 중국요리를 즐기라고 우리에게 예민한 미뢰를 선사해주지 않았다. 미뢰는 지금 먹는 음식을 가장 잘 소화하려면 어떤 효소를 분비해야 하는지 소화계에 알려준다. 후각은 음식이 상했는지 아닌지를 탐지할 수 있게 도와준다. 마찬가지로 눈썹은 우리가 먹이를 찾아서 뛰거나 먹이가 되지 않기 위해 뛸 때 땀이 눈에 들어가지 않도록 만들어졌다. 신체에 있는 모든 것들은 하나의 목표, 즉 우리의 생존을 돕기 위해 설계되었다. 이것은 행복이라는 감정에서도 마찬가지이다.

사탕이나 금메달, 성과급과 같은 포상을 약속하면 (혹은 벌을 주겠다고 위협하면) 원하는 행동을 얻어낼 수 있다는 것은 부모나 선생님, 매니저라면 누구나 아는 사실이다. 우리는 그런 보상이 달린 결과를 내려고 과제에 집중한다. 아이들은 자신들의 행동이 길들여지는 중이라는 것을 모르지만 어른인 우리는 인센티브를 제안하는 회사가 무슨 꿍꿍이인지를 정확히 안다. '그들이' 원하는 결과를 냈을 때만 보너스를 받을 수 있다는 사실을 아는 것이다. 그리고 대부분의 경우 이 방법은 효과가 있다. 실은 효과가 아주 좋다.

하지만 대자연은 우리 상사들보다도 훨씬 먼저 인센티브 시스템의 사용법을 알고 있었다. 바람직한 결과를 얻는 특정 행동을 하도록 대자연이 우리를 길들인 것이다. 생물학적으로 우리 신체가 임무 수행과 협동에 적합한 행동을 조장하기 위해 채용한 방법은 긍정적 감정과 부정적 감정이라는 시스템(예컨대 행복, 자부심, 기쁨, 불안 등)이었다. 상사들은 연말 보너스를 내놓는 방식으로 보상을 하지만 우리 신체는 스스로와 주변 사람들의 생존을 위해 노력하면 기분이 좋아지는 화학물질을 내놓는 방식으로 보상했다. 그렇게 수천 년이 지나고 나니 이제 우리는 온전히, 전적으로 화학물질에 의존하게 되었다.

우리 신체에는 내가 일반적으로 '행복'이라고 부르는 긍정적 기분을 일으키는 주요 화학물질이 네 가지 있다. 엔도르핀과 도파민, 세로토닌, 옥시토신이 그것이다. 우리가 조금이라도 행복이나 기쁨을 느낄 때는 단독으로 혹은 합동하여, 적은 양이든 많은 양이든 이들 화학물질 중 하나 이상이 혈관 속을 흐르고 있다고 봐야 한다. 이 화학물질들은 그저 우리 기분을 좋게 해주기 위해 존재하는 것이 아니다. 각각은 아주 현실적이고 실용적인 목적, 즉 우리의 생존에 이바지한다.

인간의 모순이 낳은 이기적 화학물질과 이타적 화학물질

인간은 언제나 개인으로, 그리고 집단의 구성원으로 존재한다. 나는 한 명이면서 동시에 많은 이들 중 하나다. 언제나 그렇다. 그리고 이 때문에 어쩔 수 없이 이해의 충돌이 일어나기도 한다. 어떤 결정을 내릴 때 우리는 개인적으로 내게 좋은지와 부족 혹은 집단에게 좋은지를 항상 저울질해보게 된다. 한쪽에는 좋은 일이 다른 쪽에는 좋지 못한 경우도 꽤 많다. 나 자신만을 위해 일하다가 집단에게 해를 끼칠 수도 있고 집단만을 위해 일하다가 개인적으로 대가를 치러야 하는 경우도 생긴다.

의사결정을 할 때 이런 긴장 관계가 양심에 짐이 되는 경우가 자주 있다. 어느 것이 우선인지에 관해 우리가 개인적으로 혹은 집단적으로 논쟁까지 한다는 것은 아이러니컬한 일이다. 어떤 이들은 항상 타인을 먼저 생각해야 한다고 믿는다. 우리가 집단을 돌보지 않는다면 집단 역시 우리를 돌보지 않을 것이기 때문이다. 또 어떤 이들은 항상 자신을 우선시해야 한다고 생각한다. 스스로를 먼저 돌보지 않는다면 다른 이에게도 도움이 될 수 없으니까 말이다. 실은 양쪽 다 맞는 말이다.

생물학적으로도 이렇게 이해의 충돌처럼 보이는 것이 존재한다. 인센티브를 구성하는 신체의 네 가지 주요 화학물질 중에서 두 가지는 주로 식량을 찾고 일을 완수하기 위해 진화한 것이고 나머지 두 가지는 사교와 협동을 위한 것이다. 앞의 두 화학물질, 다시 말해 엔도르핀과 도파민은 개인으로서의 우리에게 필요한 것을 얻게 만든다. 즉 인내하고, 음식을 찾고, 집을 짓고, 도구를 고안하고, 일을 추진하고, 완수하게 한다. 나는 이것들을 '이기적' 화학물질이라고 부른다. 나머지 두 화학물질, 다시 말해 세로토닌과 옥시토신은 협동하고 신뢰와 충성심을 키우도록 장려한다. 나는 이것들을 '이타적' 화학물질이라고 부른다. 이타적 화학물질은 사회적 유대감을 강화하여 우리가 더 쉽게 협업하고 협력하게 만들며, 궁극적으로는 우리가 살아남고 우리의 자손들까지 계속 살아갈 수 있게 한다.

6장
엔도르핀, 도파민, 세로토닌, 옥시토신

이기적 화학물질 없이는 굶어죽을 것이다

배가 고플 때는 마트에 가면 안 된다는 것이 상식이다. 그랬다가는 너무 많이, 꼭 필요하지도 않은 것들까지 사고 마니까. 배가 고플 때 너무 많이 사게 되는 이유는 보는 것마다 모두 먹고 싶어지기 때문이다. 배가 고프니까 당연하지 않은가. 하지만 더 흥미로운 질문이 있다. 왜 우리는 배가 고프지 '않을' 때도 마트에 가는 것일까?

석기 시대 우리 조상들이 살던 환경에서는 물자가 희소했고, 얻기도 쉽지 않았다. 배가 고플 때마다 (뭔가를 잡는다는 보장도 없이) 몇 시간씩 사냥을 해야 한다고 상상해보라. 이런 식의 시스템으로는 우리 종은 제대로 살아남지 못했을 것이다. 그래서 우리 신체는 우리에게 가장 이로운 행동을 반복하게 할 목적으로, 배가 고플 때까지 기다릴 것 없이 규칙적으로 사냥과 채집에 나서도록 부추기는 방법을 고안해냈다.

엔도르핀과 도파민이라는 두 가지 화학물질 때문에 우리는 사냥과 채집, 목표 달성을 하고 싶어진다. 이 물질들은 우리가 찾던 것을 찾아냈을 때, 필요한 것을 만들었을 때, 그리고 목표를 달성했을 때 기분이 좋아지도록 만든다. 바로 발전을 이루는 화학물질들이다.

엔도르핀: 러너스 하이

엔도르핀은 오직 한 가지 목적에 이바지한다. 육체적 고통을 가리는 것. 그게 다다. 말하자면 엔도르핀은 우리에게 주어진 자체 아편과도 같다. 엔도르핀은 흔히 스트레스와 공포에 대한 반응으로 분비되어 쾌락으로 육체적 고통을 가린다. 운동선수들이 힘든 운동을 하는 도중이나 운동을 끝낸 후 많이 경험하는 '러너스 하이Runner's High'라는 행복감은 사실 엔도르핀이 혈관 속으로 퍼져나가는 것에 다름 아니다.

달리기를 비롯한 지구력 운동을 하는 사람들이 계속해서 자신의 몸을 한계치까지 몰아붙이는 이유 중 하나도 이 때문이다. 그들은 자신이 정한 원칙을 지키기 위해서가 아니라 실제로 기분이 좋아지기 때문에 그렇게 한다. 그들은 힘든 운동으로 얻을 수 있는 이 놀라운 행복감을 즐길 뿐만 아니라 갈망하기까지 한다. 하지만 생물학적으로 엔도르핀의 의의는 운동과는 그다지 관련이 없다. 이것은 생존의 문제다.

동굴인에게는 기분 좋은 화학물질이 필요한 훨씬 더 실제적인 이유가 있었다. 엔도르핀 덕분에 인간의 신체는 놀라운 지구력을 가질 수 있다. 마라톤을 즐기는 사람들을 제외하면 대부분의 사람들은 정기적으로 몇 킬로미터씩 달린다는 것을 상상할 수조차 없다. 하지만 엔도르핀 덕분에 석기 시대 우리 조상들은 사냥을 할 수 있었다. 조상들은 동물을 쫓아 엄청난 거리를 이동하더라도 다시 집으로 돌아올 스태미나가 남아 있었다. 지쳤다는 이유로 사냥꾼들이 사냥을 포기한다면 사냥꾼만 믿고 있던 부족은 식량 부족으로 결국 사멸했을 것이다. 그래서 대자연은 우리가 사냥을 계속하도록 부추길 수 있는 영리한 인센티브를 고안해냈는데 그게 바로 약간의 엔도르핀이었다.

엔도르핀에 대한 갈망은 개발할 수도 있다. 규칙적으로 운동을 하는 사람들이 특히 직장에서 스트레스를 많이 받은 날이면 긴장을 풀기 위해 달리기를 하거나 스포츠센터에 가고 싶어 하는 것은 이 때문이다. 우리 조상들이 사냥이나 채집을 하고 싶어 한 것은 단순히 해야 할 일이라서가 아니라 기분이 좋아지기 때문인 까닭도 있을 것이다. 다시 말하지만 인간의 신체는 음식을 찾으러 가거나 힘들여 집을 지을 때 기분이 좋아지기를 바란다. 그래야 그 일을 계속할 수 있기 때문이다. 하지만 자동차와 슈퍼마켓 덕분에 지금 우리가 사는 세상은 풍부한 자원을 언제든지 구할 수 있다. 이제 우리 신체는 음식을 찾는 일에는 보상을 주지 않는다. 적어도 엔도르핀 형태의 보상은 아니다. 요즘 같은 시대에는 보통 운동이나 육체노동을 통해 엔도르핀을 얻는다. 한 가지 눈에 띄는 예외만 제외하고 말이다.

정치 풍자가이자 〈콜베어 리포트〉의 진행자인 스티븐 콜베어는 한 인터뷰에서 긴장된 순간 웃음의 중요성에 관해 이렇게 말했다. "웃는 동시에 두려워할 수는 없죠." 맞는 말이다. 실제로 웃음은 엔도르핀을 분비한다. 엔도르핀은 인체의 장기가 흔들릴 때 생기는 통증을 감추기 위해 분비된다. 우리가 웃음을 좋아하는 것은 달리는 사람이 달리기를 좋아하는 것과 같은 이유에서다. 달릴 때와 같이, 웃으면 기분이 좋아진다. 하지만 다들 너무 많이 웃어서 그만 웃고 싶었던 적이 있을 것이다. 배가 아프기 시작하니까 말이다. 달리기를 하는 사람과 마찬가지로 웃을 때도 통증은 이미 시작되었지만 엔도르핀 덕분에 느끼지 못했던 것뿐이다. 웃음이 멈춘 후에도 지속되는 이 행복감 때문에 콜베어의 말대로 우리는 웃는 동시에 두려워할 수는 없다.

긴장된 시기에 마음을 조금 가볍게 하는 것은 주변 사람들을 좀 더 느긋하게 만들고 긴장감을 줄여주어 일에 집중하는 데 큰 도움이 될 수 있다. 1981년 3월 30일 로널드 레이건 대통령이 집도의에게 농담을 건넸던 일은 유명한 일화다. 레이건 대통령은 존 힝클리 주니어의 총에 맞아 조지 워싱턴 대학병원으로 이송됐는데 그는 휠체어를 타고 수술실에 들어가면서 이렇게 농담을 했다고 한다. "의사분들이 다들 공화당원이라야 할 텐데."(민주당 지지자인 집도의는 이렇게 답했다. "오늘은 누구라도 공화당원이에요, 대통령님.")

도파민: 발전을 위한 인센티브

찾고 있던 것을 찾아냈거나 해야 할 일을 완수했을 때 기분이 좋아지는 것은 도파민 때문이다. 도파민은 우리가 중요한 과제를 끝냈거나 프로젝트를 완료했을 때, 목표에 도달했을 때, 심지어 더 큰 목표를 향한 중간 목표에 도달했을 때 느끼는 만족감을 책임진다. 해야 할 일 목록에서 한 가지를 지울 때 기분이 얼마나 좋은지 다들 알 것이다. 바로 그 발전이나 완수의 느낌은 주로 도파민 덕분이다.

농업이나 슈퍼마켓이 생기기 한참 전에 인간은 다음 끼니거리를 찾는 데 많은 시간을 소모했다. 사냥이나 수집과 같은 기본적 과업에 집중할 수 없었다면 인간은 지금까지 살아남지 못했을 것이다. 그래서 대자연은 우리가 당면한 과제에 집중할 수 있는 영리한 방법을 고안해냈다. 우리가 도파민을 얻는 한 가지 방법은 식사이다. 우리가 식사를 즐기는 것은 도파민의 영향도 있다.

우리가 발전을 좋아하는 목표지향적 종이 된 것은 도파민 때문이다. 완료할 과제가 있거나 달성해야 하는 목표치가 있을 때, 눈에 보이거나 마음속에 뚜렷이 그려볼 수 있다면, 도파민이 분비되면서 그 일을 시작하도록 돕는다. 예컨대 석기 시대에는 과일이 주렁주렁 달린 나무를 보면 도파민이 분비되어 과제에 집중하고 식량을 구해오도록 부추겼다. 나무에 다가갈수록 과일이 조금씩 더 커보였기 때문에 나무에 가까워지고 있음을 알 수 있었다. 이렇게 일이 진척되는 징후가 하나씩 나타날 때마다 도파민은 조금씩 새로 분비되어 일을 계속하게 만들었다. 한 번, 두 번 조금씩 분비되던 도파민은 조상들이 마침내 목표에 도달하는 순간 대량 분비되면서 '유레카'를 외치게 만들었다.

오늘날 우리도 마찬가지다. 목표에 가까워질수록 여러 지표를 통해 발전하고 있다는 것을 알 수 있고 그러면 다시 도파민이 분비되어 일을 계속하게 만든다. 그러다가 마침내 목표에 도달했을 때 느끼는 '해냈다.'라는 강렬한 감정은 열심히 일한 것에 대한 생물학적 보상, 즉 도파민의 대량 분비이다. 우리가 지나는 각 이정표는 하나의 지표, 즉 과일 나무가 점점 가까워지고 있다는 것을 알 수 있는 방법이다. 마라톤 주자가 1킬로미터마다 설치된 표지판을 지나치며 결승선에 이르듯이 신체는 도파민으로 보상을 주면서 우리가 계속해서 일을 하게 만들고 더욱 열심히 해서 마지막에는 막대한 양의 도파민을 얻을 수 있게 한다. 당연히 목표가 클수록 더 많은 노력이 요구되고 우리가 얻는 도파민의 양도 많아진다. 열심히 일해서 뭔가 어려운 일을 해냈을 때 정말로 기분이 좋아지는 것은 이 때문이다. 반면 쉽고 빠르게 해낸 일은 도파민을 거의 분비하지 않을 수도 있다. 다시 말해 무언가를 이루기 위해 많은 노력을 투입하면 기분이 좋아진다. 아무것도 하지 않으면 생물학적 인센티브 역시 없다.

목표는 구체적이어야 한다

우리는 시각의 영향을 매우 많이 받는 동물이다. 우리는 그 어떤 감각보다 시각을 신뢰하는 것 같다. 밤에 '쿵' 하는 소리를 들으면 아무것도 없는 것을 눈으로 확인해야 마음 놓고 잠을 청할 수 있다. 새로 알게 된 사람이 약속을 하거나 뭔가를 해냈다고 주장해도 우리는 '봐야 믿겠다.'라는 생각을 한다.

목표를 글로 쓰라는 얘기를 자주 듣는 것은 이 때문이다. '글로 쓰지 않으면 목표를 성취할 수 없다.'고들 한다. 나름 일리가 있는 말이다. 멀리서 과일이 주렁주렁 매달린 나무를 쳐다보는 것처럼 성취하려는 목표를 눈으로 볼 수 있거나 생생하게 그려볼 수 있다면 도파민의 힘 덕분에 실제로 목표를 성취할 가능성이 커진다.

보너스를 받기 위해 일하는 우리가 막연한 지시 대신 달성해야 할 분명한 목표를 선호하는 것은 이 때문이다. '더 많이' 해내면 성과급을 받을 거라는 얘기는 별로 도움이 되지도, 동기 부여가 되지도 않는다. 얼마나 더 많이 해야 하는가? 우리가 주시할 구체적 목표를 제시해야 한다. 진척 정도를 알 수 있고 달성할 가능성이 높은 목표 말이다. 은행 잔고를 자주 확인하거나 예산에 맞춰 지내는 사람이 저축을 하거나 과소비를 덜 할 가능성이 큰 것은 이 때문이다. 저축이란 마음의 상태가 아니라 달성해야 할 목표이다.

기업이 마음의 눈에 보이는 비전을 세워야 하는 것도 이 때문이다. 그러니까 '비전('vision'에는 '눈', '시력'이라는 뜻도 있다 — 옮긴이)'이지 않은가. '볼 수 있어야' 하니까 말이다. '이 분야 최고의 존경을 받는 회사'라는 비전은 막연한 지시 내용처럼 아무 짝에도 쓸모가 없다. 누구에게 존경을 받는다는 말인가? 고객? 주주? 직원? CEO의 부모님? 비전을 향한 진척 정도를 제대로 측정할 방법이 없는데 제대로 나아가고 있는지 아닌지 어떻게 알 수 있겠는가? 비전 선언문에 자주 등장하는 '최대'니 '최고'니 하는 단어들은 생물학적으로 봤을 때 그 비전을 달성하도록 열심히 일하라고 동기를 부여하기에는 무용지물이다.

반면 훌륭한 비전 선언문은 우리가 최선을 다해 성공을 거뒀을 때 세상이 어떻게 보일지를 구체적인 단어로 설명한다. 마틴 루서 킹 박사는 자신에게는 꿈이 있다고 했다. 언젠가 '흑인 소년과 흑인 소녀가 백인 소년, 백인 소녀와 함께 형제자매로서 손잡을 수 있는 날이 오는 것' 말이다. 이것은 상상이 가능하다. 어떤 모습일지 그려볼 수 있다. 그리고 그 모습이 동기를 부여하고 시간과 에너지를 투자할 만하다고 생각되면 우리는 그 비전을 달성하는 데 필요한 단계적 계획들을 더 쉽게 수립할 수 있다. 단기적이든 장기적이든 우리가 성취하려는 모습을 그려볼 수 있다면 그것을 달성할 가능성도 더 커진다. 그 추구 과정은 도파민 덕분에 신나는 일이 된다. 그렇기 때문에 최고의 비전은 현실적으로는 결코 도달할 수 없으나 도달하기 위해 노력하면서 기꺼이 죽을 수도 있는 무언가를 제시하는 비전이다. 그 길을 밟는 동안 거쳐 가는 각 지점은 우리가 우리보다 더 큰 무언가를 향해 조금씩 나아가고 있다고 느낄 수 있는 기회가 된다.

이 시스템이 의도한 대로 효과를 낸다면 우리는 계속해서 배부르게 먹고, 할 일을 하고, 발전을 이룰 것이다. 그리고 내 가족과 부족을 더 잘 지원하고 부양할 수 있을 것이다. 도파민은 우리가 대학을 졸업하고, 의사가 되고, 부단히 일해서 꿈꾸던 미래의 비전을 실현하도록 도와준다.

하지만 여기에는 놓치기 쉬운 유의사항이 있다. 도파민은 중독성이 아주 강하다는 점이다. 도파민은 유익하기도 하지만 우리의 생존에 도움이 되지 않는 신경 연결망을 만들어서 정반대의 효과를 낼 수도 있다. 도파민을 통해 우리가 강화하는 행동이 실제로 우리에게 해를 끼칠 수도 있는 것이다. 코카인, 니코틴, 알코올, 도박 등은 모두 도파민을 분비한다. 우리는 그 느낌에 취해버릴 수도 있다. 화학적으로 여러 영향을 받음에도 불구하고 우리가 이것들(및 그 외 기분 좋은 많은 것들)에 중독되는 이유는 모두 기본적으로 도파민 중독 때문이다. 우리에게 다음 번 도파민을 분비해주는, 강화되는 행동이 무엇이냐가 다를 뿐이다.

도파민이라는 보상 시스템을 망쳐놓을 수 있는 목록에 추가할 것이 또 하나 있다. 바로 소셜 미디어다. 문자 메시지, 이메일, 획득한 '좋아요.'의 수, 메시지 도착을 알리는 전화벨의 '딩동' 소리 혹은 진동, 깜박임은 짜릿한 느낌을 준다. 당연하다. 우리는 문자 메시지나 이메일 같은 것의 수신과 도파민을 분비하는 '오, 뭐가 왔네?'라는 느낌을 서로 결부지었다. 정말이다. 우리는 이메일은 질색이지만 '나한테 뭔가 왔다.'고 알리는 '딩동'이나 진동, 깜박임에는 죽고 못 산다. 어떤 사람들에게는 이미 한시도 전화기를 손에서 놓지 못하게 하는 신경 연결망이 만들어져서, 아무것도 도착하지 않았는데도 전화기를 내려다보고 '새로 고침'을 몇 번 눌러 본다. '도파민을 달라고!'

아침에 일어났는데 가장 먼저 찾는 것이 술이라면 알코올중독자일지 모른다는 말이 있다. 아침에 일어났는데 가장 먼저 하는 일이 침대에서 나오기도 전에 전화기를 켜서 이메일을 읽거나 소셜 미디어를 검색하는 일이라면 당신은 중독자일지도 모른다. 우리는 기분 좋은 화학물질이 분비되기를 바라면서 그 물질이 분비된다는 것을 알고 있는 행동을 반복한다. 알코올이나 도박의 경우에는 중독성이 있다는 것을 다들 잘 알고 있다. 하지만 전자 기기나 소셜 미디어의 경우에는 중독성에 대한 인식이 부족하다.

성과 위주의 조직에서는 도박과 마찬가지로 도파민이 주된 보상 수단이다('목표를 달성해라', '돈을 벌어라'). 이런 조직에서 일하는 우리는 '수치 달성'에 중독될 수 있다. 여기서 의문점은 이러한 현대적 형태의 중독이 무해한지, 아니면 우리에게 해를 끼치는 의도치 않은 부작용이 있는지 하는 점이다. 이 문제는 좀 있다가 다뤄볼 것이다.

현대인들이 쇼핑이나 물건 수집을 좋아하는 것은 도파민 때문이다. 딱히 득이 되는 것도 아닌데 우리가 이런저런 취미를 즐기는 이유는 그것이 선사 시대의 수렵채집 욕구를 충족시켜주기 때문이다. 다른 도파민 중독처럼 우리가 이런 취미에 중독되어 멈출 수 없다면 기분은 좋을지 몰라도 상당한 대가를 치러야 하는 경우가 자주 있다. 필요 이상의 돈과 시간을 소모할 뿐만 아니라 도파민을 한 번 더 얻기 위해 사람들과의 관계를 희생하는 경우도 있다.

성취 자체를 부채질하는 것은 도파민일 수도 있다. 하지만 그 성취감이라는 느낌은, 그 행복과 충성심이 지속되는 기분은 모두 다른 사람의 참여를 요구한다. 우리가 10년 전에 달성한 목표를 회상하는 일은 없을지 몰라도, 그 목표를 달성하기 위해 노력하며 사귀었던 친구들에 관해서는 이야기하게 될 것이다.

한 가지 좋은 소식은 우리가 타인의 신뢰나 사랑, 충성심을 얻을 수 있는 쪽으로 행동하면 긍정적 기분으로 보상을 해주는 화학적 인센티브가 있다는 점이다. 그런 감정을 얻는 데 필요한 일이라고는 조금 나눠주는 것뿐이다. 이것은 상당히 유용한데, 다들 알다시피 우리는 혼자일 때보다 신뢰하는 사람들과 함께 일할 때 더 많은 것을 성취할 수 있기 때문이다.

엔도르핀과 도파민은 음식과 주거에 관한 한 우리의 생존에 도움을 주는 방식으로 협조한다. 배를 채우고 집을 구할 수 있도록 우리가 일을 완수하게 만드는 것이다. '살아남기 위해' 일자리가 필요하다고 하는 말에는 근거가 없지 않다. 우리는 정말로 그렇게 느낀다. 일을 계속하게 해주는 엔도르핀이 없다면 힘들고 지쳤을 때 계속 분투할 수 없을 것이다. 도파민은 우리가 뭔가를 성취했을 때 화학적 분비물로 보상을 줌으로써 그 일을 또 다시 하고 싶게 만든다. 뭔가를 찾아내고, 짓고, 완수하는 데는 이런 보상 시스템이 꼭 필요하다.

하지만 모든 것을, 특히 커다란 일을 혼자 하는 것은 힘든 일이다. 협동이 더 좋다.

이타적 화학물질

찾아내고 짓고 완수하는 것은 협동이 필요한 이유의 일부에 불과하다. 위험한 세상에서 우리가 잘 살아나갈 수 있는 핵심 능력은 협동을 통해 발전을 이루는 능력이다. 신뢰하는 사람들 사이에서 존중받는다는 기분과 소속감을 느끼게 하고, 집단의 이익을 위해 일하고 싶어지게 만드는 것은 이타적 화학물질이다. 이타적 화학물질은 안전권을 튼튼하게 유지시킨다.

사회적 화학물질 없이는 냉혈한이 될 것이다

아프리카 보츠와나의 잠베지 강 지류에 죽은 동물의 사체가 떠내려 온다. 이 준비된 먹잇감이 지나치는 길목에는 둘 다 강의 이쪽 편에 사는 굶주린 악어 두 마리가 있다. 먹이를 보자 악어들은 동시에 달려든다. 하지만 오직 한 놈만이 승자가 될 것이다. 더 빠르고 강한 놈이 그날의 식사를 할 것이다. 오로지 본능에 따라 행동하는 이 악어는 먹이를 다 먹어치우고 부른 배를 두드리며 유유히 헤엄쳐갈 것이다. 다른 한 마리의 악어는 손톱만큼도 개의치 않고 말이다. 다른 악어는 굶주린 채로 헤엄쳐가겠지만 상대방에 대해 어떤 악감정도 품지 않을 것이다.

악어라는 파충류에게는 뇌에서 협동에 대해 보상을 주는 부분이 없다. 동물들은 협동을 제안 받았을 때 긍정적 감정을 느끼지 못하기 때문에 협동할 인센티브가 없는 셈이다. 타고 나기를, 동물들은 몰인정한 외톨이인 것이다. 그래야만 살아남도록 되어 있는 것일 뿐 특별한 감정이 있어서 그런 것은 아니다. 오로지 본능이 그럴 뿐이며 악어의 경우 이 방법은 효과를 발휘하고 있다.

하지만 우리는 악어와 다르다. 우리에게도 악어와 같은 원시적 파충류의 뇌가 있을지 모르지만 우리의 뇌는 파충류적인 뿌리를 훨씬 넘어서까지 성장을 계속했다. 우리는 결코 외톨이가 아니다. 우리는 뇌에 포유류 층이 추가됨으로써 고도로 기능하는 사회적 동물이 되었다. 그리고 거기에는 그럴 만한 이유가 있다. 부족을 이루어 살면서 협동하도록 적응하지 못했다면 우리는 벌써 오래 전에 사멸했을 것이다. 우리에게는 공격을 효과적으로 막아주는 두껍고 비늘 덮인 피부가 없다. 백상아리처럼 몇 개쯤 빠져도 잘 씹을 수 있는 날카로운 이빨도 없다. 우리는 혼자서도 살아남을 만큼 강하지 못하다. 혼자서라면 번영은 꿈도 꾸지 못할 것이다. 인정하든, 못 하든 우리에게는 서로가 필요하다. 그래서 필요해진 것이 세로토닌과 옥시토신이다. 이 두 가지가 안전권의 근간을 이룬다.

친사회적 행동을 장려하기 위해 세로토닌과 옥시토신은 우리가 끈끈한 신뢰 및 우정을 형성해 서로를 보살피도록 돕는다. 우리가 사회와 문화를 갖고 있는 것은 이 두 가지 화학물질 덕분이다. 이 화학물질들 덕분에 우리는 힘을 합칠 수 있고 혼자서 세계와 대적할 때보다 훨씬 더 큰일을 해낸다.

우리가 협동하거나 타인을 보살펴주면 세로토닌과 옥시토신은 안전, 성취감, 소속감, 신뢰, 동지애와 같은 감정으로 보상한다. 이들 화학물질이 시의적절하게 분비되면 우리 중 누구나 진취적인 리더, 충직한 팔로어, 친한 친구, 신뢰받는 파트너, 신봉자가 될 수 있다. 또 한 명의 조니 브라보가 될 수 있는 것이다. 이런 일이 일어나면 우리는 안전권 내에 있게 되고, 스트레스가 감소하며, 성취감이 상승하고, 타인에게 봉사하려는 마음이 커지며, 타인에게 우리 뒤를 맡길 만큼 타인을 신뢰할 수 있는 마음이 치솟는다. 하지만 이런 사회적 인센티브가 저해되면 우리는 더 이기적이고 공격적이 된다. 리더십이 흔들리고, 협동이 줄어들며, 스트레스가 증가하고, 피해망상과 불신이 커진다.

이런 인센티브를 얻기가 어려운 환경에서 일하면 동료나 조직을 돕고 싶은 의욕이 줄어든다. 헌신이 사라지면 우리를 돕고 싶었던 동료의 의욕도 줄어든다. 악순환이 시작되는 것이다. 동료나 리더가 우리를 보살피지 않으면 우리도 그들을 보살피지 않는다. 우리가 그들을 보살피지 않으니 그들은 더 이기적이 되고 그 결과 우리도 더 이기적이 된다. 이런 일이 일어나면 결국은 모두가 지는 게임이 된다.

옥시토신과 세로토닌은 이런 사회적 장치가 잘 돌아가도록 윤활유 역할을 한다. 따라서 이것들이 없으면 마찰이 발생한다. 이런 화학물질의 분비를 저해하는 문화를 만드는 리더는 조직의 사업을 방해하는 것이나 마찬가지다. 그는 우리의 커리어와 행복, 그리고 조직 자체의 성공을 방해하는 사람이다.

시대에 적응하고 역경을 극복하고 새로운 혁신을 개척하는 조직의 능력을 결정짓는 것은 조직의 크기나 자원이 아니라 문화의 힘이다. 환경이 적합할 때, 튼튼한 안전권이 존재하고 모든 사람이 그것을 느낄 수 있을 때 우리는 맡은 일을 가장 잘 해낼 수 있다. 그때 우리는 타고난 방식대로 행동한다. 협동이라는 방식 말이다.

세로토닌: 리더십 화학물질

"저는 전통적인 길을 걸어오지 않았습니다. 그래서 무엇보다 여러분의 존경을 얻고 싶었습니다." 무대에 선 샐리 필드는 이렇게 말했다. 영화 〈마음의 고향〉으로 수상한 아카데미 트로피를 손에 쥔 채였다. 1985년이었다. 샐리 필드는 이렇게 시인했다. "처음에는 느껴지지 않았습니다. 하지만 이번에는 느낄 수 있습니다. 여러분이 나를 좋아한다는 것을 부정할 수 없네요. 지금 이 순간 여러분은 저를 좋아해주시는군요!"

샐리 필드가 느꼈던 것은 그녀의 혈관에 스며드는 세로토닌이라는 화학물질의 작용이었다. 세로토닌은 자부심이다. 자부심은 남들이 나를 좋아하거나 존경한다고 느낄 때 드는 감정이다. 자부심이 생기면 기운이 나고 자신감이 충만해져서 뭐든 할 수 있을 것 같은 기분이 든다. 자부심은 자신감만 키워주는 것이 아니라 우리의 지위를 높여준다. 샐리 필드가 영화계로부터 받은 존경은 그녀의 커리어에 상당히 큰 영향을 미쳤다. 오스카 수상자는 영화에 출연할 때 출연료도 더 받을 수 있고, 출연하고 싶은 영화를 고르고 선택할 기회가 많아지며, 촬영 현장에서도 영향력이 훨씬 커진다.

사회적 동물로서 우리는 부족 내의 인정을 원할 뿐만 아니라 그것을 필요로 한다. 인정은 정말로 중요하다. 우리는 누구나 집단 내의 다른 사람들을 위해 혹은 집단 자체를 위해 헌신했던 노력의 가치를 인정받고 싶어 한다. 우리가 혼자서도 그런 인정을 느낄 수 있다면 시상식을 하거나 회사의 표창 제도를 만들거나 졸업식을 가질 필요가 없을 것이다. 그리고 페이스북의 '좋아요.' 개수나, 유튜브 동영상의 조회수, 트위터의 팔로어 수를 표시할 필요도 없을 것이다. 우리는 나 자신과 내가 한 일이 다른 사람들, 특히 집단 내에 있는 다른 사람들에게 인정받는 느낌을 갖고 싶어 한다.

대학 졸업생이 졸업장을 받으러 연단에 오를 때 자부심과 자신감을 느끼고 지위가 높아졌다고 느끼는 것은 세로토닌 때문이다. 엄밀히 말하면 졸업하기 위해 필요한 것이라고는 수업료를 납부하고 요구사항을 이행하고 학점을 모두 이수하는 것뿐이다. 만약 졸업식이 그저 단체 이메일로 된 축하메시지를 받고 파일로 첨부된 졸업장을 수령하는 것뿐이라면 그런 졸업식은 우리에게 별다른 감정을 불러일으키지 못할 것이다.

더욱 좋은 점은, 대학 졸업생이 졸업장을 받으며 혈관 속을 흐르는 세로토닌을 느낄 때 객석에 앉아 있는 부모 역시 세로토닌이 터지는 것을 느끼며 똑같은 자부심을 느낀다는 점이다. 이 점이 핵심이다. 세로토닌은 부모와 자녀, 교사와 학생, 코치와 선수, 상사와 직원, 리더와 팔로어 사이에서 유대감을 강화시킨다.

그렇기 때문에 상을 받을 때 가장 먼저 감사하는 사람은 부모님, 코치, 상사 혹은 자기가 믿는 신이 되는 것이다. 누가 되었든 우리는 그 일을 달성하는 데 지원과 보호를 제공했다고 생각하는 사람에게 가장 먼저 감사를 표한다. 그리고 누군가 우리에게 보호와 지원을 제공하면 그 사람에 대한 책임감이 생기는 것도 세로토닌 때문이다.

이런 화학물질들이 우리의 감정을 좌우한다는 사실을 기억하라. 다른 사람이 우리를 지원하려고 시간과 에너지를 투자했을 때 실제로 책임감의 무게가 느껴지는 것은 이 때문이다. 우리는 그들의 희생이 값진 것임을 느끼게 해주고 싶고, 그들을 실망시키고 싶지 않다. 우리는 그들이 자랑스럽게 느끼기를 바란다. 게다가 우리가 지원을 제공하는 입장일 때도 우리는 똑같은 책임감을 느낀다. 우리는 우리가 옳은 일을 함으로써 상대가 이루고자 한 일을 모두 이루기를 바란다. 우리가 수치로 된 목표에 대해서는 책임감을 느낄 수 없고 오직 사람에 대해서만 책임감을 느끼는 것은 바로 세로토닌 때문이다.

아무런 관중 없이 혼자 결승선을 지나는 것과 관중의 환호 속에 결승 테이프를 끊는 것이 다르게 느껴지는 것도 비슷한 이유에서다. 어느 쪽이나 달성한 목표도 같고, 걸린 시간도 들인 노력도 같다. 다른 점이라고는 후자의 경우는 다른 사람들이 우리의 성과를 목격하고 응원해준다는 것뿐이다.

나는 몇 년 전 뉴욕시 마라톤 대회에 출전했을 때 이 같은 사실을 절감했다. 내가 포기하지 않고 계속 달릴 수 있었던 이유 중 하나는 친구들과 가족들이 나를 응원하기 위해 나와 있다는 것을 알았기 때문이었다. 그들은 내가 지나는 짧은 순간을 보기 위해 소중한 시간과 노력을 들여 인파에 길이 꽉꽉 막힌 그곳까지 왔다. 심지어 내가 몇 시쯤 어디를 지날 것인지까지 계산하기도 했다. 내가 뭔가를 열심히 하고 있는 모습을 보는 것이 자랑스럽기 때문이었다. 그리고 그들이 거기 있다는 것을 아는 것만으로도 내게는 스스로를 독려할 수 있는 원동력이 생겼다. 나는 나 자신만을 위해 뛰고 있는 것이 아니었다. 엔도르핀과 도파민만을 위해 뛰고 있는 것도 아니었다. 세로토닌 덕분에 이제 나는 그들을 위해 뛰고 있는 것이기도 했다. 그리고 그것은 도움이 됐다.

내가 이루고 싶은 일이 그저 42.195킬로미터를 달리는 것이었다면, 그저 성취감을 통한 도파민이 주는 스릴이었다면, 연습을 한 후에 주말 아무 때나 도전을 했어도 될 것이다. 하지만 나는 그렇게 하지 않았다. 나는 가족들이 응원하러 온 날에 달렸다. 운영자들이 나를 응원할 관중을 모아준 날이었다. 그러고 나서 목표 달성의 상징으로 메달을 받았고, 그 메달을 목에 걸자 뿌듯한 기분이 들었다. 세로토닌은 기분 좋은 일이다.

다른 사람들의 성공을 위해 우리 자신을 헌신할수록 집단 내에서 우리가 갖는 가치도 커지고 우리에 대한 다른 사람의 존경도 커진다. 존경과 인정을 많이 받을수록 집단 내의 지위가 상승하며 계속해서 집단에 헌신할 인센티브도 커진다. 세로토닌은 상사나 코치, 부모가 그들이 직접 책임지는 사람에게 헌신할 수 있게 만든다. 또한 세로토닌은 그들이 자랑스러워할 수 있게끔 직원이나 선수, 보살핌을 받는 사람이 더 열심히 노력하게 만든다.

구성원들의 눈에는 다른 사람의 성공을 가장 열심히 돕는 사람이 집단의 리더 혹은 '알파'로 보인다. 그리고 알파가 되는 것, 다시 말해 집단 내에서 가장 강하고 가장 열심히 응원하고, 시간과 노력을 희생해 기꺼이 다른 사람들을 돕는 것은 리더십의 전제 조건이다.

옥시토신: 화학적 사랑

옥시토신은 대부분의 사람이 가장 좋아하는 화학물질이다. 옥시토신은 우정, 사랑 혹은 깊은 신뢰의 감정이다. 가장 친한 친구들 혹은 신뢰하는 동료들 사이에 있을 때 느끼는 감정이다. 다른 사람을 위해 좋은 일을 할 때, 혹은 다른 사람이 우리를 위해 좋은 일을 해줬을 때 느끼는 감정이다. 옥시토신은 모든 따스한 느낌을 책임진다. 다 함께 손을 잡고 〈쿰바야〉를 부를 때 느끼는 그 감정이다. 하지만 단지 우리 기분을 좋게 해주려고 옥시토신이 있는 것은 아니다. 옥시토신은 우리의 생존 본능에 필수적이다.

옥시토신이 없다면 우리는 너그러운 행동을 할 마음이 들지 않을 것이다. 옥시토신이 없다면 공감도 없을 것이고, 강한 신뢰감이나 우정을 키울 수 없을 것이다. 옥시토신이 없다면 뒤를 봐달라고 믿고 부탁할 사람이 단 한 명도 없을 것이다. 옥시토신이 없다면 함께 자녀를 키울 배우자를 가질 수도 없을 것이다. 실은 자녀를 사랑할 수조차 없을 것이다. 다른 사람이 우리 사업을 도와줄 거라고 믿고, 어려운 일도 해줄 거라고, 우리가 곤경에 처했을 때 도와줄 거라고 믿을 수 있는 것은 옥시토신 덕분이다. 옥시토신 덕분에 우리는 인간적 유대감을 느낄 수 있고 좋아하는 사람들 사이에 있는 것을 즐긴다. 옥시토신 덕분에 우리는 사회적인 사람이 된다.

개인보다는 집단일 때 더 많은 것을 이룰 수 있는 종으로서 우리는 누구를 신뢰할지 본능적으로 알아야 한다. 집단 내에 있을 때는 자신이 안전하다는 것을 확인하기 위해 계속해서 경계하고 있을 필요가 없다. 우리가 신뢰하고 우리를 신뢰하는 사람들 사이에 있으면 안전에 대한 책임을 집단 전체가 나눠질 수 있다. 다시 말해 우리는 밤에도 다른 누군가가 위험을 경계할 거라고 믿고 잠에 빠져들 수 있다. 옥시토신은 스스로 얼마나 마음을 놓아도 되는지 알려주는 화학물질이다. 언제 마음을 열고 신뢰해도 안전한지, 언제는 신뢰를 보류해야 하는지 결정하는 사회적 나침반이다.

즉각적 만족을 주는 도파민과는 달리 옥시토신은 장기적이다. 우리는 누군가와 더 많은 시간을 보낼수록 그 사람 곁에서 더 마음을 놓을 수 있다. 상대를 신뢰해도 된다는 것을 알고, 또 노력을 통해 상대의 신뢰를 획득하면 옥시토신이 더 많이 흐른다. 시간이 지나면 마법처럼 우리는 상대와 깊은 유대감이 생긴 것을 깨닫는다. 도파민이 주는 격정적이고 흥분되고 즉흥적인 감정은 옥시토신이 주는 보다 편안하고 안정적이며 장기적인 관계로 바뀐다. 우리가 약해졌을 때 우리를 도와주고 보호해줄 거라고 믿을 수 있는 훨씬 더 소중한 관계다. 내가 가장 좋아하는 사랑에 대한 정의는 누군가에게 우리를 파괴할 수 있는 힘을 주면서 그 힘을 사용하지 않을 거라고 신뢰하는 일이다.

모든 새로운 관계가 마찬가지다. 새 직장에 출근하면 우리도 흥분되고 그들도 흥분되고 모든 것이 완벽하게 느껴진다. 하지만 동료들이 내 뒤를 봐주고 내가 성장하게 도와줄 거라고 믿으려면, 정말로 소속감을 느끼려면 시간과 노력이 필요하다. 사생활에서나 직장에서나 관계를 쌓아가는 일에는 똑같은 규칙이 적용된다.

'우리는 안전권 안에서 소속감을 느낀다.'

우리는 눈에 띄고 싶어 하고 스스로를 한 개인으로 생각하고 싶어 하는 만큼이나 내면 깊숙한 곳에서는 무리를 지어 사는 동물이다. 우리는 집단에 속해 있다고 느낄 때 편안함을 느끼게끔 생물학적으로 정해져 있다. 우리의 뇌는 부족원들 사이에 있을 때는 옥시토신을 분비하고, 혼자 있거나 위험에 취약하다고 느낄 때는 불안의 감정을 만들어내는 화학물질인 코르티솔을 분비하도록 설계되어 있다. 선사시대의 우리 조상들은 사회생활을 하는 다른 포유류들과 마찬가지로 집단 내에서 안전하다고 느낄 때에만 소속감과 위험에 대처할 수 있다는 자신감을 가질 수 있었다. 주변부는 위험했다. 무리의 가장자리에 있는 외톨이는 안전하게 다른 이들에게 둘러싸여 소중한 대접을 받는 이들보다 포식자에게 훨씬 더 취약했다.

〈스타워즈〉나 슈퍼 히어로를 너무 좋아해서 사회적으로 잘 적응하지 못한다고 느끼는 사람은 만화 축제인 코믹콘 같은 행사에 참석하면 커다란 동지애를 느낀다. 나와 비슷한 사람들 사이에 있으면 소속감과 함께 안심이 되는 기분을 느낄 수 있다. 집단의 일부로 받아들여진 기분이 들고 더는 가장자리에 있다는 불안감을 느끼지 않아도 된다. 인간이 그 어떤 것보다 더 열망하는 것은 소속감, 즉 안전권 내에 있다는 느낌이다.

왜 국가 정상들은 항상 악수를 나눌까?

친구와 함께 길을 걷고 있는데 우리 앞에 가던 남자의 배낭이 열리더니 종이가 한 무더기 쏟아져 내려 보도 위로 흩어졌다. 생각할 겨를도 없이 우리는 허리를 숙이고 그를 도와 종이를 주워 모으며 그에게 가방이 열렸다고 알려주었다. 아무런 대가도 바라지 않고 행했던 그 작은 친절이, 그 약간의 시간과 노력이 나에게 약간의 옥시토신을 분비해주었다. 다른 사람을 도우면 기분이 좋아진다. 우리가 도와주었던 그 남자도 약간의 옥시토신을 얻었을 것이다. 누군가 우리를 위해 친절을 베푸는 것 역시 기분 좋은 일이기 때문이다. 우리는 일어서서 가던 길을 계속 갔다.

친구와 나는 길 끝에 다다라서 신호등이 바뀌기를 기다리고 있었다. 우리 앞에 있던 남자가 뒤를 돌아보더니 이렇게 말했다. "저기서 두 분이 하시는 것을 봤습니다. 멋진 행동이었어요." 옥시토신의 가장 좋은 점은 바로 이것이다. 아주 작은 친절을 베푼 사람과 그 친절을 받은 사람만 옥시토신이 분비되는 것이 아니라 그런 마음 넉넉한 행동을 목격한 사람에게도 기분이 좋아지는 화학물질이 생긴다. 옥시토신은 인간의 관용을 나타내는 행동을 보거나 듣는 것만으로도 같은 일을 하고 싶게 만든다. 뒤를 돌아보며 우리가 한 행동을 봤다고 했던 그 남자 역시 그날 분명히 누군가에게 친절을 베풀었을 것이다. 믿기 힘들 만큼 이타적인 행동에 관한 영화나 뉴스를 접했을 때 마음이 부풀어 오르는 것도 같은 이유에서다. 바로 옥시토신의 힘인 것이다. 실제로 옥시토신은 우리를 훌륭한 사람으로 만든다. 좋은 일은 많이 할수록 더 많이 하고 싶어진다. 이것이 바로 '선행 나누기' 운동 속에 숨어 있는 과학이다.

옥시토신은 신체 접촉을 통해서도 분비된다. 좋아하는 사람을 조금 더 오래 안고 있으면 느껴지는 따뜻한 감정이 바로 옥시토신이다. 다른 사람과 손을 잡으면 기분이 좋아지는 것도 이 때문이고, 어린 아이들이 항상 엄마를 만지거나 안고 싶어 하는 것도 이 때문이다. 실제로 사람과 접촉할 기회가 없거나 충분한 양의 옥시토신을 갖지 못한 아이들이 커서도 인간관계에서 신뢰 형성에 문제를 겪는다는 증거가 많다. 예컨대 운동선수들이 하이파이브를 하거나 주먹을 맞부딪치고 엉덩이를 때리는 행위 역시 유대를 강화하는 과정의 일부다. 이런 행동은 그들이 공유하는 유대감과 공동의 목표를 위해 협력해야 한다는 다짐을 강화해준다.

누군가와 거래를 마무리하려 하고 있다고 생각해보자. 상대는 이미 계약서에 있는 모든 조건에 동의했다. 계약서에 서명을 하기 직전 당신은 팔을 뻗어 곧 파트너가 될 이 사람에게 악수를 청한다. "아뇨, 아뇨." 상대가 말한다. "악수는 필요 없습니다. 저는 모든 조건에 동의하는 바이고 함께 일하게 되어 기쁩니다."

"좋습니다." 당신이 대답한다. "그러니 악수를 나누시죠."

"그럴 필요 없어요." 상대가 다시 말한다. "저는 모든 사항에 동의합니다. 계약서에 서명을 하고 사업을 시작할 준비가 되어 있어요." 이성적으로 말하면 당신은 계약을 통해 원하던 것을 모두 얻었다. 하지만 상대가 신체 접촉을 피하고, 악수를 거절하고, 작은 화학적 신뢰를 통한 사회적 유대 강화를 거부하는 것만으로도 다음의 두 가지 일 중 하나가 벌어질 것이다. 당신은 전체 거래를 취소하거나 아니면 다소의 불안을 안고 거래를 할 것이다. 이게 바로 옥시토신의 힘이다. 전 세계 지도자들에게 악수를 나누는 일이 중요한 일이 되는 것도 이 때문이다. 악수는 서로에게 그리고 그것을 목격하는 모든 이들에게 두 사람이 함께 일을 할 것이라는 신호를 보낸다. 만약 우리 대통령이 UN 행사에서 어느 끔찍한 독재자와 악수를 나누는 장면이 목격된다면 엄청난 스캔들이 일어날 것이다. 단순한 악수 한 번에 말이다. 하지만 이것은 단순한 악수가 아니다. 신체 접촉은 신뢰하겠다는 의지를 보여준다. 심지어 거래 조건을 넘어서까지 말이다.

옥시토신이야말로 마법의 물질이다. 옥시토신은 신뢰와 충성심이라는 감정의 배후에 있을 뿐만 아니라 우리를 기분 좋게 해주고 타인을 위해 좋은 일을 하게 만든다. 대자연은 타인에게 양보하는 사람의 유전자가 유전자풀 속에 계속 남기를 바란다. 실제로 옥시토신이 사람의 장수를 돕는 이유도 그 때문일지 모른다. 집단 내의 다른 사람에게 잘하는 사람은 종을 위해서도 좋은 사람이다.

2011년《국립 과학 아카데미 학회지》에 실린 한 논문에 따르면 스스로 행복하다고 말하는 사람은 덜 행복하다고 말한 사람보다 35퍼센트 더 오래 산다고 한다. 52세에서 79세 사이의 남녀 3,800명을 조사한 연구에 따르면 스스로 가장 행복하다고 평가한 사람들은 가장 덜 행복하다고 한 사람들보다 향후 5년 이내 사망률이 훨씬 낮았다. 흡연이나 비만과 같은 건강 관련 생활습

관, 재산, 직업 등 인구학적 요인을 고려하더라도 말이다.

옥시토신은 면역 체계를 강화하고, 문제 해결력을 높여주며, 도파민의 중독적 특성에 저항하게 만들어준다. 대체로 즉각적인 만족감을 책임지는 도파민과는 달리, 옥시토신은 지속적으로 차분하고 안전한 기분을 느끼게 해준다. 우리는 기분이 좋아지기 위해 페이스북에 로그인해서 '좋아요.' 개수나 팔로어 수를 볼 필요가 없다. 우리는 옥시토신 덕분에 친구나 가족이 거기 있다는 사실을 아는 것만으로도, 내가 사랑하고 나를 사랑해주는 사람들의 사진을 보는 것만으로도, 기분이 좋아지고 혼자가 아니라고 느낄 수 있다. 이런 기분이 들면 그들 역시 나와 똑같은 기분을 느낄 수 있게 어떻게든 돕고 싶어진다.

7장
코르티솔, 우리가 불안감이라고 부르는 그것

바깥 날씨는 따뜻하고 햇볕이 쨍 비쳤다. 일 년 중 이맘때면 누구나 그려볼 만한 날씨였다. 조용히 부드러운 바람 한 줄기가 불어와 강렬한 햇빛을 누그러뜨렸다. 어느 모로 보나 완벽한 날이었다.

그런데 불현듯 시선 밖에서 그 평온함이 산산조각 났다. 풀잎이 바스락거리는 소리였을 수도 있고, 뭔가를 봤다고 느낀 것일 수도 있다. 확신할 수는 없었지만 솔직히 확신 따위는 중요하지 않았다. 중요한 것은 저쪽에 무언가가 있을지도 모른다는 사실이었다. 뭔가 위험한 것, 뭔가 치명적인 것이.

그 불안감만으로도 가젤에게는 풀 뜯기를 멈추고 즉각 고개를 들어 주변을 살피기에 충분했다. 사자만은 아니기를 바라면서. 또 다른 가젤 한 마리도 다른 가젤이 위협을 느낀 것을 눈치챘다. 녀석 역시 풀 뜯기를 중단하고 주위를 살핀다. 한 쌍보다는 두 쌍의 눈이 나은 법이다. 얼마 지나지 않아 무리 전체가 이들에게 합세한다. 이들 중 자신이 정확히 뭘 찾고 있는지 아는 구성원은 없다. 이들은 그저 구성원 중 하나가 위협을 느꼈다면 모두가 위협을 느껴야 한다는 것을 알 뿐이다.

그 순간 가젤 한 마리가, 맨 처음 위협을 느낀 그놈이 아닌 다른 가젤 한 마리가 이제 막 달려들 준비를 하고 있는 사자를 발견한다. 녀석은 본능적으로 미친 듯이 반대편으로 질주한다. 다른 놈들 역시 사자를 보았건 못 보았건, 무리 전체가 같은 방향으로 전속력으로 내달린다. 사자가 따라가 보려고 하지만 얼마 달리지 못해 지쳐버리고 만다. 습격은 좌절되고 모든 가젤이 하루를 더 살 수 있다. 이것이 바로 집단생활의 가장 큰 장점 중 하나다. 구성원 모두가 위험 경계에 도움을 줄 수 있는 것이다. 집단의 한 개체가 위험을 감지하면 너무 늦기 전에 무리 전체가 그 위험을 찾아내도록 도울 수 있다.

자연 다큐멘터리에서 흔히 볼 수 있는 익숙한 장면이다. 사자가 가젤을 잡을 때도 있고 못 잡을 때도 있지만 가젤들의 반응은 언제나 똑같다. 먼저 한두 마리의 가젤이 뭔가 잘못되었음을 감지한다. 그러면 가젤들은 위험이 무엇인지 파악하려고 애쓰고, 정말로 위협이 있다면 목숨을 걸고 달린다. 자신들에게 해를 가할 수 있는 무언가가 거기 있을지 모른다는 그 최초의 느낌이 이 전체 장면을 만들어내며, 하루가 끝났을 때 무리 전체가 생존해 있을 확률을 높여준다.

무언가 잘못되었다는 그 느낌은 인간을 포함한 모든 사회생활을 하는 포유류들이 갖고 있는 타고난 조기경보 시스템이다. 이것은 우리에게 위험을 경고하고 감각을 예민하게 만들어 잠재적 위협에 대비할 수 있도록 설계되었다. 이 느낌이 없다면 우리는 실제로 무언가를 보았거나 공격이 이미 시작되지 않는 이상 위험을 알아채지 못할 것이다. 생존의 관점에서 보면 이것은 너무 늦다.

그 완벽한 예가 조니 브라보가 목숨을 걸고 보호했던 아프가니스탄의 특수작전부대원 스물두 명이다. 그날 밤 그들은 뭔가 잘못됐다는 것을 느낄 수 있었다. 그들이나 가젤이나, 우리가 느끼는 이 '직감', 뭔가 위험한 것이 도사리고 있다는 이 직감은 코르티솔이라는 화학물질에 의해 유발된다. 코르티솔은 밤에 무언가가 덜컹했을 때 우리가 느끼는 스트레스와 불안을 책임진다. 이것은 투쟁 도주 반응의 1단계이다. 자동으로 경찰에 호출이 가도록 되어 있는 고도의 보안 시스템처럼 코르티솔은 잠재적 위험을 경고하고 스스로를 보호할 추가 수단을 준비하여 생존 가능성을 높이도록 설계되어 있다.

가젤의 장면을 사무실로 옮겨 생각해보자. 한 사람이 정리해고가 있을 거라는 소문을 들었다. 그는 직장 내 친구에게 이야기를 전한다. 그리고 너무 늦기 전에, 마치 가젤 무리처럼, 한 사람씩 소문이 퍼져서 사무실 전체가 임박한 정리해고에 불안을 느끼며 수다를 떨고 걱정하기 시작한다. 혈관 속을 흐르는 코르티솔 때문에 전 직원의 경계심이 한껏 높아진다. 위협이 지나갔다고 느낄 때까지 직원들은 스트레스 때문에 다른 일에 집중할 수 없을 것이다.

실제로 위협이 있을 경우에는 마치 경보에 대응하는 경찰처럼 혈류에 아드레날린이 분비되어 달아날 에너지를 제공하거나 적과 싸울 힘을 높여준다. (어머니가 갑자기 초인적인 힘이 생겨서 자녀를 구했다는 이야기를 들어본 적이 있을 것이다. 이런 힘은 아드레날린에서 나온다.) 하지만 위협이 없다면, 심호흡을 한 번 하고, 혈류에서 코르티솔이 사라져 심장박동수가 정상으로 돌아가고 다시 긴장을 풀 수 있도록 한다.

코르티솔은 원래 우리 시스템에 남으면 안 되는 물질이다. 코르티솔은 우리가 위협을 감지하면 분비되었다가 위협이 지나가면 사라지도록 되어 있다. 거기에는 그럴만한 이유가 있다. 스트레스는 우리 신체에 심각한 영향을 끼친다. 끊임없이 공포나 불안을 느끼며 살아야 한다면 스트레스 때문에 내부 시스템이 변경되어 신체에 장기적인 손상을 일으킬 수도 있다.

우리가 신변의 위협을 느낄 때 코르티솔이 어떤 느낌인지 모르는 사람은 없다. 하지만 우리가 직장에서 느끼는 불안이나 불편함, 스트레스의 이면에도 코르티솔이 있다. 가젤과는 달리 인간은 정교한 신피질을 갖고 있다. 신피질은 뇌에서 언어 및 이성적, 분석적, 추상적 사고를 담당하는 부분이다. 가젤은 신체를 통해 코르티솔에 반응하는 반면 인간은 스트레스의 원인을 알아내어 자신이 느끼는 감정을 이해하고 싶어 한다. 우리는 진짜이든 느낌이든, 위협이라고 생각하는 것의 근원을 찾아내 불안을 설명하려고 애쓴다. 거짓말하는 상사를 탓할 수도 있다. 자신의 출세를 위해 우리 등에 칼을 꽂을지도 모를 동료를 탓할 수도 있다. 회의 시간에 주제넘게 지껄인 스스로를 탓할 수도 있다. 우리는 스스로 왜 불안을 느끼는지 이해하기 위해 이 모든 이유를 돌아가며 탓할 수도 있다. 코르티솔이 만들어내는 편집증이 가동된 것이다. 이런 편집증은 위협을 찾아내 우리를 준비시키려고 안간힘을 쓴다. 싸우든지, 도망가든지, 숨으라고 말이다.

위험이 진짜이든 상상에 불과하든 우리가 느끼는 스트레스만큼은 진짜다. 이성적인 마음과는 달리 신체는 위험이 무엇인지 가늠해보려고 들지 않는다. 우리는 그저 혹시 있을지 모를 위험에 대비시키기 위해 혈류 속을 흐르고 있는 화학물질에 반응할 뿐이다. 우리가 가진 구석기 시대의 뇌는 위협을 이해하는 것에는 관심이 없다. 그저 생존 확률을 높이고 싶어 할 뿐이다. 게다가 우리의 신체는 우리가 가젤이 뛰노는 사바나 평원이 아니라 사무실에서 일하고 있다는 사실을 이해하지 못한다. 우리가 가진 고대의 조기경보 시스템은 우리가 직면하는 '위험'이 생명을 위협하지는 않는다는 사실을 이해하지 못한다. 그래서 우리를 보호하려는 노력의 일환으로 마치 생명의 위협이라도 있는 것처럼 반응하게 만든다.

컬럼비아 대학교에서 일하는 내 친구 하나가 행정 서류를 작성하려고 사무실에 갔다. 친구는 데스크에 있는 젊은 여성에게 깍듯하고 상냥하게 대했지만 그녀의 반응은 깍듯하지도 상냥하지도 않았다. 비록 무례하거나 틀린 말을 한 것은 아니었지만 그녀가 친구의 어려움에 별 관심이 없다는 것을 느낄 수 있었다. 그녀는 친구의 물음에 한두 마디로 짧게 답했고, 친구가 부탁을 해도 최소한 요구되는 것 이상으로는 추가적인 도움이나 지시를 전혀 주지 않았다. 친구가 다시 다음 사람을 상대하게 되었을 때는 그저 그 직원의 담당 업무를 부탁했을 뿐인데도 상대를 귀찮게 하거나 짜증나게 만든 것 같은 느낌을 받았다. 같은 조직에서 일하는 직원으로서 친구를 도와주는 것이 서로에게 좋은 일임에도 불구하고 그 사무실 직원들은 협조에 대해 시큰둥하거나 심지어 반대하는 것 같았다.

내 친구가 방문했던 것과 같은 사무실에서는 사람들이 혼자만 알고 있고, 필요할 때만 참여하며, 자기 일만 하고, 일과가 끝나면 집에 간다. 다른 사람을 위해 위험을 감수하거나 일부러 나서서 타인을 보호하는 일은 쓸데없는 짓이 된다. 그리고 바로 이 때문에 정리해고의 위협도 없고 직무 스트레스가 낮은데도 불구하고 사무실에는 언제나 희미한 불안이 존재한다. 사회적 동물인 인간은 도움을 받지 못한다고 느끼면 스트레스를 받는다. 이런 무의식적인 불안, 다른 누구도 우리를 도와주지 않고 스스로를 책임져야 한다는 느낌, 함께 일하는 사람들이 대부분 자기 일에만 관심을 쏟는다는 느낌은 우리의 원시적 뇌가 느끼기에는 상당히 무서운 기분이다.

가젤은 문제 요소를 감지하면 무리의 나머지 구성원들에게 이를 알려서 전체의 생존 확률을 높인다. 하지만 안타깝게도 우리는 집단 구성원들이 타인의 운명에는 관심을 기울이지 않는 환경에서 일하는 경우가 많다. 이 말은 곧, 임박해 있는 위험과 같은 소중한 정보가 서로에게 비밀로 유지된다는 뜻이다. 그 결과 직원들 사이, 혹은 리더와 직원 간의 신뢰라는 유대감은 약화되거나 거의 존재하지 않게 된다. 그렇게 되면 나 자신을 먼저 생각하는 수밖에 다른 대안은 없다. 상사가 나를 싫어할까 두렵거나, 실수를 저지를까 봐 끊임없이 걱정된다면 우리는 곤경에 처할 것이다. 함께 일하는 누군가가 내가 한 일의 공을 가로채거나 앞서 가기 위해 나를 배신할 거라고 생각한다면, 너무 많은 과대 선전에 신경 쓴다면, 회사가 올해는 목표를 달성하지 못할 것 같고 그래서 정리해고가 임박한 것 같은 두려움을 느낀다면, 직원들이 대체로 무관심하다면, 안전권을 느낄 수 없다면, 코르티솔이 혈관 속으로 퍼지기 시작한다. 똑. 똑. 똑.

이제 문제가 심각해진다. 우선 코르티솔은 공감을 책임지는 화학물질인 옥시토신의 분비를 저해한다. 이 말은 곧 안전권이 약하고 직원들이 사내 정치와 내부 위험을 경계하는 데 시간과 노력을 투자해야 하는 환경일수록 우리는 더욱 이기적이 되고 서로에 대해, 혹은 회사에 대해 무관심해진다는 얘기다.

건강하지 못하고 균형이 깨진 문화에서 일하는 것은 에베레스트 산을 등정하는 것과 같다. 우리는 환경에 적응한다. 비록 위험한 환경이지만 등산가는 베이스캠프에서 시간을 보내며 적응해야 한다는 사실을 알고 있다. 시간이 지나면 등산가의 신체는 그가 인내할 수 있을 만큼 환경에 적응할 것이다. 건강하지 못한 문화도 마찬가지다. 환경이 폭력적이거나 충격적이면, 이를테면 매일 정리해고의 위협이 끊이지 않는다면 우리는 그곳에 남는 대신 그냥 떠나버릴 것이다. 하지만 환경이 보다 미묘하다면, 사내 정치나 기회주의, 이따금씩 벌어지는 정리해고, 동료들 사이의 일반적 신뢰 부족 같은 정도라면 우리는 떠나는 대신 거기에 적응해버린다.

마치 에베레스트 산의 베이스캠프에 있을 때처럼 우리는 스스로 괜찮고 대처할 수 있다고 믿는다. 하지만 인간이라는 동물이 이런 환경에 맞도록 만들어지지 않았다는 사실은 변하지 않는다. 우리 자신은 편안하다고 생각할지 몰라도 환경의 영향은 분명 그 대가를 치르게 만든다. 우리가 익숙해졌다고 해서, 그게 평상적인 상태가 되었다고 해서, 수용할 수 있는 일인 것은 아니다. 에베레스트의 경우, 우리가 적응한 후에도 산에 너무 오래 머물면 내장기관이 망가지기 시작한다. 건강하지 못한 문화도 마찬가지다. 스트레스를 느끼며 신체에 낮은 정도의 코르티솔을 꾸준히 지니고 사는 데 익숙해질 수 있다 하더라도 우리가 꼭 그래야 한다는 뜻은 아니다.

끊임없이 흐르는 코르티솔은 조직에만 나쁜 것이 아니다. 이것은 우리 건강에도 심각한 손상을 줄 수 있다. 다른 이기적 화학물질과 마찬가지로 코르티솔은 우리의 생존을 도울 수도 있지만 항상 체내에 존재하도록 마련된 화학물질은 아니다. 코르티솔은 포도당 대사를 완전히 망가뜨린다. 또한 혈압과 염증 반응을 높이고 인지 능력을 손상시킨다. (조직 내부에서 진행 중인 일로 스트레스를 받으면 조직 밖에서도 다른 일에 집중하기 어렵다.) 코르티솔은 공격성을 증가시키고, 성욕을 억제하며, 스트레스에 지쳐 떨어져 나가게 만든다. 더욱 중요한 것은 다음과 같은 사실이다. 코르티솔은 환경에 따라 싸우거나 도망가기 위해 신체가 순식간에 반응할 수 있게 준비시킨다. 그러려면 에너지가 많이 소모되므로 신체는 위협을 느끼면 중요하지 않은 기능들은 꺼버린다. 소화기관이나 성장판 같은 것 말이다. 스트레스가 사라지면 이런 기관들은 다시 켜진다. 특히 안타까운 것은 면역 체계 역시 신체가 별로 중요하지 않다고 생각하는 기능 중 하나라서 코르티솔이 터지면 기능을 멈춰버린다는 사실이다. 다시 말해 신뢰도가 낮고, 인간관계가 약하거나 사무적이고, 스트레스와 불안이 일상적인 환경에서 일하게 되면 우리는 질병에 매우 취약해진다.

옥시토신은 면역 체계를 증진시키는 반면 코르티솔은 면역 체계를 위태롭게 만든다. 현대 사회에서 암, 당뇨, 심장 질환, 기타 예방 가능한 질병의 발병률이 높은 것은 우연이 아닐지도 모른다. 오늘날은 폭력 범죄나 테러 같은 위협보다 이런 질병으로 사망할 가능성이 훨씬 높다. 국립 대테러 센터의 추산에 의하면 2011년 전 세계에서 테러리스트 때문에 사망한 사람은 1만 2,500명 이상이라고 한다. FBI 통계에 따르면 2000년에서 2010년 사이 미국에서는 16만 5,000명 이상의 사람이 살해되었는데 그 중 3분의 2 이상이 총기 사망자였다(FBI의 통계에 플로리다는 포함하지 않는다). 반면 '매년' 미국에서 60만 명의 사람이 심장 질환으로 사망하고, 2012년에는 추가적으로 거의 60만 명의 사람이 암으로 사망했다는 점을 고려하면 결론은 명확해진다. 10년간 살해당한 사람을 모두 합친 것보다 7배나 많은 사람이 해마다 심장 질환과 암으로 사망하고 있는 것이다!

물론 스트레스가 유일한 사망 원인은 아니지만 수치 자체가 어마어마하고 심지어 계속 증가하고 있다. 그러니 책임감 있는 기업 리더라면 자신이 혹시 여기에 기여하고 있는 것은 아닌지 어느 정도 책임을 통감해야 할 것이다. 기업의 인센티브 시스템이나 기업문화와 같은 단순한 요소가 실제로 이런 통계치에 영향을 주고 있다는 사실은 소름끼치는 일이다. 말 그대로 일이 우리를 죽이고 있다.

반면 튼튼한 기업문화는 건강에 이롭다. 우리가 일하는 환경과 상호 작용하는 방식은 '정말로' 중요하다. 훌륭한 업무 환경은 효과적으로 협력하는 데 필요한 끈끈한 신뢰를 쌓게 해준다. 고대로부터 전해온 우리 내부의 시스템은 구석기 시대에 야생에서 마주쳤던 위협과 현대 업무 환경에서 감지하는 위협을 구분하지 못하므로 같은 반응을 내보인다. 신체는 목숨을 부지할 수 있도록 코르티솔을 분비한다. 리더가 진실을 이야기하고, 어려운 시기에도 정리해고가 당연시되지 않고, 인센티브 구조가 서로를 경쟁하게 만들지 않는다면 옥시토신과 세로토닌 농도가 상승하여 신뢰와 협력이 일어날 것이다.

일과 생활의 균형이란 이런 것이다. 그것은 업무 시간이나 우리가 겪는 스트레스와는 관계가 없다. 그것은 우리가 어디에서 안전하다고 느끼는가와 관련된다. 집에서는 안전하다고 느끼지만 직장에서는 그렇지 않다면 우리는 일과 생활의 불균형을 느끼며 괴로워할 것이다. 집에서도 직장에서도 튼튼한 인간관계를 가진다면, 소속감을 느낄 수 있다면, 보호받는다고 느낀다면, 옥시토신 같은 마법의 화학물질이 강력한 힘을 발휘해 스트레스와 코르티솔의 영향을 약화시킬 것이다. 신뢰가 있으면 우리는 서로를 위한 일을 하고, 서로를 지켜주고, 서로를 위해 희생한다. 이것들이 모두 합해져서 안전권 안에 있다는 안전한 느낌을 만들어낸다. 내 안전이 위협받는다는 느낌이 없기 때문에 우리는 직장에서 편안함과 확신을 느낄 수 있고 이런 감정은 전반적 스트레스를 줄여준다.

힘들면 자녀들을 해고하라고?

찰리 김은 긴장감을 느낄 수 있었다. 회계연도가 끝날 때쯤이면 어김없이 사무실 주변은 분위기가 달라졌다. 공포의 분위기였다. 회사가 목표치를 달성하지 못할 경우 몇몇 직원은 내년에는 출근하지 못하리라는 공포 말이다. 거의 20년 전에 넥스트점프사를 설립한 이래 김은 그동안 많은 부침을 겪었지만 공포나 편집증이 이 사업을 어떻게 망칠 수 있는지 충분히 잘 알고 있었다. 그래서 그는 넥스트점프의 안전권을 획기적으로 개선할 수 있는 대담한 결정을 내렸다.

"우리는 넥스트점프를 우리 어머니나 아버지가 자랑스러워할 수 있는 회사로 키워내고 싶었습니다." 김의 말이다. 많은 경우 부모님들은 우리가 좋은 사람이 되고 옳은 일을 할 때 자랑스러워한다. 그래서 김은 종신고용 정책을 시행했다. 어쩌면 미국에서 종신고용 정책을 시행하는 기술 기업은 넥스트점프가 유일할지도 모른다. 그 누구도 재무 상태를 맞추기 위해 해고되는 일은 없을 것이다. 많은 손해를 끼친 실수나 개인의 부진한 성과도 해고의 이유가 되지 않을 것이다. 회사는 시간을 투자해 문제가 무엇인지 파악할 것이고 직원들이 그 문제를 극복할 수 있게 도울 것이다. 넥스트점프의 직원들은 해고되는 것이 아니라 슬럼프에 빠진 운동선수들이 그러듯 지도를 받을 것이다. 직원에게 회사를 떠나달라고 요구하는 유일한 경우는 일을 하면서 회사의 높은 도덕적 가치를 어겼거나 적극적으로 동료들을 방해한 경우뿐일 것이다.

보기보다 그렇게 미친 생각은 아니었다. 일단 입사하면 해고되는 것은 거의 불가능했기 때문에 넥스트점프는 업계의 다른 회사에 비해 훨씬 더 많은 시간을 들여 신중하게 직원을 채용했다. 능력과 경험만 고려한 것이 아니라 많은 시간을 들여 그곳에서 일할 예비 사원의 성격을 알아보았다. 100명의 후보 중에서 겨우 1명만 채용될 정도였다. 김은 그것을 이렇게 설명했다. "지금부터 아무도 해고할 수 없고 시장 상황에 관계없이 매출과 이익 면에서 지속적으로 성장해야 한다는 얘기를 들으면 리더는 어쩔 수 없이 자신이 통제 가능한 다른 변수들에 의존하게 됩니다. 고용이나 교육, 개발 같은 것들 말이죠." 직원이 입사하면 넥스트점프의 리더들은 그 사람이 성장할 수 있도록 돕는 것을 최우선 과제로 삼는다.

종신고용의 기회를 제공하게 되면 회사 리더들은 적임자를 채용하기 위해 열심히 노력해야 한다. 김은 이렇게 말한다. "직원을 자르는 것은 쉬운 선택이죠. 직원들을 사랑하되 엄하게 가르치고, 지도하고, 심지어 우리 회사와 맞지 않는다고 결정한 사람들에게는 다른 일자리를 찾아주는 것이 훨씬 더 효과가 좋습니다. 하지만 그러려면 회사 측에서 훨씬 더 많은 시간과 관심을 투자해야 합니다."

김은 자녀들을 키우면서 회사 운영에 관한 교훈을 많이 얻었다. 자녀 문제든 회사든 단기적 필요와 장기적 목표 사이에서 균형을 잡을 필요가 있었다. 김은 이렇게 말한다. "무엇보다 가장 중요한 것은 아이들에게 헌신하는 이유가 아이들의 삶을 위한 것이란 거죠. 궁극적으로 바라는 것은 아이들이 더 나은 사람이 되는 것이니까요." 김은 직원들도 똑같이 생각한다. 힘들다고 해서 자녀를 버리는 사람은 없다. "그러니 같은 조건에서 우리가 어떻게 직원을 해고할 수 있겠습니까? 형제자매들과 아무리 많이 싸우더라도 가족을 버리지는 않습니다. 어떻게든 방법을 찾아야죠." 비록 김이 완벽한 상사라거나 완벽한 부모라고는 할 수 없을지 몰라도(우리 중에 그런 사람은 없다) 김이 정말로 많은 관심을 쏟고 있고 옳은 일을 하기 위해 노력하고 있다는 것에는 아무도 이견을 달 수 없을 것이다. 때로는 그도 잘못하는 경우가 있다고 인정하더라도 말이다.

넥스트점프의 한 엔지니어는 처음에는 종신고용 정책이 실적이 낮은 몇몇 사람들에게만 좋은 아이디어이며, 실적이 최상위에 속하는 자신과는 별로 상관이 없을 거라고 생각했다고 한다. 그는 일자리를 잃을까 걱정을 하지는 않았기 때문이다. 하지만 그가 예상하지 못했던 것은 이 정책이 그룹의 리더인 자신에게 얼마나 큰 도움을 줄 것인가 하는 점이었다. 이 정책이 시행되고 나자 팀원들은 훨씬 더 열린 마음으로 의사소통하기 시작했다. 실수나 문제점들은 악화되기 훨씬 전에 빠르게 드러났다. 정보 공유와 협업도 증가했다. 팀원들이 일자리 걱정을 하지 않는 것만으로도 팀의 실적은 월등히 높아졌다. 실은 회사 전체의 실적이 월등히 높아졌다.

새로운 정책을 시행하기 전에 넥스트점프의 연간 매출 성장률은 25퍼센트였다. 종신고용 정책이 시행된 이후 다른 조건은 크게 달라진 것이 없음에도 연간 매출 성장률은 60퍼센트까지 뛰었고 둔화될 기미도 보이지 않고 있다. 넥스트점프의 많은 엔지니어가 구글이나 페이스북을 비롯한 대형 기술 기업으로부터 스카우트 제의를 받았지만 아무도 넥스트점프를 떠나지 않았다. 이전에 넥스트점프의 엔지니어 이직률은 업계 평균인 40퍼센트 정도였다. 직원들을 키우는 데 역점을 두고 있는 현재 넥스트점프의 이직률은 겨우 1퍼센트에 불과하다. 알고 보니 높은 직책이나 연봉을 제안 받더라도 직원들은 소속감을 느낄 수 있는 직장에서 일하는 쪽을 선호했다. 직원들은 단순히 부자가 될 수 있는 직장보다는 동료들 사이에서 안심할 수 있고, 성장의 기회가 있으며, 자기 자신보다 더 큰 무언가의 일부가 된 느낌을 가질 수 있는 직장에서 일하는 편을 선택했다.

인간이, 심지어 엔지니어들조차도 타고난 모습에 맞는 환경에 놓이면 이런 일이 생긴다. 직장을 떠나지 않고, 충성심을 유지하며, 서로를 돕고, 자부심과 열정을 가지고 일한다.

시간을 들여서 올바른 인간 관계를 형성하고, 리더들이 목표 수치보다 사람을 더 우선하고, 정말로 서로에 대해 신뢰를 느끼게 되면 신체에서 분비된 옥시토신이 고도의 스트레스와 코르티솔에 절어 있는 환경에서 나오는 수많은 부정적 영향을 되돌릴 수 있다. 다시 말해 스트레스를 줄이고 일과 생활의 균형을 맞춰주는 것은 업무의 성질이나 업무 시간이 아니라, 옥시토신과 세로토닌의 증가이다. 세로토닌은 자신감을 높여주고, 내 밑의 부하 직원을 돕고, 상사를 뿌듯하게 만들도록 의욕을 고취시킨다. 옥시토신은 스트레스를 풀어주고, 일에 대한 관심을 높이며, 인지 능력을 개선하고, 복잡한 문제를 더 잘 풀도록 만들어준다. 옥시토신은 면역 체계를 높여주고, 혈압을 낮추고, 리비도를 증가시키고, 갈망과 중독을 줄여준다. 그리고 무엇보다 협동하고 싶은 마음을 불러일으킨다.

'자기 일을 사랑하는'(매우 옥시토신적인 현상이다) 사람들이 사랑하는 일을 계속하기 위해 보수가 더 큰 자리도 쉽사리 거절할 수 있는 것은 이 때문이다. 즉각적인 만족에 초점을 맞춰 반사적 결정이나 행동을 하라고 권하는 문화에 비해 이타적인 화학물질이 보다 자유롭게 흐르는 문화가 결과적으로는 조직 안정성도 더 커지고 장기적으로 더 좋은 실적을 낸다. 그렇게 되면 유대감은 더 공공해지고 충성도도 더 깊어져 조직을 장수로 이끈다. 그리고 무엇보다 좋은 것은 그럼으로써 우리가 더 행복한 마음으로 집에 가고, 더 오래 살며, 더 건강해진다는 점이다.

이런 기업문화는 어느 산업, 어느 규모의 회사에서도 가능하다. 공동의 목표를 위해 모인 사람들이 있다면 리더는 어떤 문화를 조성할 것인지 선택할 수 있다. 대단한 변화나 정리해고는 필요하지 않다. 인재풀이 교체될 필요도 없다. 기업문화의 핵심이 되는 가치를 받아들이지 못하는 사람에게는 몸속의 코르티솔이 당신은 이곳 소속이 아니라고 말해줄지도 모른다. 그러면 집단 내에서 아웃사이더가 되었다는 불안감을 느끼며 이곳을 떠나 더 잘 맞는 곳을 찾겠다고 결심할 수도 있다. 반면 동료들 사이에서 안심되는 기분을 느끼는 사람도 있다. 그들은 마치 자기 집을 찾은 기분이 들 것이다.

이렇게 되기 위해서는 회사의 리더가 그렇게 하기로 결정을 내리기만 하면 된다. 리더는 직원들이 자연히 잘 성장하고 조직의 이익을 증진시키게 되는 문화를 창조할 힘을 가졌다. 일단 기업문화와 가치가 분명하게 정의되고 나면 리더처럼 행동하고 그 가치를 열심히 지키고 안전권을 튼튼하게 유지하는 일은 조직에 속한 모든 사람의 책임이 된다. 공식적인 리더의 자리에 있든 아니든 상관없이 말이다.

8장
리더가 리더일 수 있는 이유

　사냥꾼들은 승리하고 돌아왔다. 길었던 하루 동안 집에서 수 킬로미터 떨어진 곳까지 쫓아다닌 끝에 그들은 모두를 배불리 먹일 만큼 큰 사슴 한 마리를 잡을 수 있었다. 사냥꾼들이 돌아오자 수많은 부족민들이 달려 나와 축하를 건넸다. 그리고 곧 열릴 축제에 쓰기 위해 죽은 고기를 받아들었다. 그런데 문제가 하나 있었다. 모두가 굶주린 상태였고 모두가 음식을 원했다. 우리 선조들처럼 100~150명이나 되는 사람들이 함께 모여 살게 되면 부족민 전체가 달려들어 음식을 집을 수는 없는 노릇이었다. 그랬다가는 난장판이 될 테니 말이다. 그렇다면 누가 가장 먼저 먹어야 할까? 다행히도 우리 체내에 있는 사회적 화학물질들은 이 문제 역시 해결할 수 있도록 우리 행동을 지시했다.

　기업과 조직은 현대판 부족이다. 부족과 마찬가지로 기업 및 조직에도 전통과 상징, 언어가 있다. 기업문화는 부족문화와 같다. 문화가 강한 회사도 있고 문화가 약한 회사도 있다. 유난히 나와 더 잘 맞는다고 느끼는 회사가 있다. 그곳 사람들과 더 쉽게 '척척 맞는' 문화가 있는 것이다. 그리고 부족과 마찬가지로 리더와 관련해서도 강한 리더가 있는 회사가 있고 약한 리더가 있는 회사도 있다. 하지만 리더가 없는 회사는 없다.

우리가 가진 모든 것들은 우리의 생존 기회와 성공 확률을 높이려는 목적으로 특별히 만들어진 것들이다. 리더도 마찬가지다. 리더십의 역사를 인류학적으로 보면, 애당초 리더가 왜 생겼는지를 살펴보면, 훌륭한 리더의 몇몇 객관적 기준들이 드러난다. 그리고 나쁜 리더의 기준 역시 드러난다. 우리 행동에 영향을 주는 신체의 다른 여러 시스템과 마찬가지로 위계서열에 대한 욕구 역시 음식 및 보호와 관련이 있다.

평등이라는 아이디어를 모두가 좋아하는 만큼이나 실제 우리는 평등하지 않으며 앞으로도 그렇지 못할 것이다. 그리고 여기에는 그럴 만한 이유가 있다. 질서라는 규칙이 없다면 사냥꾼들이 갓 잡은 고기를 부족에 가져왔을 때 모든 사람이 먹겠다고 달려들 것이다. 서로를 밀치고 떠미는 가운데 틀림없이 미식축구 선수 같은 몸을 타고난 사람들이 가장 먼저 먹을 것이고, 약골들은 항상 옆으로 떠밀리거나 다치고 말 것이다. 대자연이 인간이라는 종을 살려두고 싶다면 이런 시스템은 그다지 좋은 시스템이 아니다. 옆으로 밀쳐진 사람들은 그날 오후 자신에게 주먹을 휘둘렀던 사람들과 긴밀히 협동하고 싶어 하지 않을 것이며 신뢰할 마음도 들지 않을 것이다. 그래서 이 문제를 풀기 위해 우리는 위계서열이 있는 동물로 진화했다.

누군가가 우리보다 우세하다고 느끼면 우리는 음식을 가지고 그들과 다투기보다는 자발적으로 뒤로 물러서서 그들이 먼저 먹게 한다. 게다가 세로토닌 덕분에 우리가 공경을 표시하는 이들은 집단 내에서 자신의 지위가 상승한 것을 느낄 수 있고 자신이 알파라는 것을 안다. 위계서열은 이런 식으로 작동한다.

짝짓기 상대를 가장 먼저 고를 수 있는 것 같은 여러 혜택 외에도 알파들은 고기를 가장 먼저 고를 수 있다. 이들이 다 먹고 나야 나머지 부족민이 먹게 될 것이다. 나머지 부족민은 가장 맛있는 부위의 고기는 먹을 수 없겠지만 결국에는 고기를 먹을 것이고 먹는 동안 팔꿈치로 얼굴을 가격당하는 일은 없을 것이다. 협동을 위해서는 이것이 훨씬 더 좋은 시스템이다.

지금까지도 우리는 사회의 알파들(단순히 육체적 힘에 의해서가 아니라 현대 사회의 기준에 따라 알파로 평가된 이들)이 일정 특권을 누리는 것에 대해 아무런 이의가 없다. 우리는 직장에서 우리보다 높은 사람이 더 많은 돈을 받고, 더 큰 사무실을 쓰고, 더 좋은 주차 공간을 배정받는 것에 대해 아무 불만이 없다. 예약하기 힘든 레스토랑에서 유명인들은 쉽게 좌석을 구한다고 해서 문제 삼지 않는다. 돈 많고 유명한 이들이 잘생긴 남자나 예쁜 여자를 끼고 있다고 해서 불평하지 않는다. 사실 우리는 알파들이 특별대우를 받는 것에 너무나 익숙한 나머지 어떤 때에는 그들이 그렇게 하지 않으면 화를 낼 정도다.

대통령이 손수 여행용 가방을 끌고 간다면 많은 사람이 이상하게 보거나 실례되는 일이라고 생각할 것이다. 그가 우리의 정치적 위계서열에서 리더라는 이유만으로도 우리는 당적에 상관없이 그런 상황을 불편하게 여길 것이다. 대통령이지 않은가. 대통령은 그런 일을 할 필요가 없어야 한다. 우리 중 어떤 이들은 내가 그 가방을 끌겠다고 나서기까지 할 것이다. 리더를 도와주는 것은 사회에서 영광된 일이다. 게다가 나중에 그들이 우리를 기억하거나 알아본다면 모두가 지켜보는 가운데 우리를 도와줄지도 모를 일이다. 그렇게 해준다면 우리는 세로토닌의 폭발을 느끼면서 내 지위나 자신감이 상승한 것을 느낄 것이다.

우리가 위계서열에서 조금이라도 더 높은 곳으로 가려고 애쓰는 것은 사회에서 알파가 누리는 혜택 때문이다. 클럽에 가면서 치장을 하고 화장을 하는 이유는 다른 이들이 우리를 건강하고 매력적으로 봐주길 바라기 때문이다. 유전자풀에 보관할 만한 유전자라고 말이다. 우리는 자신의 성취에 관해 이야기하길 좋아하고, 졸업장을 벽에 걸어두고, 트로피를 선반에 올려두어 모두가 우리의 성과를 볼 수 있게 한다. 그렇게 하는 우리의 목표는 똑똑하고 강하게, 알파의 특권을 누릴 만한 사람으로, 타인의 존경을 받을 만한 사람으로 보이는 것이다. 이 모두가 공동체 내에서 나의 지위를 높이기 위한 일이다.

지위를 나타내는 상징(세로토닌 덕분에 실제로 지위가 높아진 기분을 들게 한다)에 숨은 아이디어가 바로 이것이다. 비싼 제품이 대부분 바깥 면에 로고를 다는 데는 이유가 있다. 우리는 내 프라다 선글라스 측면에 있는 빨간색 줄무늬를 사람들이 봐주길 바란다. 샤넬 백의 C자 문양을, 자동차 앞에 붙은 메르세데스 벤츠의 반짝이는 엠블럼을 봐주길 바란다. 자본주의 사회에서 눈에 띄는 방식으로 부를 보여준다면 남들에게 내가 잘 나가고 있다는 것을 알려줄지도 모른다. 그것들은 내가 가진 힘과 능력에 대한 상징으로서 남들의 존경을 불러오고 위계서열 속 내 위치를 올려줄지도 모른다. 자신의 지위를 날조하려는 사람이 있는 것도 이상할 것이 없다. 안타깝게도 효과는 없지만 말이다. 남들은 감쪽같이 속여서 나를 실제보다 더 성공한 사람으로 보게 만들 수도 있겠지만, 이것은 생물학의 문제이므로 스스로를 속일 수는 없다.

세 명의 심리학자(채플힐 대학교의 프란체스카 지노, 하버드 비즈니스 스쿨의 마이클 노턴, 듀크 대학교의 댄 애리얼리)가 수행한 2010년 연구에 따르면 가짜 명품을 입는 사람들은 진짜 명품을 입는 사람들과 같은 정도의 자부심이나 지위를 느끼지 못한다. 날조하는 것은 누구를 속이고 있는 것처럼 가짜라는 느낌이 들게 만든다. 지위는 생물학적인 것이며 지위를 느끼고 싶다면 직접 노력해서 얻어야 한다. 이 연구는 또한 생물학을 속이려고 하는 사람들은 실제로 삶의 다른 부분에서도 속이려는 경향이 강하다고 결론 내렸다.

물질적인 재화를 통해 실제로 지위를 높일 수는 있지만 그 느낌은 오래가지 않는다. 세로토닌을 분비해주는 사회적 관계가 없기 때문이다. 다시 말하지만 이타적 화학물질들은 공동체와 사회적 유대감을 강화하려고 노력한다. 자부심을 지속적으로 느끼려면 그것을 뒷받침할 수 있는 멘토/ 부모/ 상사/ 코치/ 리더 관계가 있어야 한다.

리더라는 지위는 단순히 사람들에게만 주어지는 것이 아니다. 우리는 부족 자체에 리더라는 지위를 주기도 한다. 우리가 부족 내에서 개인의 지위를 높이려고 노력하는 것처럼 회사는 개별 업계 내에서 지위를 끌어올리기 위해 끊임없이 노력한다. 회사는 소비자 만족도 상을 몇 개나 탔는지 말하며 '포천 1000' 리스트에서 몇 위에 올랐는지 알린다. 더 작은 회사들은 빠르게 성장하는 소기업 순위를 나타내는 'Inc. 5000' 순위에 들면 얼른 그 정보를 공유한다. 우리가 순위를 좋아하는 것은 우리가 서열적인 동물이고 서열의 더 높은 곳에 오르면 특전이 따르기 때문이다.

하지만 리더가 누리는 혜택 중에 공짜는 없다. 실은 상당히 높은 가격을 치러야 한다. 오늘날 많은 조직에서 쉽게 잊어버리는 것이 바로 등식의 이 부분이다. 알파가 나머지 사람들보다 실제로 더 '강할지도' 모른다. 우리의 존경과 흠모가 알파의 자신감을 높여준다는 사실도 알고 있다. 이것은 좋은 일이다. 집단이 외부 위협에 직면하면 우리는 우리보다 강한 리더가, 그 몸속에 흐르는 세로토닌을 통해 자신감에 넘치며 영양상태도 더 좋은 리더가 나머지 우리를 보호하기 위해 가장 먼저 위험에 달려들 것을 기대한다. 미 해병대 중장인 조지 플린은 '리더십의 대가는 사리사욕'이라고 설명한다. 알파가 가장 먼저 짝을 고를 수 있게 해주는 것 역시 이 때문이다. 리더가 우리를 보호하려고 애쓰다가 일찍 죽을 경우 그 강한 유전자가 유전자풀에 남기를 바라는 것이다. 집단은 바보가 아니다. 우리는 아무 대가 없이 그 모든 특전을 주지 않는다. 그것은 공평하지 않으니까 말이다.

일부 투자은행의 리더들에게 과도하고 터무니없는 보상을 지급하는 것을 볼 때 우리가 화가 나는 것은 이 때문이다. 이것은 금액 자체와는 무관하다. 오히려 인간의 본성에 깊이 뿌리내린 사회적 계약과 관련된 것이다. 우리는 리더들이 자신의 지위에 따른 여러 사치를 누리는 만큼 우리를 보호해주기를 기대한다. 문제는 과도한 보상을 받는 많은 리더들이 돈과 갖가지 특전만을 챙기고 정작 직원들은 보호하지 않는다는 점이다. 심지어 어떤 경우에는 사리사욕을 채우고 지키기 위해 직원들을 희생시키기까지 한다. 바로 이 점이 우리를 부글부글 끓게 만든다. 우리는 리더가 리더로서의 도리를 다하지 않았다고 느낄 때에만, 오직 그때에만 그들을 탐욕스럽고 지나치다고 비난한다.

넬슨 만델라에게 1억 5,000만 달러의 보너스를 주기로 했다고 마음이 언짢아질 사람은 거의 없을 것이다. 회계연도 말에 마더 테레사가 2억 5,000만 달러를 받는다고 발표해도 난리법석을 피울 사람은 아마 없을 것이다. 우리는 이들이 사회적 계약에서 자기 몫을 이행했다는 사실을 알고 있다. 이들은 이들을 따르기로 한 사람들을 위해 기꺼이 희생했다. 타인의 행복을 자신의 행복보다 먼저 생각했고 때로는 그래서 고통 받았다. 그런 경우 우리는 이들이 리더가 마땅히 받아야 된다고 생각하는 그 모든 특전을 받더라도 아무런 불만을 갖지 않는다. 회사의 경우도 마찬가지다. 회사는 직원과 고객, 의뢰인을 위해 기꺼이 옳은 일을 했을 때 명성을 얻는다. 그런 회사가 리더라는 사회적 계약을 깨뜨리면 그 명성이 땅에 떨어질 것이다.

물질만능에 리얼리티 TV가 넘쳐나는 이 사회에서 유명인이나 부자들을 어떻게 대하는지 생각해본다면 이 모든 과학적 원리를 쉽게 이해할 수 있다. 상속을 받았거나 현대적 미디어 시스템 덕분에 시스템을 호령하고 유명세를 얻은 몇몇 사람들이 단지 겉보기에 우리보다 높은 지위를 가진 것처럼 보인다는 이유로 여러 특전을 누린다. 하지만 명성은 알파라는 지위에 따른 부산물이어야 하지, 그 지위를 얻기 위한 수단이어서는 안 된다. 금전적 부에 대해서도 마찬가지다. 그것은 성취에 대한 부산물이어야 하지 금전적 부가 단독으로 리더라는 지위의 기준이 되어서는 안 된다.

타인을 위해 기꺼이 개인적 희생을 감내하고 위계서열 속에 그 자리를 차지하지 않는 이상, 그 사람은 진정으로 '알파 자격이 있는 사람'이 아니다. 그 자리에 있는 척하는 것만으로는 충분하지 않다. 가짜 명품을 입는 사람들처럼 그들도 어쩌면 자신의 지위를 불안하게 느낄 것이다. 혹은 그 모든 혜택을 누릴 자격이 있음을 대중에게 (그리고 자기 자신에게) 증명하기 위해, 그 자격을 보상하기 위해 더 열심히 노력할지도 모른다.

홍보 담당자들이 유명인에게 자선 활동을 권하는 데는 그런 이유도 있다. 이것이 현대 사회의 규칙이다. 유명인이 알파는 우리를 위해 서비스해야 한다는, 뿌리 깊은 사회적 계약을 지키고 있는 것처럼 보이는 것은 중요한 일이다. 유명인이 그 지위를 이용해 어떤 대의나 곤궁에 관해 관심을 환기하는 것은 분명 좋은 일이지만, 정말로 그런 일에 관심이 있다면 그런 일을 할 때마다 매번 광고할 필요는 없을 것이다. 어쩌면 그들이 희생할 수 있는 것은 스포트라이트뿐일지도 모른다.

선거 기간의 정치인들도 마찬가지이다. 당선된다면 우리를 걱정해서 이런저런 좋은 일들을 하겠다고 발표하는 정치인들을 지켜보는 일은 재미있다. 그러나 정작 선거에서 지면 많은 정치인이 그런 일들 중 그 어느 것도 하지 않는다. 사무실에서의 직책이 리더를 만드는 것이 아니다. 리더십이란 공식적인 직책이 있든 없든 타인에게 봉사하겠다는 선택이다. 권한은 있으나 리더가 아닌 사람들도 있고, 조직의 가장 낮은 직책에 있지만 틀림없는 리더인 사람들도 있다. 리더가 자신에게 주어진 많은 특권들을 누리는 것은 좋다. 하지만 중요할 때 그들은 그런 특권을 기꺼이 포기해야 한다.

리더는 좌우에 있는 사람들을 기꺼이 지켜주는 사람이다. 리더는 우리를 위해 자신의 편의를 기꺼이 희생하는 사람이다. 우리와 생각이 다를 때조차 말이다. 신뢰는 단순히 여러 사람이 갖고 있는 의견이 아니다. 신뢰는 누군가 우리의 안녕을 마음에 새기고 있다고 믿을 때 나타나는 생물학적 반응이다. 리더는 우리를 위해 기꺼이 자기 것을 포기하는 사람이다. 자신의 시간, 노력, 돈, 심지어 자신의 접시에 있는 음식까지 말이다. 중요한 순간에 리더는 마지막에 먹는다.

리더의 객관적 기준에 따를 때 리더로서의 책임은 이행하지 않으면서 특전을 누리기 위해 지위를 올리려는 사람은 약한 리더이다. 알파의 지위를 달성하고 서열이 올라갈 수는 있을지는 몰라도, 알파로 봐줄 수 있는 재능과 힘을 갖추고 있을지는 몰라도, 약한 리더는 자신이 보살펴야 할 사람들을 보호하겠다는 책임을 받아들일 때만, 오직 그때만 리더가 될 수 있다. 그러나 그가 개인적 이득을 위해 부족민들을 희생시킨다면 그 지위를 얻은 후에도 그 지위를 다시 잃지 않기 위해 자주 싸워야 할 것이다. 다시 한 번 말하지만 집단은 바보가 아니다. 권력을 가진 자는 언제나 부족민들이다.

자신이 원해서가 아니라, 희생에 대한 감사의 표시로 부족이 더 높은 지위를 권해서 서열이 높아진 리더는 신뢰와 충성을 받을 만한 진정한 리더다. 하지만 모든 리더는, 심지어 훌륭한 리더들조차도 가끔 길을 잃고 이기적이 되고 권력을 탐한다. 신체의 화학물질에 도취되면 때로 자신이 리더로서 부족민들에게 지고 있는 책임을 잊을 수도 있다. 이런 리더들이 자신의 발판을 되찾는 경우도 있지만, 그렇지 못하다면 우리는 그들을 잊고 그들의 변화를 탄식하며 그들이 비켜나기를 기다리며 다른 리더를 찾는 수밖에 도리가 없다.

훌륭한 리더는 스포트라이트를 마다하고 시간과 노력을 들여 자신의 사람들을 지원하고 보호한다. 그렇게 해서 안전권이 형성되었다고 느끼면 우리는 피와 땀과 눈물을 바쳐 할 수 있는 수단을 동원해 리더의 비전을 실현시킨다. 리더가 해야 할 유일한 일은 자신이 누구에게 봉사하는지를 잊지 않는 일이다. 그렇게 된다면 우리는 반대로 우리가 그에게 봉사하는 것을 기쁘고 영광스럽게 여길 것이다.

사기 찻잔과 스티로폼 컵

한때 국방부 차관이었던 사람이 대형 콘퍼런스에서 연설을 했다. 그는 연단에 올라 준비한 연설문을 청중들에게 들려주며 이야기를 시작했다. 그는 커피를 한 모금 마시려고 잠시 말을 멈추었다. 무대에 오를 때 가지고 올라갔던 스티로폼 컵에 담긴 커피였다. 그는 다시 한 모금을 마시더니 컵을 내려다보며 미소를 지었다.

"있잖습니까." 그는 자기가 하던 연설을 끊고 이렇게 말했다. "저는 작년에도 여기서 연설을 했습니다. 똑같은 무대, 똑같은 콘퍼런스에서 발표를 했지요. 하지만 작년에는 제가 아직 국방부 차관이었습니다." 그는 말을 이었다. "비즈니스석을 타고 도착해 내리니까 나를 호텔로 데려갈 사람이 공항에 미리 나와서 기다리고 있더군요. 호텔에 도착해보니 또 다른 사람이 기다리고 있었습니다. 이미 체크인을 끝냈는지 열쇠를 주면서 저를 방으로 안내해주더군요. 다음 날 아침 내려와 보니 역시나 로비에는 이곳, 지금 우리가 있는 이곳까지 저를 태워다 주려고 사람이 기다리고 있었습니다. 저는 뒷문으로 안내되어 대기실에 왔고 커피 한 잔을 건네받았는데 사기로 된 아름다운 찻잔에 담겨 있었습니다."

"그런데 올해 여러분에게 연설을 하려고 지금 여기 서 있는 저는 이제 차관이 아닙니다." 그는 계속 말했다. "이코노미석을 타고 여기까지 왔고 어제 공항에 도착해보니 마중 나온 사람은 아무도 없었습니다. 저는 택시를 타고 호텔까지 왔고 도착해서는 직접 체크인을 하고 혼자서 방으로 갔습니다. 그리고 오늘 아침

로비에 내려와 다시 택시를 타고 이곳에 왔습니다. 저는 정문으로 들어와서 무대 뒤로 갔습니다. 대기실에 도착해 직원에게 커피가 있냐고 물었더니 벽 쪽에 붙여놓은 테이블 위 커피 기계를 가리키더군요. 그래서 저는 그리로 걸어가 직접 커피를 따랐습니다. 이 스티로폼 컵에 말이죠." 이렇게 말하며 그는 들고 있던 컵을 들어 올려 청중들에게 보여주었다.

"이런 생각이 들었습니다." 그는 말을 이었다. "작년에 내게 준 찻잔은 절대로 나한테 준 것이 아니었구나. 그 찻잔은 내가 갖고 있는 지위에 주는 것이었구나. 나는 스티로폼 컵이 마땅한 사람이구나. 이것이 내가 여기 계신 모든 분들에게 전할 수 있는 가장 중요한 교훈입니다." 그는 이렇게 제안했다. "지위에 따라 받게 되는 그 모든 특전들, 혜택들, 우선권들은 여러분에게 주는 것이 아닙니다. 그것들은 여러분이 수행할 역할에 주는 것입니다. 여러분이 그 역할을 떠나게 되면, 결국은 떠날 텐데, 그들은 당신을 대체하는 사람에게 사기 찻잔을 내밀 것입니다. 왜냐하면 당신은 원래가 스티로폼 컵이 마땅한 사람이니까요."

마지막에 먹은 대가는 충성심과 노고로 돌아온다

2008년 주식시장이 붕괴되었을 때 다른 수많은 회사들과 마찬가지로 배리웨밀러 사도 상당히 심한 타격을 입었다. 채프먼이 변화시키고 있던 이 미국식 구닥다리 제조회사는 기계 주문량이 거의 30퍼센트 격감했다. 배리웨밀러 사는 공업용 대형기기를 만드는 회사다. 이 기기를 사가는 곳은 대형 완제품 회사들로서 이기기로 자기네 제품에 사용할 마분지 박스를 만든다. 배리웨밀러 사가 만드는 기계들은 불경기에 자본 지출 예산을 삭감하는 회사들이 가장 먼저 포기하는 항목 중 하나다. 새로 사느니 오래된 기계들을 그냥 쓰기로 결정하는 것이다.

채프먼과 직원들은 냉엄한 현실에 직면했다. 회사는 이제 모든 직원을 유지할 수 없었다. 모든 직원을 계속 데리고 있을 만한 일감도, 매출도 없었다. 그래서 정말 오랜만에 정리해고라는 주제가 대두되었다.

많은 회사들이 이런 경우 탐탁지는 않더라도 정리해고라는 해결책을 받아들였을 것이다. 하지만 채프먼은 회사가 불경기를 겪는다는 이유만으로 직원들을 해고할 수 없었다. 그럴수록 채프먼은 회사가 점점 더 가족처럼 생각됐다. 직원이 회사를 위해 사용하는 단순한 노동력이 아니라 안전하게 지키고 섬겨야 할 사람들로 보였다. "우리는 형편이 어렵다고 해서 자녀들 중 하나를 포기할 생각은 꿈도 꾸지 않습니다." 채프먼의 말이다. 오히려 가족이라면 전체가 똘똘 뭉쳐서 함께 고생하며 힘든 시기를 이겨내려고 한다.

그래서 회사는 정리해고 대신에 의무 휴가제를 시행했다. CEO부터 비서에 이르기까지 모든 직원이 4주간의 무급 휴가를 사용하기로 한 것이다. 직원들은 언제든지 원할 때 4주를 쉴 수 있었고 반드시 연속해서 사용할 필요도 없었다. 하지만 채프먼 리더십의 진면목을 보여준 것은 채프먼이 이 제도를 발표한 방식이었다. 그는 직원들에게 이렇게 말했다. "우리 모두가 조금씩 힘든 편이 낫습니다. 그러면 누구도 많이 힘들 필요가 없으니까요."

채프먼이 직원들을 보호하기 위해 내놓은 방안은 어마어마한 결과를 불러왔다. 정리해고를 발표해서 전 직원을 보신주의로 만들어버리는 회사들과는 달리 배리웨밀러 사의 직원들은 자발적으로, 순전히 우러나서 서로를 챙기기 시작했다. 무급휴가를 더 써도 되는 직원들은 그럴 여유가 없는 직원들과 휴가를 바꿔주었다. 의무사항이 아니었음에도 그저 다른 직원을 돕기 위해 무급 휴가를 더 많이 사용하기도 했다. 회사가 자신들을 보호해준 것에 대한 고마움의 감정이 온 회사를 뒤덮었다. 아마 힘든 시기를 겪는 다른 회사들에서도 대부분의 직원은 일자리를 잃는 것보다는 한 달 치 급료를 잃는 편을 더 선호할 것이다.

형편이 회복되기 시작하자마자 무급 휴가 제도는 폐기되었고 불경기 동안 회사가 적립을 중단했던 퇴직 적립금도 복구되었다. 뿐만 아니라 불경기가 시작되었던 때로 소급해 지급되었다. 그리고 그 결과는 놀라웠다. 리더는 인류학적으로 알파에게 부여되는 의무, 즉 부족을 보호할 의무를 이행했고 부족민들은 그에 대한 응답으로 투철한 충성심을 발휘해 회사를 위해 할 수 있는 모든 일을 했다. 돈을 더 많이 받기 위해 배리웨밀러 사를 떠난 사람은 거의 없었다.

인간의 경우 튼튼한 부족이 부족민에게 제공하는 안전은 그 부족을 더욱 강하게 만든다. 그리고 외부 세계의 위험과 불확실성에 더 잘 대처하게 한다. 훌륭한 리더들이 힘든 시기에 더욱 빛을 발하는 이유는 간단하다. 그의 부족민은 부족 혹은 회사를 발전시키고 튼튼하게 만들기 위해 기꺼이 자신의 피와 땀과 눈물을 쏟는다. 그들이 그렇게 하는 것은 의무라서가 아니라, 그러고 싶어서이다. 그리고 그 결과 튼튼한 부족, 튼튼한 회사는 더 많은 사람에게 더 오랫동안 더 큰 안전과 보호를 보장할 수 있게 된다. 반면에 공포는 수많은 회사 리더들이 조직 개편을 단행할 때마다 근거로 내세우는 바로 그 혁신과 발전을 해칠 수 있다.

다시 한 번 엔도르핀, 도파민, 세로토닌, 옥시토신

기분이 좋아지는 각 화학물질은 개인으로서 그리고 집단으로서 우리가 생존하는 데 반드시 필요하다. 각 화학물질은 우리의 필요와 우리가 일하는 환경에 맞춰 자기 역할을 한다. 우리가 열심히 일하며 힘든 노동도 마칠 수 있는 것은 엔도르핀 덕분이다. 목표를 세우고, 집중하고, 완성하는 것은 도파민이 주는 인센티브의 힘이다. 발전을 이루면 기분이 좋아지기 때문에 우리는 발전하려고 노력한다.

세로토닌은 내가 돌봐주는 사람이 훌륭한 일을 해냈거나 나를 돌봐주는 사람을 내가 뿌듯하게 만들었을 때 느끼는 자부심을 책임진다. 세로토닌은 뒤따르는 사람들을 잘 지키도록 하고, 이끄는 사람을 위해 최선을 다하게 한다. 그리고 옥시토신의 신비로운 힘은 사랑과 신뢰라는 유대감을 형성하게 해준다. 옥시토신은 사람들 사이의 관계를 매우 돈독하게 만들어서 우리가 무언가를 결정할 때 나를 아껴주는 이들이 내 편을 들어줄 거라고 전적으로 확신할 수 있게 해준다. 우리는 도움이나 지원이 필요할 때 무슨 일이 있어도 나를 아껴주는 사람들만큼은 그 자리에 있을 것임을 안다. 옥시토신은 우리를 건강하게 하고 우리의 마음을 열어준다. 옥시토신은 우리가 문제를 더 잘 풀 수 있게 생물학적으로 도와준다. 옥시토신이 없다면 우리는 언제나 단기적 발전밖에 이루지 못할 것이다. 위대한 도약을 위해서는 서로 신뢰하는 사람들이 힘을 합쳐서 문제를 풀어야 하기 때문이다.

인간의 모든 일이 그렇듯이 이것이 완벽한 시스템은 아니다. 화학물질들은 같은 양이 분비되지도 않고, 정확하게 할당되지도 않는다. 화학물질들은 동시에 분비될 때도 있고 분비되는 양도 다양하다. 게다가 시스템에 혼란이 일어나면 이 화학물질들은 엉뚱한 이유로 분비될 수도 있다. 이기적 화학물질인 엔도르핀과 도파민은 단기적 보상을 주므로 조건이 맞으면 중독을 일으킬 수도 있다. 이타적 화학물질인 세로토닌과 옥시토신은 시간을 들여 체내 시스템에 축적되어야만 그 혜택을 온전히 즐길 수 있다. 목표에 도달하거나 경주에 이겼을 때 우리는 전율을 느낄 수도 있지만 그 느낌은 오래 지속되지 않는다. 그 느낌을 더 많이 얻으려면 또 다른 경주에 이겨야 하고 더 멀리 있는 목표에 도달해야 한다. 사랑과 신뢰, 우정이라는 유대감을 느끼려면 시간이 걸린다.

우리가 다른 사람에게 동기를 줄 수는 없다. 동기는 각자의 내부에 있는 화학적 인센티브에 의해 결정된다. 우리가 가지는 모든 동기는 나를 기분 좋게 해주고 스트레스나 고통을 피하게 해주는 행동을 반복하려는 열망이 작용한 것이다. 우리가 할 수 있는 일이라고는 올바른 화학물질이 올바른 이유로 분비되게끔 환경을 조성하는 것뿐이다. 환경을 제대로 만들면, 인간이라는 동물의 타고난 성향에 맞는 조직 문화를 만들면, 집단 내의 모든 사람이 스스로 동기를 얻는다.

어떤 조직이든 모든 리더는 균형을 이루는 것을 목표로 삼는다. 도파민이 첫째가는 동기라면 많은 것을 성취할 수 있을지는 모르나, 아무리 부자가 되고 큰 권력을 가져도 외롭고 허전한 기분이 들 것이다. 우리는 빨리빨리 충족되는 삶을 살고 있고 계속해서 다음번 흥분거리를 찾는다. 도파민은 오래 지속되는 것을 만들게 도와주지 않는다. 옥시토신이 넘쳐나는 히피촌에 살고 있다면, 구체적이고 측정 가능한 목표나 야망이 전혀 없다면, 성취감이라는 강렬한 감정은 버려야 할지도 모른다. 그렇게 된다면 아무리 사랑 받는다고 느껴도 실패자처럼 느껴질지도 모른다. 다시 말하지만 우리의 목표는 균형이다.

하지만 화학적 시스템이 균형을 이루면 우리는 거의 초자연적인 능력을 갖게 되는 것 같다. 용기, 영감, 예지력, 창조성, 공감 같은 것들 말이다. 이런 것들이 생기면 놀랄 만한 결과가 따라온다. 그리고 놀랄 만한 기분을 느끼게 된다.

3
부

현실, 우리는
잘못된 곳에서 일하고 있다

9장

우리가 규칙을 깨는 두 가지 상반된 이유

우리가 신뢰하는 건 규칙이 아니라 사람이다

"탑승자 수는?" 항공 관제사가 물었다. 마치 아직도 나무로 만든 배를 타고 돛대를 높여 지구를 횡단하는 시대이기라도 한 것처럼, 일단 항공기가 기내 비상사태를 선언하면 관제사는 탑승자 수부터 묻는 것이 표준 절차다.

"126명입니다." 조종사가 답했다.

이 플로리다 행 비행기는 메릴랜드 상공 어딘가에서 고도 3만 6,000피트, 시속 560마일로 비행하다가 조종석이 연기에 휩싸이는 상황을 맞았다. 비행기에서 연기가 난다는 것은 조종사에게 닥칠 수 있는 가장 무서운 비상사태다. 연기가 나는 원인을 알 수 없을 때도 있으며 불이 난 것인지도 알 수 없다. 비상사태가 거기서 멈출지, 확대될지, 혹은 곧 통제를 벗어나버릴지도 알 수 없다. 연기 그 자체만으로도 시야가 가려지고 호흡이 곤란해질 수 있으며, 승객들을 공황 상태로 만들 것이 분명하다. 절대로 괜찮은 상황일 수가 없는 것이다.

"센터, KH209." 문제 상황을 알았을 때 조종사는 무전을 쳤다.

"KH209, 말하라." 공중을 감시 중이던 관제사가 답했다.

"KH209, 즉시 강하가 필요하다. 고도를 유지할 수 없다." 조종사의 돌발 요구였다.

그런데 문제가 있었다. 플로리다로 날아오고 있는 또 다른 비행기가 있었다. 문제가 생긴 비행기의 바로 2,000피트 아래였다. 연방항공국의 규칙은 명쾌하다. 비행중인 어떤 비행기도 1,000피트 이하로 가깝게 지나칠 수 없고 5마일 주변을 지나서도 안 된다. 그럴 만한 이유가 있는 규칙이었다. 음속의 4분의 3에 달하는 속도로 비행하다 보면 이런 경우 심각한 충돌을 일으킬 가능성이 높았다.

더군다나 두 비행기는 목적지를 향해 좁은 항로를 비행하고 있었다. 일대에서 진행 중이던 군사 훈련 때문에 비행 가능 영역은 고속도로처럼 좁아져 있었다. 이 고속도로 위에는 다른 항로들도 있었지만 당시 다른 항로에는 다른 비행기들이 있었다.

항공 관제사는 즉시 강하하겠다는 조종사의 요청에 답했다. "KH209, 우측으로 15도 회전 후 강하하라."

항공 관제사는 곤란에 처한 항공기에게 통제 구역으로 들어가라고 명령했을 뿐만 아니라 강하하라고 지시했다. 그 아래로 날고 있는 비행기의 5마일 완충 구역을 침범하라는 뜻이었다.

현대식 항공기는 충돌 경보기가 장착되어 있어서 다른 항공기가 1,000피트 5마일 완충 구역 이내로 들어오면 조종사에게 위험을 알린다. 알람이 울리면 피할 시간이 얼마 없다는 것을 알기 때문에 조종사들은 자칫 재앙이 될 수도 있는 상황에 대처하도록 훈련을 받는다. 이 두 비행기는 3만 4,000피트 상공에서 서로를 근접해(정확히는 2마일) 지나칠 것이므로 당연히 충돌 알람이 울릴 것이다. 그렇게 되면 또 다른 문제가 발생한다.

하지만 그날 콘솔에 앉아 있던 항공 관제사는 매우 노련한 사람이었다. 그는 그 일대에 있는 모든 항공기를 꿰뚫고 있었고 여러 규칙과 제약도 잘 알고 있었다. 그는 다른 항공기의 조종사에게 무전을 쳐서 또박또박 쉬운 영어로 말했다. "AG1446, 당신 위를 날고 있는 비행기가 있다. 저쪽에서 비상사태를 선언했다. 저쪽은 당신네 우측 앞으로 대략 2마일 떨어진 거리에서 그쪽 고도를 통과해 하강할 것이다. 저쪽은 즉시 강하가 필요하다."

고장 난 비행기가 하강하면서 다른 3대의 비행기를 지나칠 때도 동일한 메시지가 다시 한 번 반복됐다.

그 맑은 날 메릴랜드 상공에서 126명의 승객이 목숨을 건진 것은 한 노련한 항공 관제사가 규칙을 깨기로 결심한 덕분이었다. 규칙을 지키는 것보다는 사람을 살리는 것이 더 중요했다.

2012년에 미국 항공사들의 국내 여객기 정기 노선 비행편은 980만 건 이상이었다. 거의 하루 2만 6,800건에 달하는 어마어마한 수치이다. 더구나 매년 미국을 지나는 해외 항공편 및 비정기 노선, 화물선 등은 포함하지도 않은 수치다.

매년 8억 1,500만 명의 승객이 우리를 운송해주는 조종사, 항공기 상태를 확인하는 정비공, 최대한 안전한 운항을 위해 규제를 개발하는 연방항공국에 자신의 목숨을 내맡긴다.

여기에 항공 관제사들도 있다. 우리는 몇 안 되는 이 사람들이 규칙을 준수하며 모든 항공기가 안전하게 하늘을 지날 수 있게 해줄 거라고 믿는다. 하지만 KH209편의 경우에는 관제사가 규칙을 깼다. 그는 우리의 안전을 위해 만들어진 것이 분명한 규칙들을 어겼다.

이것이 바로 신뢰다. 우리는 사람들이 규칙을 준수할 거라고 믿을 뿐만 아니라 그들이 언제 규칙을 깨야 할지도 알 거라고 믿는다. 규칙이란 정상 상황을 위해 존재한다. 규칙은 정상 상황에서 위험을 피하고 모든 것이 순조롭게 진행될 수 있게 만들어진다. 비상사태에 대처하는 가이드라인이 있기는 하지만 결국에는 우리는 전문지식을 가진 소수의 특별한 사람들이 언제 규칙을 깨야 할지 알고 있다고 신뢰한다.

구성들에게 전적인 실행권을 맡기는 조직들은 구성원을 부단히 훈련시킨다. 이것은 '파워포인트 잘 만들기'나 '프리젠테이션 잘하기' 수업을 가끔 개설하는 것보다 훨씬 높은 차원이다. 이런 조직은 자기계발 기회를 끊임없이 제공한다. 조직이 더 많은 훈련을 제공할수록 구성원들은 더 많은 것을 배운다. 우리의 경험과 자신감이 커지면 조직은 기꺼이 점점 더 큰 책임을 맡긴다. 그리고 결국에 가면 조직은(경영진과 동료들은) 우리가 언제 규칙을 깰지도 알 거라고 기꺼이 신뢰한다.

규칙이나 기술은 '신뢰'할 수 없다. 분명 그것들에 의존할 수는 있지만 '신뢰'는 어불성설이다. 신뢰라는 것은 우리의 안전과 보호를 위해 수행된 행동에 반응해 옥시토신이라는 화학물질이 만들어내는 매우 인간적인 경험이다. 진정한 신뢰는 오직 인간들 사이에서만 가능하다. 상대가 적극적이며 의식적으로 우리를 걱정한다는 사실을 알 때만, 오직 그때에만 우리는 상대를 신뢰할 수 있다. 기술은 제아무리 정교해도 우리를 걱정하지 않는다. 그저 여러 변수에 반응할 뿐이다. 또한 규정집이 아무리 포괄적이어도 모든 경우의 수를 고려할 수는 없다.

다음과 같은 상황을 상상해보라. 당신이 사랑하는 사람과 싸울 때마다 매번 그 사람은 몇몇 변수에 반응하거나, 규정집을 따른다고 말이다. 이 사람과의 관계가 얼마나 갈 것 같은가? 관료주의자들이 정말 짜증나는 이유도 바로 이 때문이다. 관료주의자들은 모든 것을 그냥 규칙에 회부한다. 당초 그 규칙이 돕거나 보호하려고 했던 사람들은 전혀 고려하지 않는다. 다시 말해 그들은 관심이 없다. 사람들 사이에서나, 회사와의 관계에서나, 성공적 관계를 위한 알고리즘 따위는 존재하지 않는다.

신뢰의 진정한 사회적 혜택은 반드시 상호적이어야 한다. 일방향 신뢰는 개인에게나 집단에게나 도움이 되지 않는다.

경영진은 노동자를 신뢰하지만 노동자는 경영진을 신뢰하지 않는 회사가 대체 무슨 소용이 있겠는가? 아내는 남편을 신뢰하지만 남편은 아내를 신뢰하지 않는 결혼은 견고한 결혼이라고 할 수 없다. 리더가 자기 사람들이 자신을 신뢰해주기를 기대하는 것에는 아무 문제가 없다. 하지만 리더가 자기 사람들을 신뢰하지 않는다면 시스템은 실패할 것이다. 개인과 집단 모두에게 도움이 되려면 신뢰는 반드시 공유되어야 한다.

구성원에게 규칙을 가르치고 능력을 키우고 자신감을 쌓도록 훈련시키는 일은 리더의 책임이다. 그럴 때 리더는 한 발 뒤로 물러서서 구성원들이 자기 일을 인지하고 해야 할 일을 하리라고 신뢰해야만 한다. 부실한 조직은 감독하는 사람 없이 너무 많은 구성원들이 개인적 이득을 위해 규칙을 깬다. 그래서 조직이 약화되는 것이다. 튼튼한 조직에서는 다른 사람을 위해 옳은 일을 하려고 규칙을 깬다.

한번 생각해보자. 당신 가족이 비행기를 타야 한다고 했을 때 자격증 있는 조종사나 관제사가 무슨 일이 있어도 규칙만 고수하는 사람이라면 마음이 편할 것 같은가? 혹은 조종사나 관제사가 보너스를 받을 행동만 골라 하는 사람이라면 가족들을 비행기에 태우겠는가? 아니면 경험 많고 자신감 있는 조종사와 관제사가 뭔가가 잘못 되었을 때는 보너스를 못 받는 한이 있더라도 어떤 규칙을 깨야 할지 아는 사람이길 바라는가? 답은 너무나 뻔하다. 우리는 규칙을 신뢰하는 것이 아니라 사람을 신뢰하는 것이다.

리더의 책임은 밑에서 일하는 사람들을 위해 위에서 보호막을 만들어주는 것이다. 자신에게 옳은 일을 해도 되는 권한이 있다고 느끼는 사람은, 때로 규칙을 깨는 한이 있더라도 그 상황에서 옳은 일을 할 가능성이 크다. 용기란 위에서부터 주어지는 것이다. 옳은 일을 할 수 있는 자신감은 리더가 자신을 얼마나 신뢰한다고 느끼는지에 따라 정해진다.

좋은 사람들이 나쁜 문화에서 일하게 되면, 리더가 권한을 내주지 않는 문화라면, 나쁜 일이 발생할 가능성이 커진다. 그런 상황에서는 '정말 필요한 일이 무엇인가'보다는 문책을 받거나 일자리를 잃을까 두려워 규칙을 따르는 데 더 신경 쓰게 된다. 그리고 그렇게 되면 소중한 인명을 잃는 일이 생길 것이다.

10장
스노모빌을 사막에 놓지 말라

　인정할 것은 인정하자. 우리는 훌륭하다. 정말로 훌륭하다. 지금까지 살았던 종들 중에서 인간이야말로 단연 최고다. 잘난 척하기 좋아해서 하는 헛소리가 아니라, 주변을 한번 둘러보라. 다른 동물들은 매일 음식을 찾고 새끼를 낳고 본능에 따라 행동하며 지낸다. 하지만 우리는 그렇지 않다. 우리는 단순히 생존하거나 개체수를 늘리는 것(이런 일도 안 하는 것은 아니지만)보다 훨씬 더 많은 일을 한다.

　우리는 지구상 그 어떤 종도 할 수 없는 것들을 성취하고 만들고 발명했다. 가젤은 피라미드를 짓지 못했지만 우리는 지었다. 고릴라는 내연기관을 발명하지 못했지만 우리는 발명했다. 그리고 이 모든 것은 뇌에 있는 신피질이라는 놀라운 부분 덕분이다. 신피질은 우리를 다른 모든 포유류와 구분해준다. 우리가 세상에 대해 이성적이고 비판적으로 사고하고 복잡한 문제도 해결할 수 있는 것은 신피질 덕분이다. 우리가 그 어떤 종보다 정교하게 말하고 의사소통할 수 있는 것 역시 신피질 덕분이다. 이 능력 덕분에 우리는 내가 얻은 교훈을 다른 사람에게 전달할 수 있고, 그렇기 때문에 다른 사람은 내가 알게 된 모든 것을 처음부터 다시 배울 필요가 없다. 각 세대는 바로 전 세대가 알려준 것을 바탕삼아 시작하므로 우리는 세상에 진정한 진보를 만들 수 있는 것이다.

그러나 신피질이 우리의 일을 도와주는 반면 우리의 감정을 주무르는 것은 변연계 뇌이다. 신뢰할 수 있는 능력. 협동할 수 있는 능력. 사회생활을 하고 튼튼한 공동체를 만드는 능력. 우리 행동을 결정하는 본능적 반응과 직감적 판단을 좌우하는 것은 변연계 뇌이다. 변연계 뇌는 타인과 강력한 정서적 유대를 형성할 수 있게 해준다. 이런 강력한 사회적 유대 덕분에 우리는 '호모 사피엔스'의 신피질이 생각해내는 모든 일을 협동을 통해 해낸다. 타인을 신뢰하고 협동할 수 없었다면 인간이 제아무리 똑똑했다고 해도 일찌감치 외롭게 죽었을 것이다. 사람을 사귈 때의 기쁨이나 가치관과 신념을 공유하는 사람들 속에 있을 때의 느낌을 결코 알지 못했을 것이다. 다른 사람을 위해 무언가를 했을 때 느끼는, 선량한 일을 했다는 강렬한 감정도 몰랐을 것이다.

우리는 우리가 똑똑해서 발전한다고 생각하고 싶어 하지만 그게 전부는 아니다. 지능은 아이디어와 지침을 내려주지만 일을 실제로 완수하게 해주는 것은 협동 능력이다. 지구상에 있는 진정 가치 있는 것 중에 다른 사람의 도움 없이 한 사람에 의해 만들어진 것은 없다. 다른 사람의 지원이나 도움 없이 한 명이 만든

성과나 회사, 기술도 거의 없다. 남들이 더 많이 도와주려고 할수록 우리는 더 많은 것을 성취할 수 있다.

지금 시대의 가장 큰 패러독스를 만들어낸 것도 협동할 수 있는 우리의 능력이다. 발전을 추구하는 동안 우리는 의도치 않게도 협력하기가 점점 더 힘든 세상을 만들어냈다. 이 잔혹한 아이러니는 선진국에서 쉽게 감지할 수 있다. 인간의 행복 추구를 이용해 이득을 본 산업계는 고립감과 고도의 스트레스를 동력으로 사용했다. 잡히지 않는 행복을 찾게 해준다고 하는, 혹은 적어도 스트레스는 줄여준다고 하는 자기계발 서적과 자기계발 프로그램, 의약품들이 수십억 달러짜리 산업을 만들어냈다. 자기계발 업계 하나만 보아도 겨우 수십 년 만에 110억 달러짜리 시장으로 성장했다. 자기계발 업계가 가장 많은 도움을 준 것은 자기네 업계 자체인 것 같다.

한편 행복과 유대감에 대한 우리의 열망은 전문적 조언을 구하게 만들기도 했다. 1950년대에는 매주 심리치료사를 만나는 사람이 거의 없었다. 하지만 후버 연구소에 따르면 현재 미국에는 7만 7,000명의 임상 심리학자, 19만 2,000명의 임상 사회복지사, 10만 5,000명의 정신건강 상담사, 5만 명의 결혼 및 가족 심리치료사, 1만 7,000명의 심리치료 간호사, 3만 명의 인생 상담 코치가 있다고 한다. 이 분야가 계속 성장하는 유일한 이유는 수요가 계속 늘어나기 때문이다.

직장에서 성취감을 느끼고 진정 행복하다고 느끼는 직원이 소수에 불과한 것은 모두 우리 책임이다. 우리가 만들어낸 시스템과 조직은 인간이라는 동물이 최상의 결과를 낼 수 없는 환경에서 일하도록 강요했다. 과도한 도파민이 우리를 자극하고 필요하지 않을 때도 코르티솔이 흐르게 만듦으로써 정반대의 결과가 나오도록 시스템을 교란했다. 자기 자신을 가장 먼저 지키고 타인을 의심하도록 부추겼다.

사람을 스노모빌이라고 치면 이것은 곧 우리가 매우 한정된 조건에서 활동하게끔 만들어졌다는 뜻이다. 예컨대 눈 쌓인 환경에 맞게 만들어진 기계를 사막에 끌고 가면 제대로 작동할 리가 없다. 물론 움직이기야 할 것이다. 다만 딱 맞는 환경에서처럼 잘 가지 못할 뿐이다. 이게 바로 현대의 많은 조직에서 벌어진 일이다. 발전이 더디거나 혁신이 부족하다 싶으면 리더들은 기계를 손본다. 딱 맞는 상태를 찾으려고 사람을 채용하고 해고한다. 기계가 더 열심히 일하게 만들려고 신종 인센티브를 개발한다.

'신뢰는 윤활유와 같다. 신뢰는 마찰을 줄여주고
  훨씬 더 좋은 실적을 낼 수 있는 환경을 조성한다.'

인센티브를 주는 도파민을 처방한다면 기계는 실제로 더 열심히 일할 것이다. 어쩌면 사막에서 조금 더 빨리 달릴지도 모른다. 하지만 마찰이 엄청날 것이다. 너무나 많은 리더들이 사람은 문제가 아니라는 부분을 제대로 이해하지 못하고 있다. 사람은 아무 문제가 없다. 오히려 사람이 활동하고 있는 환경에 문제가 있다. 환경을 바로 잡아라. 그러면 모든 것이 해결될 것이다.

사회적 동물에게 신뢰란 윤활유와 같다. 이 윤활유는 마찰을 줄여주고 훨씬 더 좋은 실적을 낼 수 있는 환경을 조성한다. 스노모빌을 다시 눈밭에 가져다두는 것처럼 말이다. 그렇게 한다면 가장 부실한 스노모빌조차 엉뚱한 환경에서 가장 우수했던 스노모빌보다 뛰어난 능력을 발휘할 것이다. 조직 구성원들이 얼마나 똑똑한가는 중요하지 않다. 미래의 성공 가능성을 표시하고, 힘든 시기를 헤쳐갈 수 있는 능력을 알려주는 것은 그들이 얼마나 잘 협동하는가 하는 점이다.

신뢰와 헌신은 변연계 뇌 깊숙이에서 화학적 인센티브가 분비될 때 느끼는 감정이다. 그리고 그렇기 때문에 이것은 측정하기가 쉽지 않다. 우리가 누군가에게 행복하라고 지시하거나 그러기를 바랄 수 없는 것처럼 누군가에게 우리를 신뢰하라거나 무언가에 헌신하라고 지시하거나 바랄 수도 없다. 누군가가 충성심이나 헌신을 '느끼기' 위해서는 그 전에 많은 것들이 선행되어야 한다.

밑에서 일하는 사람들에게 깊은 신뢰와 헌신을 심어주기 위해 조직의 리더가 따라야 할 기본 원칙이 몇 가지 있다. 그리고 이것이 제대로 효과를 발휘하려면, 도파민과는 판이하게도, 시간과 노력 및 사람들의 의지가 필요하다.

이 모든 것은 결국 한 가지 질문으로 귀결된다. '애당초 우리는 어쩌다가 사막에 떨어지게 되었는가?'

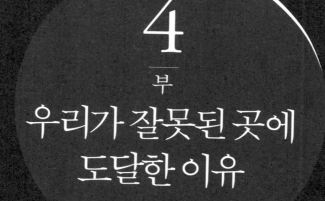

4
—
부

우리가 잘못된 곳에
도달한 이유

11장
베이비부머, 진보이던 그들은 왜 보수가 되었나?

좋은 시절이었다. 정말 좋은 시절이었다. 모두가 돈을 벌었고, 모두가 돈을 썼다. 그 결과 우리는 전례 없이 성장했다. 실제로 10년도 못 되는 기간에 국가 부의 총량이 두 배 이상 늘어났다. 새로운 기술과 신종 미디어가 나타나 뉴스와 아이디어를 퍼뜨렸다. 정말이지 유례가 없는 시기였다. 1980년대나 1990년대를 이야기하는 것이 아니다. 1920년대, 소위 '광란의 20년대'를 말하는 것이다.

제1차 세계대전이 끝난 이 시기는 미국이 처음으로 진정한 소비자 사회가 된 시기였다. 정말 오랜만에 미국인들은 꽤나 부유해졌고 그 부와 함께 좋은 시절이 찾아왔다. 사람들은 넘치는 가처분 소득으로 사치품이나 신기술을 살 수 있었다. 수많은 발명품이 새로 나와 삶의 질을 높여주었다. 전기냉장고, 전화, 자동차, 영화 같은 것들이 처음으로 소개되었고 1920년대를 거치는 동안 인기가 치솟았다. 또 하나 잊지 말아야 할 것은 새로운 형태의 미디어가 소개된 점이다. 1920년 미국에는 민간 라디오 방송국이 하나뿐이었다. 피츠버그의 KDKA였다. 3년이 지나자 전국에 500개가 넘는 방송국이 생겼다. 그리고 1920년대 말이 되자 1,200만 가구 이상이 라디오를 보유하고 있었다.

이 새로운 전국적 미디어 덕분에 뉴스는 방송을 타게 됐다. 전에 없던 방식이었다. 그리고 전국적 광고 역시 방송되게 됐다. 이전에는 불가능했던 일이었다. 라디오의 인기와 맞물려 체인점 시스템이 도입되어 미국 서부해안에 사는 사람도 동부해안에 사는 사람들과 똑같은 물건을 살 수 있게 되었다. 영화가 발명되자 미디어는 영화배우 스타들과 스포츠 영웅들의 삶을 집중적으로 조명하기 시작했다. 우리는 그들처럼 화려한 삶을 꿈꾸었다. 전국적 관심을 받는 유명세는 이제 성공의 부산물이 아니라 그 자체로 이루고 싶은 목표가 됐다. 알파의 지위를 얻는 새로운 방법으로 명성이 부상했다. 포부에 찬 시절이었다.

이런 새로운 기술과 현대적 이기 덕분에 이 시기에는 완전히 새로운 산업도 탄생했다. 예컨대 인터넷 덕분에 IT 컨설턴트가 필요해진 것처럼, 자동차 덕분에 주유소가 필요해졌다. 이 모든 것이 섬뜩할 만큼 요즘 시대를 연상시킨다. 새로운 기술, 미디어, 산업, 유명인들의 생활에 대한 집착, 부의 증가, 소비 지상주의의 부상, 그리고 무엇보다 이 모든 과잉 덕분에 낭비가 판을 치게 된 것까지 말이다.

그런데 무슨 일이 일어난 것일까. 갑자기 이 모든 것이 멈췄다.

사람들은 자연의 법칙을 거스르려고 기를 쓰지만 언제나 교정 작업은 일어난다. 대자연은 불균형을 싫어한다. 영원히 성장할 수 있는 것은 아무것도 없다. 그 결과 좋은 시절은 결코 끝나지 않으리라던 기대가 무색하게 1929년 10월 29일 돌연 모든 것이 급작스럽게 정지했다.

'검은 화요일'은 주식 시장에 대한 거대한 '교정 작업'이었다. 불균형과 과대평가의 무게는 어느 지점이 되면 스스로를 바로 잡아 균형을 찾아야 했다. 교정 작업은 때때로 있는 일이었지만 이 경우에는 불균형의 정도가 극심한 나머지 대공황을 불러왔다. 이 기간 주식시장에서 전체 가치의 거의 90퍼센트가 사라졌고 전 국민의 4분의 1이 일자리를 잃었다.

부모 세대와는 달리 1920년대에 태어난 사람들은 실제 1920년대를 즐기기에는 너무 어렸다. 이들은 미국 역사상 가장 검소한 시기에 성장했다. 그리고 인류학적 원리에 따라 자원이 희소해지자 이들 세대는 하루하루를 연명하기 위해 힘을 합치고 서로 돕는 법을 배웠다. 과잉과 낭비는 허용되지 않았다. 공황은 10년이 넘도록 이어져 거의 1942년이 되어서야 끝이 났다. 1941년 12월 7일 진주만 공습이 발생하자 미국은 어쩔 수 없이 제2차 세계대전에 참여하게 됐고, 공황을 빠져나왔다.

최악의 경제 위기에 성장한 세대들이 때마침 성인이 되었고, 징집되어 히틀러의 군대와 전투를 벌이기 위해 떠났다. 국가 전체가 대공황에서 세계대전으로 직행했다.

미국이 제2차 세계대전에 돌입한 즈음 미국의 인구는 1억

3,300만 명 정도였다. 그 중 1,600만 명 정도가 전쟁에 동원되었으니 전체 인구의 약 12퍼센트에 해당했다. 지금 미국의 인구는 3억 1,500만 명이 넘으며 그 중 군복무 중인 사람은 1퍼센트도 되지 않는다. 그것도 현역 군인과 자율방범대, 예비군 등을 포함한 수치다. (물론 지금은 상황이 다르고 우리가 세계 대전에 참가 중인 것도 아니다. 우리가 믿는 것을 지키기 위해 그 어떤 부담도 감내하고 그 어떤 대가도 치르는 그런 전쟁 말이다.) 제2차 세계대전 중에는 제복을 입은 사람들의 수만 계산해 봐도 아는 사람 중 누군가는 꼭 군대에서 복무하고 있을 정도로 많았다. 수많은 부모가 자신의 아들이 전장으로 행진해가는 것을 지켜보았다. 지금은 친구 중에 군인이 없는 사람이 대부분이기 때문에 사람이 어떻게 그렇게 이타적인 일을 계속할 수 있는지 이해하는 데 어려움이 있다.

오늘날의 분쟁들과는 달리 제2차 세계대전은 멀리서 벌어진 전쟁이 아니었다. 제2차 세계대전은 텔레비전이나 컴퓨터 스크린으로 시청하는 전쟁이 아니라 전 국민의 삶과 닿아 있는 전쟁이었다. 나라 전체가 전쟁 활동에 동참했다. 켄 번즈와 린 노빅이 만든 제2차 세계대전에 관한 다큐멘터리 〈더 워The War〉에 따르면 2,400만 명의 사람들이 방위 산업으로 재배치되었다고 한다. 수백만 명의 여성, 흑인, 히스패닉이 노동력 시장에서 유례없는 기회를 맞았다. 많은 사람이 전쟁 경비를 지원하기 위해 전쟁 채권을 샀다. 몸소 전쟁을 지원할 수 없었던 사람들은 전쟁 채권을 구입함으로써 전쟁 활동에 참가했다는 기분을 느낄 수 있었다. 전쟁 채권을 살 여유가 안 되는 사람들은 집 정원에 과일과 채소 등을 심어서 배급 부담을 줄이는 데 이바지했다. 이 세대를 우리가 '위대한 세대'라고 부르는 데는 이런 이유도 있는 것이다. 위대한 세대는 과잉과 소비 지상주의가 아니라 고난과 봉사로 정의되었다.

이 시기는 국민들이 편안히 앉아서 전쟁을 하네 마네 하며 불평하고 비난하고 토론하던 시절이 아니었다. 이 시기는 온 나라가 똘똘 뭉치던 때였다. 《라이프》 매거진의 1942년 11월호에 실린 설문조사에 따르면 전 국민의 90퍼센트 이상이 미국이 계속 전쟁을 해야 한다고 믿었다. 이들은 전쟁이 나기 전에도 압도적으로 징병제를 지지했고 전쟁이 일어난 후에도 계속 군사 훈련이 의무사항이 되어야 한다고 믿었다. 단일한 국민으로서 미국인들은 병역 의무를 지지했다. 그리고 각자 방법이나 모습, 형태는 달랐지만 어떤 식으로든 거의 모든 사람이 서로를 위해 희생하고 봉사했다. 거의 모든 미국인이 자기보다 더 큰 어떤 것의 일부라고 느꼈다.

마침내 전쟁에서 이겼을 때 전장에서 살아남은 남자들은 집으로 돌아와 퍼레이드와 파티를 벌였다. 하지만 그런 행사는 단순히 최전방에서 목숨을 걸었던 사람들만을 위한 것이 아니었다. 오히려 그런 행사는 나름의 방식으로 참여하고 희생한 모든 사람을 위한 것이었다. 연합군의 승리로 거의 모든 사람이 성취감과 안도감을 공유했다. 당연히 그럴 만했다. 그들은 그 감정을 느끼기 위해 열심히 노력했기 때문이다. 본인들의 노력으로 만들어낸 성과였다.

전쟁이 끝나고 경제가 호황을 이루자 대공황 세대의 남녀들은, 다시 말해 공황기에 자라서 전장에 보내졌던 사람들은 청춘을 놓쳤다고 느꼈다. 많은 이들이 심지어 쓸쓸함을 느꼈다. 이들은 이미 인생의 너무 많은 부분을 희생으로 보냈다고 느꼈고 잃어버린 것의 일부라도 되찾고 싶었다. 그래서 그들을 일을 시작했다.

힘든 노동의 중요성, 협동의 필요성, 충성심의 가치(그들이 아는, 일을 완수하는 요령)가 이 세대들이 운영하는 회사의 경영 원칙이었다. 1950년대는 직원이 한 회사에 평생을 바치는 시대였고 회사는 직원들이 평생 그곳에서 일할 것으로 기대하던 시대였다. 오랜 직장생활이 끝이 나면 직원은 그 유명한, 금으로 된 손목시계를 받았다. 평생을 회사에 헌신한 것에 대한 궁극적인 감사의 상징이었다. 이런 방식은 잘 작동했다. 한동안은 말이다.

불황 앞에는 항상 호황이 존재했다

모든 세대는 직전 세대를 반박하거나 그들에게 저항하는 것 같다. 각 세대는 자신들이 젊었을 때 겪었던 사건이나 경험, 기술에 의해 정해지는 가치나 신념을 구현하는데, 이것이 부모 세대의 그것과는 좀 다르게 마련이다. 인구가 꾸준히 증가한다면 모든 것을 바꾸려는 신세대의 충동과 그대로 유지하려는 구세대의 열망 사이의 힘겨루기가 마치 견제와 균형의 원리처럼 작동한다. 이렇게 되면 자연히 긴장감이 형성되어 전부 다 부숴버리는 일은 없으면서도 진보를 이루어 시간과 함께 변해갈 수 있다. 하나의 관점이나 경쟁 상대가 없는 유일 권력이 좋은 경우는 극히 드물다. 회사 내에는 몽상가와 실행가가 있고, 의회에는 민주당원과 공화당원이 있고, 지정학적으로는 소비에트와 미국이 있고, 심지어 집에는 엄마와 아빠가 있듯이 반대되는 두 힘의 가치, 즉 밀고 당기는 긴장감이 사실은 형편을 보다 안정되게 만든다. 역시나 가장 중요한 것은 균형이다.

하지만 제2차 세계대전 말에 발생한 어떤 사건이 견제와 균형이라는 이 정상적 시스템을 뒤흔들어놓았다. 무언가가 자연적 질서를 무너뜨리면서 말 그대로 우연히, 미국을 완전히 새로운 노선에 올려놓았다. 전쟁에서 돌아온 사람들은 서로를 축하했다. 축하하고 또 축하했다. 그리고 아홉 달이 지나자 미국에서 한 번도 없었던 인구 성장의 시대가 시작됐다. 베이비붐이었다.

미국 인구 1000명당 출생아 수

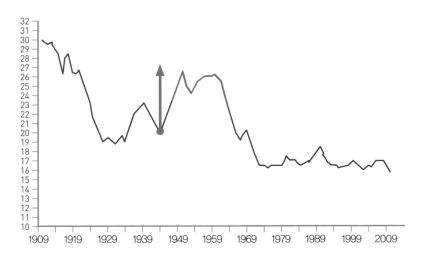

1940년에는 260만 명의 아이들이 태어났다. 1946년에는 340만 명의 아이들이 태어났다. 제1차 세계대전 후에도 약간의 붐이 있었다. 하지만 제2차 세계대전 후에 시작된 엄청난 출생률 증가는 균형을 깨뜨리고 말았다. 공황기 및 전쟁 기간에는 출생률이 상대적으로 낮았기 때문에 격차는 더욱 커졌다.

베이비붐 세대의 끝은 보통 1964년으로 여겨진다. 거의 10년 만에 처음으로 이 해에 출생아 수가 400만 명 이하로 떨어졌기 때문이다. 모두 합해 베이비붐 세대는 7,600만 명의 인구를 증가시켰으니 증가율이 거의 40퍼센트에 이르렀다(1964년에서 1984년 사이에는 25퍼센트 증가에 그친 것과 비교된다).

미국 평균 소득

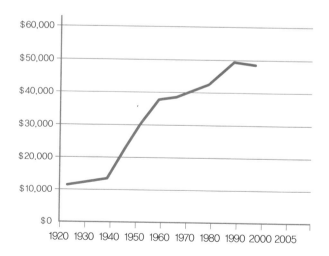

극단적 변화는 거기서 그치지 않았다. 경제 공항기와 전쟁 배급기에 자란 부모 세대와 달리 베이비붐 세대는 풍요와 번영의 시기에 성장했다. 전쟁의 끄트머리에서부터 미국의 부와 GDP는 꾸준히 성장을 거듭했다. 베이비붐 세대에게는 잘 된 일이었다. 싸우고 희생해야 했던 부모 세대는 이제 자녀들에게 자신들과는 정반대되는 삶을 선물할 수 있었다. '위대한 세대'를 정의한 것은 타인에 대한 봉사의 필요성이었지만 베이비붐 세대는 자기 자신만을 위하는 길을 가기 시작했다. 부가 성장하고 태도가 바뀌자 한 가지 삶의 방식을 지키기 위해 싸웠던 국가는 선호하는 삶의 방식을 지키기 위해 싸우는 국가로 변모했다.

갓 부유해진 부모들의 보호 아래서 자란 베이비붐 첫 세대가 10대 청소년이 된 것은 1960년대였다. 훌륭한 10대들이 모두 그렇듯이 이들도 금시계를 받을 때까지 하나의 직업이나 회사를 위해 헌신하라는 부모의 압박에 반항했다. 이들은 조용한 교외 생활을 마다했고 부모들이 중시하는 물질적 부를 거부했다. 시트콤 〈비버는 해결사〉에 나오는 것 같은 단란한 가정의 모습은 이들이 생각하는 '좋은 삶'이 아니었다. 이들에게 '좋은 삶'이란 개인주의, 자유연애, 자기애를 뜻했다.

1960년대 미국에서 히피들이 필요 이하의 삶을 살기로 한 이유는 미국이라는 나라가 필요 이상을 갖고 있다는 단순한 생각에서였다. '위대한 세대'가 완벽했다는 얘기를 하려는 것은 아니다. 사실 그들에게도 몇몇 심각한 문제가 있었다. 미국인들은 나치의 폭압으로부터 전 세계를 구하고 있던 때에 인종차별 및 불평등이라는 이슈와도 씨름하고 있었다. 아메리칸드림이란 당신이 백인이고 기독교 신자에 남성일 때만 멋진 그림이었다. 그 시절 미국에서 여성들은 여전히 공직자나 고위 임원이 될 자격이 없는 것으로 여겨졌다. 전쟁이 끝나고 거의 20년이 지나 1964년 기본권법이 제정될 때까지 흑인들은 온전한 시민으로 인정받지 못했다. 심지어 1964년 법률이 통과될 때도 반대표를 던진 상원의원이 30퍼센트 가까이나 됐다.

베이비붐 세대가 젊었을 때는 불건전하고 불공평한 현 상태를 유지하려던 구세대에게 인권을 강요했었다. 실제로 여성의 임금을 올려주라고 요구하고 사회에 만연하던 불평등을 맹목적으로 받아들이지 않겠다고 했던 것도 젊은 베이비붐 세대였다. 베이비붐 세대가 그 길을 계속 갔다면 아마 제2의 '위대한 세대'가 되었을지도 모른다. 하지만 상황은 그렇게 흘러가지 않았다.

지나치게 몸집이 큰 베이비붐 세대는 나이를 먹기 시작하면서 노선을 바꿨다. 현대적 특성의 문제들이 부상하기 시작한 것도 이때이다. 성숙한 베이비붐 세대는 다른 방식으로, 더 이기적인 방식으로 움직이기 시작했다. 그들은 이제 자신들에게 가장 친숙한 세계, 즉 풍요와 부의 세계를 지키기 시작했다.

1970년대가 되자 베이비붐 세대는 이제 대학을 졸업하고 노동시장에 진출하기 시작했다. 인기 없는 전쟁과 워터게이트 스캔들로 점철된 10년 동안 리처드 닉슨은 뭔가 불길한 전조를 보여주고 있는 것 같았다. 그의 이기적 야심은 좋게 보아 비윤리적이고 나쁘게 보면 불법적인 결정들을 내리게 만들었다.

베이비붐 세대가 목격한 사건들은 '정부는 믿을 수 없다.', '스스로 자신을 지켜야 한다.', '일하는 방식을 바꿔야 한다.'는 자신들의 오래된 신념을 강화해줄 뿐이었다. 현 상태는 잊어버리자. 베이비붐 세대는 자아실현을 열망했다. 영적 스승을 갖는 일은 지금으로 치면 스포츠센터에 가는 것과 비슷했다. 이들은 디스코를 배웠다. 폴리에스테르를 입었다. 그리고 토머스 울프가 1976년《뉴욕매거진》에서 묘사한 것과 같이, '나'의 시대를 규정한 세대라는 명성을 얻었다. 베이비붐 세대는 주변 사람들의 행복이나 복지보다는 자신의 행복이나 복지를 더 걱정하는 듯 보이는 집단이 됐다.

베이비붐 세대가 나이를 먹고 노동 시장에 진출해 경제 활동에 참가하자 이 모든 자기중심주의와 냉소주의도 함께 유입되었다. 그러나 이때는 '우리'보다 '나'를 앞세우는 이 세대의 이상과 균형을 맞출 수 있는 이전 세대가 너무 적었다.

1970년대 말에는 기업 운영에 관한 새로운 이론들이 도입되기도 했다. 베트남전쟁과 대통령의 스캔들, 석유 파동, 글로벌화의 진행, 미국인의 목숨이 개입된 이란 혁명 등 여러 불안 요소가 등장하자 경제 이론은 자연히 보호무역주의 쪽으로 흘렀다. 그들은 이전 세대들의 전쟁 채권처럼 국가적 중요성을 띠는 대의를 위해 부를 사용하거나 공유하기보다는 늘어나는 부를 어떻게 지킬 것인가 하는 점에만 초점을 맞추었다. 미국의 정체성을 이루었던 타인에 대한 봉사는 자기 자신에게 봉사하는 것을 국가적 우선순위로 삼는 쪽으로 서서히 대체되었다.

미국의 실질 GDP, 단위: 10억

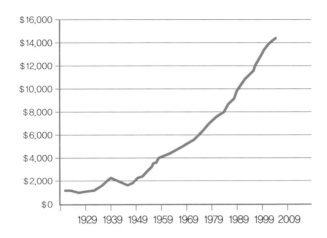

이 기간 동안 미국 가구의 부는 고공행진을 계속했다. GDP는 1965년 3조 8,700억 달러에서 1970년 4조 7,000억 달러, 1980년에는 6조 5,200억 달러로 15년 만에 68퍼센트가 성장했다. 거칠 것 없이 가파른 상승 곡선이었다. 개인으로서 그리고 한 국가로서 미국인들은 점점 더 부자가 됐다. 가장 부유한 미국인이 나머지 국민들보다 월등히 빠른 속도로 부유해지고 있긴 했지만 적어도 가장 가난한 미국인조차 같거나 약간은 더 부자가 되었다. 요컨대 인구의 어느 계층도 심각하게 더 가난해지지는 않았다.

1970년대를 마감할 때가 되자 미국인들은 나팔바지를 버리고 재킷을 입기 시작했고 털이 북실북실하던 카펫도 찢어버렸다. 베이비붐 세대가 마침내 어른이 된 것이다. 그들은 회사와 정부에서 보다 높은 자리에서 일하기 시작했다. 응석받이로 자란 베이비붐 세대가, 별로 고생할 필요도 없었고 자기부터 챙기는 것도 이해해주었던 사회에서 자란 이들 세대가 이제 일제히 정치, 경영, 경제 이론에 영향력을 미칠 수 있는 자리를 차지하기 시작했다. 국회 관계가 정말로 어려워지기 시작한 것은 베이비붐 세대가 등장했을 때라는 점을 주목할 필요가 있다. 1990년대 초까지만 해도 반대당 의원들은, 그때도 지금처럼 연극조이긴 했지만, 그래도 타협안 도출을 목표로 자리를 함께할 수 있었다. 의견의 일치를 못 보기도 했지만 시도는 했다. 그리고 어지간하면 정중하게 행동했다. 의원들의 자녀는 같은 학교를 다녔고 가족들도 서로 아는 사이여서 주말이면 함께 어울릴 정도였다. 그러니 국회도 제 기능을 하고 있었다.

베이비붐 세대는 그들을 견제할 수 있을 만한 반대 세력이 아무도 없을 만큼 크고 강력한 세력으로 대두되었다. 균형을 잡아주는 긴장감이 없어지면 한 집단의 충동과 욕망을 저지하기가 힘들어진다. 마치 소비에트 연방 붕괴 후 견제 세력이 없어진 미국처럼, 전임자를 타도한 독재자처럼, 의회의 압도적 다수당이 통과시킨 법안처럼, 베이비붐 세대는 자신들의 의지를 세상에 관철시키기 시작했다. 그러면 안 된다는 주변의 목소리는 수적 열세에 묻혀버렸다. 1980년대와 1990년대가 되자 이들 '충격의 물결' 혹은 '비단뱀 속의 돼지'(순전히 그 규모와 세력 때문에 베이비붐 세대를 이렇게 부르기도 했다)가, 다시 말해 자신들이 겪고 있는 사회를 개조할 능력이 있는 비대한 인구 집단이 사회를 꽉 잡고 있었다.

12장
그리고 대통령이 말했다,
사람보다 경제가 먼저라고

1980년대가 도래했다. 미국은 이제 국민을 어떻게 동원하여 전쟁에 이길지 고민하는 국가가 아니었다. 미국은 이제 우리가 맞고 있는 놀라운 호황기, '광란의 80년대'를 어떻게 활용할지 고민 중이었다.

베이비붐 세대가 축적하고 있던 부를 보호하기 위한 여러 경제 이론이 이 기간 동안 제시됐다. 전형적인 '과잉'의 징후였다. 라디오나 자동차, 전기냉장고가 1920년대의 필수 아이템이었다면 1980년대에는 또 다른 신기술이 대유행했다. IBM PC, MS-DOS, 애플의 매킨토시, MS윈도우 같은 것들이 모두 PC가 떠오르고 보급되는 데 이바지했다. 마이크로소프트를 설립한 청년 빌 게이츠는 '책상마다 한 대의 PC'를 꿈꾸었다. 이제는 힘을 갖기 위해 직장에 갈 필요가 없었다. 집에서 혼자 있어도 힘을 가질 수 있었다. 개인이 회사와 경쟁할 수 있었다. 시대의 신기술조차 개인주의에 대한 열망을 뒷받침했다.

제품의 수명주기가 짧아지는 것에도 점점 더 익숙해졌다. 1980년대의 발명품 중에는 1회용 카메라와 1회용 콘택트렌즈도 있었다. 과잉의 또 다른 징후인 1회용 제품이 신개척산업이 되었다. 우리는 버릴 수 있는 것들을 더 찾고 있었다. 그리고 우리가 1회용으로 보기 시작한 것이 또 하나 있었으니, 바로 사람이었다.

정리해고가 대안이 되던 날

1981년 8월 5일. 이날은 정리해고를 받아들이는 것이 공식화된 날이다. 특정 경영 이론이나 아이디어가 관행으로 용인된 날짜를 정확히 지적할 수 있는 경우는 별로 없다. 하지만 대량 해고의 경우에는 정확한 날짜가 있다. 1981년 8월 5일은 로널드 레이건 대통령이 1만 1,000명이 넘는 항공 관제사를 해고한 날이다.

당시 항공 관제사 조합인 PATCO는 임금인상과 근무시간 단축을 요구하며 연방항공국과 격렬한 노동쟁의에 휩쓸렸다. 협상이 결렬되자 PATCO는 파업에 돌입하겠다고 위협하며 표면상 공항을 폐쇄했고 수천 편의 항공편이 취소되는 결과를 빚었다. 1년 중 가장 여행객이 많은 기간이었다.

때로 논란을 일으키기도 하는 1947년 태프트하틀리법에 따르면 이런 파업은 불법이었다. 이 법률은 노동쟁의에 가담하지 않은 이들에게 불공정한 손해를 끼치거나 상업상 피해를 입혀 공공복지에 부정적 영향을 주는 모든 노동쟁의를 근본적으로 금지한다. 경찰이나 응급실 간호사들의 파업이 금지되는 것도 이런 이유다. 이들의 경우 파업으로 인한 피해가 부당한 임금이나 노동 시간으로 인한 고충보다 훨씬 크다고 믿는 것이다.

협상안을 받아들일 수도, 타협점을 찾을 수도 없었던 PATCO 조합원들은 8월 3일 출근을 거부했다. 이 파업이 나라 전체에 미칠 영향을 고려한 레이건 대통령이 직접 개입했다. 그는 항공 관제사들에게 직장에 복귀하라고 명령했다. 그러면서 한편으로는 여러 비상대책을 마련했다. 부족한 관제사들의 자리를 메우기 위해 조합원이 아닌 관리직 직원들과 파업에 참여하지 않기로 한 소수의 관제사들 그리고 군 소속 항공 관제사들을 동원했다. 완벽한 해결책은 아니었지만 이들 임시 직원들 덕분에 대부분의 항공편이 운행을 계속할 수 있었다. 파업의 영향이 생각만큼 심각하지 않자 1981년 8월 5일 레이건 대통령은 1만 1,359명의 항공 관제사를 해고했다. 당시 연방항공국에서 일하던 관제사 거의 전원이 해고된 것이다. 그리고 사태는 거기서 끝나지 않았다.

레이건 대통령은 파업에 동참한 모든 관제사들이 남은 평생 동안 다시는 연방항공국에서 일할 수 없도록 금지했다. 이 재고용 금지법은 1993년 클린턴 대통령이 폐지할 때까지 효력을 유지했다. 그날 해고된 항공 관제사 중 다수가 전쟁에서 기술을 익혀 돌아온 퇴역 군인이었거나 열심히 일해 중산층 수입을 유지하던 공무원들이었다. 관제사들은 다른 업계로 이직이 어려웠기 때문에 (연방항공국 외에는 항공 관제사에 대한 수요가 많지 않다) 많은 관제사들이 궁핍한 처지에 빠져야 했다.

당시 레이건 대통령이 항공 관제사들을 해고했어야 하느냐, 안

했어야 하느냐 하는 얘기가 아니다. 노동쟁의라든가 경영진에 맞설 수 있는 조합의 권리 등을 말하려는 것이 아니다. 이 때 벌어진 일은 악마의 속삭임과도 같았다. 조직 내에서 용인되는 행동과 용인될 수 없는 행동에 관해 리더가 새로운 기준을 세웠을 때 장기적으로 어떤 파급효과가 나는지 그 얘기를 하려는 것이다.

미국이 겪는 단기적 압박을 덜려고 했던 레이건 대통령은 무심결에 더 오래 지속될 새로운 압박을 만들어냈다. 레이건 대통령은 관제사들을 전원 해고함으로써 전국의 비즈니스 리더들에게 메시지를 던졌다. 단기적인 경제 혼란을 피하기 위해 대량 해고라는 빠르고 공격적인 의사결정을 내려도 된다고 말이다. 나는 레이건 대통령이 결코 그것을 의도하지는 않았다고 생각하지만, 몇몇 열성적인 CEO들은 대통령의 조치를 보고 자신들도 같은 일을 해도 된다는 허가가 떨어졌다고 해석했다. 사람보다 상업을 먼저 보호하는 대통령이 나타난 것이다. 많은 CEO들이 과거에도 그렇게 하고 싶었지만 그럴 수 없게 만들었던 사회적 관습이 사상 처음으로 하루아침에 사라진 것이었다.

위에서부터 암묵적인 승인이 떨어지자 손익을 맞추기 위해 직원들을 대량 해고하는 일이 빈번하게 벌어지기 시작했다. 정리해고는 1980년대 이전에도 있었지만 그때는 보통 최후의 수단이었지 처음부터 정리해고를 고려하지는 않았다. 이제 우리는 능력주의조차 통하지 않는 시대에 진입하고 있었다. 회사를 위해 아무리 열심히 일하고 희생하고 기여해도 그것으로는 고용안전성이 보장되지 않았다. 이제는 단지 올해의 손익계산을 맞추기 위해 그 누구라도 해고될 수 있었다. 수치를 맞추기 위해 커리어가 끝 장났다. 무슨 경제이론처럼 사람을 아끼는 대신 돈을 아꼈다. 이 런 직장 환경에서 우리가 어떻게 한시라도 안심할 수 있겠는가? 회사의 리더가 우리에게 헌신하지 않는데 어떻게 우리가 맡은 일 에 헌신할 수 있겠는가?

사람보다 수치나 자원을 우선시하는 사고는 인류학적으로 리 더들이 제공하기로 되어 있는 '보호'에 정면으로 위배된다. 이것 은 마치 부모가 아이보다 자동차를 먼저 생각하는 격이다. 그랬 다가는 가족이라는 조직이 산산조각 날 것이다. 가족의 경우와 마찬가지로 현대 리더들이 우선순위를 그런 식으로 바꿔버리면 회사 내의 인간관계(심지어 우리 사회의 관계)는 완전히 망가진다.

1980년대부터 본격적으로 공공 기관과 산업계는 이 새로운 경 제적 시각에 굴복했다. 소비자제품 업계, 식품업계, 미디어, 은행, 월스트리트, 심지어 미 의회까지, 정도는 달랐지만 모두가, 더 우 선시하는 보다 이기적인 목표를 위해 기존 직원들을 버렸다. 권 한과 책임을 지닌 사람들은 더 쉽게 외부 요소(심지어 때로는 관련 이 없는 요소)에 따라 결정을 내리고 조치를 취했다. 외부인들의 요구를 충족시키려고 팔로어처럼 행동하는 이들 리더는 원했던 이익을 낼 수 있을지는 몰라도 자신들이 서비스해야 할 사람들에 게는 해를 끼친다. 장기적 사고가 단기적 사고에 무릎을 꿇고, 이 기적인 결정이 이타적인 결정을 대신하며, 때로는 '봉사'라는 미 명으로 포장되기도 한다. 하지만 그것은 이름만 '봉사'일 뿐이다.

리더들이 이런 식으로 우선순위를 새로 정하면 신뢰와 협력이 마련될 수 있는 토대가 삐거덕거린다. 이것은 자유시장경제의 제한과는 아무 상관이 없다. 문제는 이제 우리가 사람을 가장 소중한 자원으로 보지 않는다는 점, 그리고 그것을 망각한다는 점이다. 수치로 경쟁을 벌이는 사이 우리는 살아 있고 숨 쉬는 사람들, 혁신과 발전, 경쟁에서 중요한 역할을 수행할 사람들을 잊어버린다. 이렇게 사람보다 실적을 우선시하는 관행은 오히려 자유시장경제를 갉아먹을 뿐이다.

회사가 고객에게 더 좋은 제품과 서비스, 경험을 제공할 수 있으면 더 큰 수요를 견인할 수 있다. 더 큰 수요를 창출하고 더 많은 공급권을 갖는 것보다 시장경제에서 더 잘 경쟁할 방법은 없다. 이것이야말로 직원들이 바라는 전부가 아닌가. 더 좋은 제품과 서비스, 경험은 보통 직원들이 발명하고, 혁신하고, 공급한 결과다. 우선순위 목록에서 사람이 2순위로 밀려나는 즉시 차별화는 범용상품화에 길을 내주고 말 것이다. 그렇게 되면 혁신은 쇠퇴하고 가격 경쟁이나 단기 전략 같은 것으로 경쟁해야 하는 압박이 커질 것이다.

실제로 애널리스트들이 많이 다루는 회사일수록 혁신성은 떨어진다. 《저널 오브 파이낸셜 이코노믹스》에 실린 2013년의 어느 연구에 따르면 다수의 애널리스트들이 다루는 회사는 소수의 애널리스트들이 다루는 회사보다 특허 출원이 적다고 한다. 또한 특허를 실제로 제출해도 파급력이 적은 편이라고 한다. '애널리스트가 경영진에게 단기 목표를 달성하라는 압박감을 너무 많이 주면 회사의 혁신적인 장기 프로젝트에 방해가 된다.'는 생각이 실제로 증명된 것이다. 간단히 말해 공개 기업의 리더들이 외부인들의 기대를 충족시켜야 한다는 압박감을 크게 느낄수록 더 좋은 제품과 서비스를 만들 수 있는 자원을 줄일 가능성이 커진다.

가진 것이 많을수록 나누지 않는 아이러니

베이비붐 세대가 업계와 정부를 쥐락펴락하게 된 이후 우리는 심각한 주식시장 붕괴 사태를 세 번 겪었다. 1987년 사태는 과도한 투기 기간의 교정 작업이었고 주식 거래에서 사람 대신 컴퓨터 프로그램에 과도하게 의존한 탓이라고 주장하는 사람도 있다. 2000년 사태는 닷컴 거품이 꺼지면서 벌어진 일이었다. 2008년의 경우에는 과대평가된 주택 시장이 붕괴된 여파였다. 대공황이래 1987년까지는 주식시장 붕괴사태가 없었다. 대공황 자체도 1920년대의 과잉과 과대평가의 여파였다. 우리가 직접 불균형을 교정할 방법을 찾지 않으면 언제나 자연의 법칙이 우리 대신 균형을 맞출 것이다.

'오늘날 우리가 일하는 환경 중 너무나 많은 부분이
신뢰와 협력이라는 우리의 타고난 성향을 좌절시킨다.'

자원은 한정되고 위험은 크던 시기에 태어난 종으로서 인간은 공유하고 협력하는 성향을 타고났지만 이제 자원은 많고 외부 위험은 적어지자 이런 성향은 애로를 겪게 됐다. 가진 것이 적을 때 우리는 마음을 열고 더 나누려고 한다. 유목민인 베두인족이나 몽골 사람들은 가진 것이 많지 않지만 기쁘게 서로 공유한다. 그 것이 자신들에게도 이익이기 때문이다. 여행 중에 그들을 만난 다면 그들은 대문을 활짝 열고 음식과 쉴 곳을 제공할 것이다. 그 저 그들이 친절한 사람이라서가 아니다. 나눔이 그들에게는 생존 의 문제이기 때문이다. 언젠가는 자신들도 음식과 쉴 곳이 필요 한 여행자가 될 수 있다는 사실을 아는 것이다. 아이러니컬하게 도 우리는 가진 것이 많을수록 담장을 더 높게 쌓고, 사람들을 쫓 아낼 수 있는 정교한 보안 시스템을 설치하고, 더 적게 나누려고 한다. 그리고 더 많은 것을 바라는 우리의 욕망에 '보통 사람들' 과의 신체적 접촉이 줄어드는 것까지 합해지자 현실에 대한 단절 혹은 맹목이 생기기 시작했다.

안타깝게도 오늘날 우리가 일하는 환경은 우리의 타고난 신뢰 및 협력 성향을 키워주기보다는 좌절시키는 경우가 지나치게 많 다. 업계와 사회에는 새로운 가치관과 기준이 정착됐다. 신뢰와 충성심을 쌓으며 함께 일했을 때 보상이 있는 세로토닌과 옥시토 신의 균형 효과를 희생한 대신, 개인의 성취에 대해 보상하는 도 파민 지향의 실적을 우선시하는 시스템이 형성된 것이다. 주식시 장을 붕괴시키는 것은 바로 이 불균형이다. 이 불균형이 대형 회 사의 안정성에 영향을 미친다. (엔론, 타이코, 월드컴, 리먼 브러더스 등은 '안정적인' 대형 회사가 문화의 불균형 때문에 붕괴된 몇몇 예시 에 불과하다.) 이 시스템을 변화시키려는 노력이 부족하다보니 화 학물질들의 불균형은 더욱 커질 뿐이다. 그래서 악순환이 계속된다. 우리의 건강이 위협받고, 경제가 위기에 처하며, 회사들의 안정성이 흔들린다. 어찌 영향이 이뿐이겠는가.

우연히도 베이비붐 세대가 만들어낸 세상은 균형을 상당히 벗어났다. 역사가 거듭 증명하듯이 불균형은 갑작스럽고 공격적인 방식으로 스스로 교정된다. 우리 스스로 영리하게 그것을 천천히, 체계적으로 수정하지 않는다면 말이다. 하지만 즉각적인 만족을 바라는 인간의 성향과 회사들이 갖고 있는 허약한 안전권을 생각하면 우리 리더들은 해야 할 일을 할 수 있는 자신감과 인내가 없을지도 모른다.

지금 닥친 병폐들에 대해 단순히 한 세대 전체를 비난할 수는 없다. 특정 업계나 특정 CEO 혹은 '기업들'을 비난할 수도 없다. 만화책에 나오는 것 같은 나쁜 놈들이 회사를 운영하며 세상을 집어삼키려고 하고 있으니, 그들을 타도하고 세상을 바로잡아야 하는 것은 아니라는 얘기다. 하지만 요즘 사업을 하는 방식에 공감과 인간성이 결여된 것은 사실이다. 회사를 운영하고 시스템을 관리하는 똑똑한 경영자들은 있지만, 사람들을 이끌 수 있는 강한 리더는 분명 부족해 보인다.

배리웨밀러 사의 CEO 밥 채프먼이 자주 하는 말이 있다. "아침에 일어나서 누군가 우리를 관리해줄 거라는 희망으로 회사에 가는 사람은 없습니다. 우리가 아침에 일어나서 출근하는 것은 누군가 우리를 리드해줄 거라고 기대하기 때문이죠." 문제는 그러려면 우리가 따르고 싶은 리더가 반드시 있어야 한다는 점이다.

풍족함이 야기한 비인간화

우리의 타고난 본능은, 비록 복잡하게 얽혀 있기는 해도 그 의도만큼은 명확하다. 자원이 한정되어 있고 위험이 도사리는 환경에서 작은 무리를 이루어 살던 때에 만들어진 인간의 화학적 인센티브 시스템은 아주 구체적인 세상에서 살아나가는 데 도움이 되도록 만들어졌다. 예전의 우리는 함께 살고 함께 일하는 사람들을 모두 다 알고 있었다. 필요한 것은 눈에 보였고, 그것을 얻으려고 힘을 합쳤다. 위협이 눈에 보였고 그 위협으로부터 서로를 지키기 위해 힘을 합쳤다.

문제는 오늘날 우리가 필요하거나 원하는 것을 모두 풍족하게 만들어낸다는 사실이다. 우리는 풍족함에 익숙하지 않다. 풍족함은 우리가 지닌 시스템을 고장 낼 수 있고, 실제로 우리 자신과 조직을 해칠 수 있다. 풍족함이 파괴적일 수 있는 것은 풍족함 자체가 나빠서가 아니라 풍족함이 물건의 가치를 추상화시키기 때문이다. 우리는 더 많이 가질수록, 가진 것을 덜 소중하게 여기는 것 같다. 물건이 추상화될 때 소중함도 줄어든다면 인간관계가 추상화될 때는 어떤 일들이 벌어질지 상상해보라.

오늘날의 사업은 규모가 너무 커서 때로 제대로 이해하기가 힘들 정도이다. 규모가 커지면 자연히 거리가 생긴다. 먼 거리에서 보면 인간적인 것들은 의미를 잃기 시작한다. 소비자라는 개념이 그렇다. 우리가 제안한 상품을 소비했으면 하고 바라는 사람을 추상화시켜놓은 것이 소비자다. 우리는 이 '소비자'가 우리 것을 더 많이 소비할 수 있게 그가 무엇을 원하는지 알아맞히려고 한다. 그러다가 정말로 소비가 늘면 우리는 이 과정을 더 잘 관리하려고 수많은 지표를 추적한다. 그렇게 해서 과정과 지표가 많아지고 규모가 계속 커지면 우리는 더 큰 규모로 더 빨리 영업할 수 있게 기술을 채용한다. 다시 말해 그 인간들, 즉 이 모든 것의 최종 소비자는 당초 서비스를 하려던 사람들로부터 너무나 멀어진 나머지, 그 자체가 하나의 지표, 즉 관리 대상이 되어버린다. 양측 사이의 거리가 늘어날수록, 혹은 우리가 추상화를 증폭시킬 일을 많이 할수록, 양측이 서로를 인간으로 보기는 어려워진다. 우리가 관리하거나 제한해야 할 것은 풍족함이 아니라 추상화이다.

이제 우리는 서로를 사람으로 보지 않는다. 이제 우리는 소비자이고, 주주이고, 직원이고, 아바타고, 온라인 프로필이고, 닉네임이고, 이메일 주소고, 추적할 비용이다. 정말이지 인간은 가상적 존재가 되어버렸다. 서로가 서로에게 이방인인 세상에서, 그 어느 때보다 지금 우리는 생산적으로 행복하게 일하며 살아가려 애쓰고 있다. 문제는 추상화가 단순히 경제에 악영향을 미치는 수준을 넘어 치명적일 수 있다는 점이다.

5부

추상성의 도전,
사람보다 숫자가 먼저인 사회

13장
인간은 인간을 죽일 수 있다, 보이지만 않는다면

"여기서 내보내주세요!" 남자가 소리쳤다. "내보내줘요! 내보내줘!" 창문도 없는 작은 방에 갇힌 남자가 벽을 쿵쿵 치며 밖에 있는 사람들의 관심을 끌려고 했다. "당신들은 나를 여기 잡아둘 권리가 없어!" 남자가 비명에 가까운 소리를 질렀다.

조종판 앞에는 그날 일을 도와주기로 지원한 남자가 앉아 있었다. 남자는 애가 타기 시작했다. 옆방에서 애원하는 소리가 조그맣게 들려왔다. 남자는 책임자를 올려다보았다. 그리고 끔찍할 만큼 분명한 이 현실을 마치 상대가 모르기라도 하는 것처럼 말했다. "저 남자, 고통스러워하고 있네요."

하지만 책임자에게서는 아무런 감정도 읽을 수 없었다. 아무 감정도. 책임자는 한 가지 말만 했다. "실험을 위해서는 계속하셔야 합니다." 그래서 참여한 남자는 다시 조종판으로 돌아와 혼자서 중얼거렸다. "계속해야 돼. 계속해야 돼." 그는 스위치를 켜고

옆방의 낯선 남자에게 또 한 번의 전기충격을 가했다.

"당신들은 나를 여기 잡아둘 권리가 없어!" 옆방의 남자가 다시 소리를 질렀다. 하지만 답을 하는 사람은 아무도 없었고 실험은 계속됐다. "내보내줘요!" 그는 발작적으로 계속 비명을 질러댔다. "심장이 불편해요! 내보내줘요!" 그러다 갑자기 비명이 멈추었다. 실험은 끝났다.

제2차 세계대전이 끝나갈 무렵이었다. 나치 운동의 핵심 주동자들인 아돌프 히틀러, 하인리히 힘러, 요제프 괴벨스는 자살함으로써 용케도 체포되는 신세를 면했다. 남은 사람들은 재판을 피하지 못했다. 그들은 체포되어 전쟁 기간 저질러진 조직적 집단 학살에서 각자가 수행한 역할에 따라 재판에 넘겨졌다. 체포된 최고위 나치 간부 스물네명에게 부과된 죄명 중 하나는 반인류 범죄였고, 대부분 자신이 한 일에 대해 유죄를 선고받았다. 하지만 뉘른베르크 전범 재판 기간 동안 유독 보이지 않던 한 남자가 있었다.

나치 친위대 중령이었던 아돌프 아이히만은 홀로코스트를 조직하는 데 중요한 역할을 수행했다. 그는 엄청난 수의 유대인과 마음에 들지 않는 인종들을 체포해서 동유럽 전역에 있는 빈민가와 집단 수용소로 옮기는 일을 책임졌다. 그는 무고한 남녀노소를 죽음의 수용소로 보내는 과정을 감독했다. 하지만 전쟁이 끝난 후 아이히만은 위조 서류를 이용해 독일을 탈출할 수 있었고 아르헨티나까지 가게 됐다. 그곳 교외에서 아이히만은 리카르도 클레멘트라는 이름으로 15년간 비교적 정상적인 삶을 살았다. 그리고 1960년 이스라엘 정보요원에게 붙잡혀 재판을 받도록 예루살렘으로 소환됐다.

아이히만의 체포로 '애당초 홀로코스트 같은 일이 어떻게 발생할 수 있었는가' 하는 논쟁에 다시 불이 붙었다. 그렇게 어마어마한 규모의 집단 학살은 단지 정신 나간 몇 사람이서 저지를 수 있는 일이 아니었다. 그런 규모로 계획을 세우고 조직적으로 사람들을 실어 나르려면 수천 명, 어쩌면 수백만 명의 사람이 가담했어야 했다. 고위 장성에서 말단 병사까지 계급을 막론한 군인들이 실제로 범죄를 저질러야 했고 수백만 명의 독일 일반인들이 의도적으로 눈을 감았어야 했다.

전 국민이 인간성과 도덕성을 저버리기로 하는 집합적 의지가 있었다고 믿는 사람들도 있다. 하지만 다르게 보는 사람들도 있다. 전쟁이 끝난 뒤 수많은 나치나 독일인들이 흔히 둘러댄 변명은 전혀 새로울 것이 없었다. 그들은 '다른 선택권이 없었다.'고, '그냥 명령에 따랐을 뿐'이라고 했다. 그게 그들이 한결같이 외는 주문이었다. 책임을 지게 된 고위 장교이든, 전쟁이 휩쓸고 간 뒤 평상심을 회복하려 애쓰는 일반 병사나 시민이든, 누구나 윗선에 책임을 돌림으로써 자기 행동을 정당화시킬 수 있었고, 그렇게 개인적 책임을 빠져나갈 수 있었다. 그들은 자기 손자에게 이렇게 말했다. "우리는 그냥 명령에 따랐을 뿐이야."

예일 대학교의 심리학자 스탠리 밀그램은 이 문제를 더 깊이 이해하고 싶었다. 우리 인간은 정말로 누군가 우리보다 높은 지위에 있는 사람, 권위 있는 사람이 명령을 내리면 그것이 우리의 도덕 규칙이나 옳고 그름의 개념에 정면으로 위배되더라도 그냥 그대로 복종하는, 우르르 몰려다니는 들쥐 같은 존재일까? 소규모로 보면 분명 그럴 수도 있겠지만 그토록 대규모로 봐도 그런 존재일까?

그래서 1961년 아이히만의 재판이 이스라엘에서 시작된 지 몇 달 후 밀그램은 우리가 권위에 어떻게 복종하는지 이해할 수 있는 실험을 하나 설계했다. 비교적 간단한 이 실험은 한 번 실시할 때마다 두 명의 지원자가 필요했다. 한 명은 선생님 역할, 다른 한 명은 학생 역할이었다. 실은 학생 역할을 수행한 사람은 실험에 참여한 다른 과학자였다. (역할을 정하기 위해 진짜 지원자는 선생님이 될지 학생이 될지 적혀 있는 종이를 주머니에서 골랐다. 사실 접혀 있는 종이는 두 장 모두 선생님뿐이었지만 지원자는 자신의 역할이 우연히 정해진 것이라고 착각하게 되었다.)

선생님 역할을 수행할 지원자들은 신문 광고로 모집했는데 이들에게는 이 실험이 여러 스위치가 달린 조종판에 앉아서 기억력과 학습에 관한 조사에 참여하는 것이라고 일러두었다. 그리고 학생에게 일련의 질문을 하게 된다고 말했다. 학생이 질문에 대해 틀린 답을 하거나 대답을 거부할 경우 선생님은 조종판의 스위치를 켜서 학생에게 전기 충격을 주어야 했다. 사실 전체 실험 내내 진행되는 전기 충격은 15볼트 정도의 약한 충격으로 그것은 어느 정도 충격인지 알 수 있도록 선생님들도 직접 느껴보도록 했다.

조종판에는 30개의 스위치가 있었고 각 스위치에는 15볼트에서 450볼트까지 수치가 표시되어 있었다. 각 스위치는 15볼트씩 더 커졌고 선생님에게는 스위치에 따라 충격이 점점 심해진다는 점을 아주 분명히 알려주었다. 그리고 선생님들이 충격의 강도를 이해하기 쉽도록 특정 범위마다 그 위에 또 다른 표시가 붙어 있었다. 예컨대 15~75볼트까지는 스위치 위에 '경미한 충격'이라는 표시가 붙어 있었다. 75~120볼트까지는 '보통 충격', 135~180볼트까지는 '강한 충격'이라고 씌어 있었고, 그 이상은 '아주 강한 충격', '격렬한 충격', '극도로 격렬한 충격'이라고 씌어 있었으며, 375~420볼트 위에는 '위험: 극심한 충격'이라고 씌어 있었다. 그리고 마지막 범위인 435~450볼트는 빨간색으로 칠하고 'XXX'라고 표시해놓았다. 이 스위치들이 무슨 뜻인지 모를 사람은 없었다.

4가지 변수에 따라 40명씩 총 160명의 지원자에게 실험을 했다. 변수 1에서는 학생 역할을 하는 과학자가 선생님 바로 옆에 앉고 선생님은 직접 학생의 손을 충격판에 올려야 했다. 변수 2에서는 학생이 선생님과 같은 방에 있어서 충격이 가해졌을 때 학생의 반응을 선생님이 보고 들을 수 있었다. 스위치를 켜기로 결정할 때마다 어떤 일이 벌어질지는 아주 분명했다.

변수 3에서는 학생을 별도의 방에 두었다. 선생님은 충격의 영향을 볼 수는 없었지만 벽을 통해 학생의 항의와 비명 소리를 분명히 들을 수 있었다. 이 모든 경우에 선생님은 실험이 진행될수록 학생인 척 연기하는 과학자가 처음에는 불편을 호소하고, 그다음에는 비명을 지르며 실험을 끝내달라고 애원하는 소리를 들을 수 있었다. 과학자들은 "그만!", "아파요!"라고 비명을 질렀다. 하지만 변수 4에서는 학생이 다른 방에 있었고 선생님은 벽을 쿵쿵 치는 소리 외에는 학생의 반응을 볼 수도, 들을 수도 없었다.

예상대로 모든 지원자가 걱정을 표시했다. 자신이 학생에게 고통을 주고 있다는 사실을 깨닫거나 믿는 동안 지원자들은 옆에 서 있는, 흰 가운을 입고 손에는 클립보드를 들고 있는 과학자에게 '고통을 주고 있는 것을 알면서도 계속해야 하느냐'고 물었다. 지원자가 실험을 중지하고 싶다거나 더는 참여하고 싶지 않다는 뜻을 처음 표현하면 과학자는 "계속하십시오"라고 말했다. 지원자가 두 번째로 중지하고 싶다는 뜻을 표현하면 과학자는 항상 "실험을 위해서는 계속하셔야 합니다."라고 말했다.

스위치가 점점 올라가자 지원자 중 일부는 안절부절 못하기 시작했다. 지원자들은 심하게 불안해했다. 땀을 흘리고 몸을 떨기 시작했다. 하지만 극도의 불편을 느끼면서도 대부분의 지원자는 실험을 계속했다. 실험을 중단해달라고 세 번째로 요청하면 과학자는 냉담하게 "반드시 계속하셔야 합니다."라고 말했다. 네 번째로 항의하면 과학자는 그저 "다른 선택이 없습니다. 계속하셔야 합니다."라고 말했다. 그래도 계속 항의가 있으면 실험은 즉시 중단되었다.

여러분 같으면 어디까지 갔을 것 같은가? 멈추기 전까지 누군가에게 얼마만큼의 고통을 유발할 수 있었을 것 같은가? 대부분의 사람은 자신은 그리 멀리 가지 않았을 거라고, 누군가에게 심각한 고통을 유발한다고 생각되기 훨씬 전에 실험을 멈췄을 거라고 말할 것이다. 과학자들 역시 그렇게 예상했다. 실험을 시작하기 전에 과학자들은 고작 2~3퍼센트의 사람만이 끝까지 갈 거라고, 그리고 그들은 사이코패스 성향을 보일 거라고 예측했다. 하지만 실제 결과는 몸서리쳐질 만큼 무시무시했다.

지원자들이 학생의 손을 직접 충격판에 올려야 했을 때는 70퍼센트의 사람이 그리 멀리 가지 않고 실험을 끝냈다. 지원자들이 같은 방에 있지만 신체 접촉은 없었을 경우는 비율이 약간 내려가서 60퍼센트의 사람이 실험을 계속하기를 거부했다. 하지만 학생의 고통을 볼 수도 울부짖는 소리를 들을 수도 없었던 경우에는 단 35퍼센트의 사람만이 계속하기를 거부했다. 이 말은 지원자의 65퍼센트는 끝까지 실험을 계속해 마지막 스위치까지 가서 의도적으로 누군가를 죽일 수 있었다는 뜻이다.

이 실험은 비윤리적이라는 비난을 받았다. 당연한 일이었다. 스스로를 좋은 사람이라고 믿으며 그날 아침 눈을 떴던 거의 80명의 사람들이 집으로 돌아갈 때는 이미 자신이 누군가를 죽일 수도 있다는 사실을 알게 되고 말았다. 그들은 걱정을 표현했고, 안절부절 못했지만, 자신이 하는 일이 부정적 영향, 심지어 심각한 영향을 끼칠 수 있다는 것을 알면서도 대다수의 사람이 끝까지 갔다.

실험 결과, 지원자들은 학생이 다치거나 그 이상의 일이 벌어질 수도 있다고 생각하면서도 자신들에게는 책임이 없다고 주장하면서 자기가 비난받을 일을 걱정했다. 학생의 건강에 대해 걱정하는 사람은 단 한 명도 없었다. 옆방을 보여 달라고 요구한 사람도 없었다. 지원자들은 학생보다 자기 앞가림을 더 걱정했다.

실험이 끝난 후 지원자들에게는 실험에 대한 설명과 함께 과학자가 연기한 학생이 다치지 않았다는 것을 보여주었다. 전기충격을 준 적도, 고통을 유발한 적도 없다는 것을 확실히 알려준 것이다. 실험에 순종하며 끝까지 갔던 사람 중 일부는 자신이 한 일을 뉘우쳤다. 이들은 개인적으로 책임감을 느꼈다. 반면 끝까지 갔던 또 다른 사람들은 과학자들을 비난함으로써 자신들의 행동을 정당화했다. 그들은 실험으로 초래된 일이 있다면 책임을 져야 할 것은 실험 담당자들이지 자신은 아니라는 이유를 댔다. 무엇보다 자신은 시키는 대로 했을 뿐이라는 것이다. 심지어 책임을 학생에게 전가하는 사람까지 있었다. "정말 멍청하고 고집스런 사람이었어요." 지원자 중 한 명은 이렇게 말하며 자신의 행동을 정당화했다. "그 사람은 전기충격을 받아도 싸요."

재미난 것은 다른 사람에게 고통을 주고 있음을 깨닫고는 실험에 계속 참여하기를 거부했던 지원자들이 대부분 도덕적 의무감을 더 많이 느꼈다는 사실이다. 일부는 독실한 신앙인이기도 했지만 어쨌든 그들 전원은 방 안에 있던 과학자보다는 더 고차원적인 정당성을 따져서 행동했어야 했다고 느꼈다.

현실을 얘기하자면 전국, 아니 전 세계의 사무실에서 밀그램의 실험은 매일같이 수행되고 있다. 밀그램의 결론을 더 넓혀서 본다면 자본주의라는 브랜드의 고질적 문제인 추상화 과정을 흔히 발견할 수 있다. 추상화는 이제 물리적 공간에 한정되지 않는다. 숫자가 지닌 추상적 속성 또한 문제가 된다. 회사가 커질수록 우리와 우리를 위해 일하는 사람들, 혹은 우리 제품을 사가는 사람들 사이의 물리적 거리는 더 커진다. 요즘 같은 규모라면 단순히 선반으로 걸어가서 캔 수프가 몇 개 남았는지 세어보는 일은 불가능하다. 이제 우리는 몇 개나 팔고 얼마를 벌었는지 수치로 보고하는 문서에 의존한다. 수치라는 추상화를 통해 인간성으로부터 멀어지면 우리도 밀그램 실험의 지원자들처럼 비인간적인 행동을 저지를 수 있다. 밀그램이 실험에서 설정한 조건처럼 우리가 우리 의사결정의 영향을 받는 사람들로부터 물리적으로 떨어져 있게 되면, 우리가 보고 들을 수 없는 사람들의 삶에 엄청난 영향이 있을 수 있다. 사람이 추상화될수록 우리는 사람에게 더 많은 해를 끼칠 수 있다.

14장
비도덕의 근거가 되어버린 '게임의 법칙'

밀그램의 결과가 실현되다

2009년 《뉴욕타임스》를 비롯한 주요 일간지들은 살모넬라가 발생해 9명이 죽고 700명 이상이 감염됐다는 소식을 일제히 전했다. 미국 역사상 최대 규모의 식품 리콜이 실시됐다. 조사 결과 오염의 출처인 300여 회사의 제품은 모두 버지니아 주 린치버그에 있는 PCA 사에서 공급한 땅콩 및 땅콩 가루를 사용한 것으로 밝혀졌다. PCA 사의 회장은 자신의 회사를 신뢰한 사람들의 안전을 위해 할 수 있는 모든 조치를 다 했을까? 안타깝지만 그렇지 않았다.

식품의약청 조사관들은 오염된 사실을 알면서도 PCA가 제품을 출하했다고 결론지었다(PCA는 혐의를 부인한다). 목표치를 맞추라고 경영진이 직원들에게 어마어마한 압박을 가한 사실도 여기저기서 드러났다. 법원 서류에 따르면 PCA의 회장인 스튜어트

파넬은 공장장에게 보낸 이메일에서 살모넬라 양성 반응 결과에 대해 '엄청난 비용이 들고, 땅콩을 가져와 대금청구서를 보낼 때까지 시간 지체도 막대할 것'이라고 불평했다. (4년 후 이 책이 인쇄될 즈음 연방 검사는 파넬 및 경영진을 범죄 혐의로 기소했다. 회사는 2009년에 이미 문을 닫았다.) 고객이나 직원과의 관계가 추상화되면 자연히 우리는 눈에 보이는 가장 구체적인 것을 추구하게 된다. 여러 가지 지표들 말이다. 사람보다 수치를 최고로 치는 리더들은 자기가 서비스하는 사람들로부터 물리적으로 분리되어 있는 경우가 많다.

파넬 회장은 그렇다 치고, 시키는 대로 했던 그 많은 직원들은 어떨까? 기업문화가 부실한 곳에서는 직원들이 고용주를 마치 밀그램의 지원자들이 옆에 선 과학자를 보듯이 본다. 즉 최종 권한을 가진 사람으로 보는 것이다. 부실한 문화를 주도하는 리더는 옳은 일을 할 수 있게 직원들의 자신감을 키워주는 프로그램에 투자하지 않는다. 오히려 명령 및 통제를 통해 직원들이 자기에게 피해가 오지 않게 일하는 시스템을 만들어낸다. 불확실성, 부서 이기주의, 사내 정치(이것들은 모두 명령과 통제의 문화에서 번성하는 것들이며 안전권이라는 개념에 반대된다)는 스트레스를 증가시키고 인간관계 형성 능력을 파괴하여, 자기 보호를 최고의 관심사로 만든다.

우리의 말과 행동이 다른 사람에게 끼치는 영향으로부터 우리 자신을 떨어뜨려놓는 것들은 모두 우리를 위험에 빠뜨릴 가능성을 갖고 있다. 밀그램이 보여준 것처럼 자신이 내린 결정의 영향을 볼 수 없게 되면, 그러니까 사람의 목숨이 추상화되면, 우리 중 65퍼센트는 사람을 죽일 수도 있다. 우리가 해치고 있는 사람을 볼 수도 들을 수도 없게 되면 의사결정의 주요 동기는 '내가 곤란해지지 않을까', '일자리를 잃는 것은 아닐까', '목표치를 달성 못하는 것 아닐까', '서열에서 밀려나지 않을까' 하는 두려움이 된다. '명령에 따랐을 뿐'이라며 자신의 행동을 변호하던 독일 병사들이나 '실험을 계속해야 돼'라고 중얼거리던 밀그램의 지원자들처럼, 우리 역시 타인을 해치는 결정을 내렸을 때 스스로를 변호하거나 책임을 떠넘기기 위한 우리만의 현대판 주문을 갖고 있다. 우리는 '주주가치를 제공하기 위해', '수탁 의무를 이행하기 위해' 일한다고 하고, '법의 테두리 내'라든가 '위에서 내려온 결정'이라는 말로 우리 행동을 변호한다.

이 책을 쓰려고 조사를 하는 동안 나는 어느 식사 자리에서 투자은행가 한 사람과 논쟁을 벌이게 됐다. 나는 내가 새롭게 알게 된 사실들을 바탕으로 그는 그가 내린 결정의 영향을 받는 사람들에게 책임이 있다고 압박했다. 나는 이 투자은행가가 밀그램의 지원자들과 토씨 하나 틀리지 않는 말을 하는 것을 보고 기절하게 놀랐다. "저한테는 그런 결정을 내릴 권한이 없어요." 그는 이렇게 말했다. "제 일이 아닙니다. 제 일은 고객들에게 최선의 가치를 찾아주는 것이죠." 그는 자신을 이렇게 변호했다. 우리가 직장환경에서 서로로부터 안전하다고 느끼지 못하게 되면, 우리는 내 행동에 대해 책임을 지는 대신 본능적으로 무슨 수를 써서든 나 자신을 보호하게 된다.

은행업계가 경제에 미친 영향을 직시하게 된 은행가들 중에는 단순히 모기지 회사를 비난하는 수준을 넘어 미국의 주택소유자들까지 비난하는 사람도 있었다. 밀그램의 실험에서 자신은 학생에게 해를 끼치는 데 아무런 역할도 하지 않았다고 거리를 두면서, 심지어 학생들을 비난하기까지 했던 집행자들처럼 말이다. 2010년 JP모건 체이스의 CEO 제이미 다이먼은 주주들에게 이렇게 말했다. "우리는 자기 집을 가져도 될 만한 사람들은 쫓아내지 않습니다."

애플의 탈세는 시민불복종 운동인가?

'기업에는 오직 하나의 사회적 책임이 있다. 게임의 룰을 지키는 한도에서 자신의 자원을 이용해 이익을 증가시키는 활동을 하는 것이다.' 밀턴 프리드먼이 노벨 경제학상을 받기 6년 전인 1970년에 했던 말이다. 내 생각에 프리드먼이 말한 '게임의 룰'은 아마도 법률을 가리키는 것 같다. 좋은 의도의 사람들 혹은 때로는 정치적인 사람들이 설계해놓은, 예기치 못한 허점 혹은 때로는 정치적으로 의도된 허점으로 가득한, 의도는 좋았으나 결과는 불완전한 그 가이드라인 말이다.

프리드먼의 말은 오늘날 미국 자본주의의 표준이 되어버린 것 같다. 기업들은 자신들이 서비스하는 사람들이나 자신들이 사업하고 있는 국가 또는 경제에 대한 도덕적 책임감보다는 글자 그대로의 법률에만 계속 집착하는 모습을 보인다. 밀그램의 실험에 빗대어 말하면, 보다 고차원적인 도덕적 정당성보다는 그저 과학자에게 복종하려고 하는 기업 리더가 너무나 많다. 그들은 법률이 옹호하려는 의도는 무시하면서 법의 테두리 내에 있는 행동이라며 스스로를 정당화한다.

애플은 아일랜드에 자회사를 세워서 수백억 달러의 세금을 피해갔다. 아일랜드에서는 법인 인가국을 기초로 세금을 매긴다(애플은 미국에서 인가를 받았다). 반면 미국의 세법은 돈을 벌거나 보관하는 나라를 기준으로 세금을 계산한다(애플은 아시아와 유럽에서 벌어들인 돈을 모두 아일랜드에 보관한다). 애플은 두 나라의 세법상 차이를 이용해 어느 쪽에 대해서도 의무를 지지 않을 수 있었고 그 결과 2009~2012년 사이에 벌어들인 740억 달러에 대해 미 국세청이나 그 외 어떤 세금 추징 기관의 간섭도 받지 않을 수 있었다. 애플 역시 이런 사실을 부인하지 않는다. 우리 시대 최고의 혁신 기업 중 하나인 애플이 개척한 방법(미국의 세금을 피하기 위해 아일랜드 자회사와 네덜란드, 그다음에는 카리브해 지역을 이용하는 방법)을 이후 많은 회사들이 따라했다. 그럼에도 프리드먼식 사고에 따르면 애플은 그 어떤 게임의 룰도 어긴 것이 아니다.

신뢰라는 유대를 형성해야 할 필요성이 절실하다. 거기에 우리 생존이 달려 있기 때문이다. 그러려고 우리의 원시적 뇌는 개인의 말과 행동을 평가하는 것과 똑같은 방법으로 회사의 말과 행동도 끊임없이 평가하고 있다. 생물학적 차원에서 보면 신뢰는 신뢰일 뿐이다. 누구와 신뢰를 형성하든 상관없이 말이다. 누군가가 신뢰할 수 없겠다 싶은 느낌을 주는 말이나 행동을 한다면 우리는 그 사람과 거리를 유지한다. 그저 법률을 따른다는 말은 남자친구나 여자친구가 바람을 피워도 혼인관계의 규칙을 어긴 것은 아니니 그들을 신뢰해야 한다는 말과 다름없다. 사회적 동물에게는 도덕성 또한 중요하다. 옳고 그름에 대한 우리의(실은 회사의) 판단은 법률의 자구와 무관하게 사회적 차원에서 중요하다. 이것은 시민 사회의 가장 기초적인 전제이다.

애플의 CEO 티모시 쿡은 이 문제에 관한 의회 청문회에서 책임의 문제를 제기했다. 그는 이렇게 말했다. "안타깝게도 세법은 디지털 시대를 못 따라가고 있습니다." 정부 기관이 모든 법률상 허점을 틀어막아야 하는 것인가, 아니면 회사들 또한 일부 책임을 져야 하는가? 애플의 탈세는 정부에게 더 잘 하라고 압력을 가하기 위한 애플의 시민불복종 운동인가? 애플은 교육 지원과 같이 좋은 일들을 하는 훌륭한 회사다. 하지만 대부분의 사람은 그런 사실을 모르기 때문에 애플이 세금을 회피했다는 얘기를 들으면 애플에 대한 신뢰에 영향을 준다. 법규가 따라잡을 때까지 법적 허점을 최대한 이용하는 것(그리고 가끔은 법규를 바꾸지 못하게 로비를 하는 것)이 요즘은 사업의 기본이 되어버린 것 같다. 만약 그렇다면 누구도 오셔닉 스팀 네비게이션 사가 내렸던 결정에 문제를 제기할 수 없을 것이다.

'법적'으로는 문제없던 타이타닉 호의 구명보트

20세기에 들어서기 전까지 가장 큰 배는 대개 페리였다. 페리는 근해에서 움직이며 많은 인원을 한 곳에서 다른 곳으로 이동시켜 주었다. 따라서 선주의 책임을 규정한 법규들은 당시 배들의 용도, 즉 페리를 기준으로 만들어졌다. 이 규정들은 1912년 타이타닉 호가 출항할 때까지도 (티모시 쿡이 주장한 '디지털 시대' 같은) 새로운 대양 항해용 선박에 맞춰 업데이트가 되지 않았다. 타이타닉 호는 법규가 요구하는 만큼, 즉 16대의 구명보트를 싣고 있었다. 문제는 타이타닉 호가 당시 법률상 분류에 따른 최대 규모 선박보다도 네 배나 더 컸다는 점이다.

타이타닉 호의 소유주인 오셔닉 스팀 네비게이션 사는 구닥다리 법규를 충실히 지켰다(실은 공기 주입식 고무보트 4대를 추가하기까지 했다). 우리가 알고 있듯 불행히도 타이타닉 호는 1912년 4월 14일 처녀항해에 나선 지 불과 4일 만에 바다 한 가운데서 빙산과 충돌했다. 구명보트는 모든 사람을 태울 수 없었고 그 결과 2,224명의 승객 중 1,500명 이상의 승객과 수많은 승무원들이 사망했다. 최대 규모보다 4배나 더 큰 이 선박은 실제로 필요한 구명선의 4분의 1만큼만 싣고 있었으니 그날 살아남은 사람은 승객과 승무원 전체의 4분의 1이 조금 넘는 정도였다.

선박업계에서는 구닥다리 법규가 곧 업데이트 되리라는 사실을 모르는 사람이 없었다. 실제로 혹시 '전원이 탈 수 있는 구명선'으로 법규의 요구사항이 바뀔까 봐 타이타닉 호의 갑판에 여분의 공간을 설치하기도 했다. 그렇지만 구명보트는 비쌌다. 계속 관리를 해줘야 했고 선박의 안정성에도 영향을 주었다. 그래서 오셔닉 스팀 네비게이션 사의 경영진은 법규가 바뀔 때까지는 구명보트를 추가하지 않기로 결정했다. 타이타닉 호는 탑승객 전원이 탈 수 있는 구명보트를 갖추지 못했지만 오셔닉 스팀 네비게이션 사는 현행법을 충실히 이행하고 있었다.

세금을 내지 않겠다는 애플의 주장과 구명보트를 추가하지 않은 타이타닉 호 선주의 결정 사이의 충격적 연관성은 여기서 그치지 않는다. 20세기 초 선박업계가 갑판에 구명정이 너무 많이 보이면 사업에 방해가 된다며 법규 개정에 반대하는 로비를 벌였던 것과 마찬가지로 애플 등의 기업은 실제 그대로 세금을 내게 되면 자신들이 경쟁력을 잃는다고 주장한다. (여담이지만 이것은 1950년대에 안전벨트 의무 규정이 논의될 때 자동차 제조업계가 주장했던 내용과 똑같다.)

미 의회예산처 보고에 따르면 2011년 미국의 납세자들은 정부에 1조 1,000억 달러를 납부한 반면 법인세 총액은 1,810억 달러에 불과했다. 많은 기업들이 벌이는 이 눈가림에 사람 목숨이 좌우되지는 않을지 몰라도 엄밀한 생물학적 차원에서 보면 이런 행동은 나머지 우리로 하여금 그들을 진정으로 신뢰할 수 없게 만든다. 높은 도덕성을 보유한 기업이 되는 일은 높은 도덕성을 가진 사람이 되는 것과 같다. 법률로는 쉽게 판단할 수 없을지 몰라도 사람들은 그 차이를 쉽게 안다.

요즘 기업의 사업 규모를 고려하면 대형 회사의 많은 리더들이 자신의 결정으로 영향을 받을 사람들과 동떨어져 스프레드시트와 모니터를 통해 사업을 할 수밖에 없는 것은 당연한 일이다. 하지만 밀그램의 수치가 어떤 결과를 냈는지 생각해보면 '포천 1000대 기업' 중 650명의 리더는 사람들의 삶에 끼칠 영향을 고려하지 않고 의사 결정을 할 수 있다는 뜻이 된다.

그리고 이것은 곧 인간이라는 동물이 가장 잘 활약할 수 있는 조건과 연결된다. 추상화가 우리의 의사 결정에 미치는 피해를 줄이고 싶다면, 밀그램의 실험에 따르면 우리에게는 더 높은 정당성(주주나 고객 혹은 시장 수요가 아니라 신이나 고귀한 목적, 미래에 대한 설득력 있는 비전 기타의 도덕 규칙)이 반드시 필요하다. 우리가 왜 출근을 해야 하는지에 대해 우리가 속할 수 있는 어떤 고귀한 목적이나 설득력 있는 이유를 리더들이 제시한다면, 우리 자신보다 오래 지속될 수 있는 어떤 이유를 준다면, 우리는 단기적인 편안함을 희생하더라도 필요할 때 옳은 일을 할 수 있는 힘을 얻게 될 것이다. 그리고 리더들이 수치가 아니라 사람을 돌봐야 할 책임감을 느낀다면 사람들은 리더를 따르고, 문제를 해결하고, 리더의 비전이 실현될 수 있게 준비할 것이다. 편의적 방식이 아니라 옳은 방식, 안정적인 방식을 통해서 말이다.

이것은 사람이 좋고 나쁘고의 문제가 아니다. 밀그램의 실험 지원자들과 마찬가지로 많은 사람이 자신의 결정이 영향을 미치는 사람들을 볼 수 없는 상태로 일하고 있다. 이 말은 곧 우리가 옳은 일(합법적인 일이 아니라)을 하기에는 아주 불리한 상태에 놓여 있다는 뜻이다. 구름 위에서 저 아래 특수부대원을 볼 수 없던 조니 브라보가 자신이 보호할 사람들을 눈으로 보기 위해 강하해야겠다고 느꼈던 것을 기억할 것이다. 우리가 직접 내려가 보는 대신 구름 위에서 들어오는 정보에만 의존하겠다고 생각한다면 도덕적으로 올바른 결정을 내리기 힘들 뿐만 아니라 그렇게 하지 못한 책임을 지는 것도 어려워진다. 다행한 일은 추

상화를 막고 안전권을 튼튼하게 만드는 데 도움이 될 방법들이
있다는 점이다.

15장
돈이 아니라 사람이 먼저다

사람의 수는 수치이지, 사람이 아니다

"한 사람의 죽음은 비극이고, 백만 명의 죽음은 통계이다." 이 말을 한 이오시프 스탈린은 통계를 잘 이해한 사람이었다. 1922년부터 1952년까지 소비에트 연방 공산당 서기장을 지낸 스탈린은 (대부분 소비에트 시민이었던) 수백만 명을 죽음에 몰아넣은 사람이다. 많은 독재자들이 그랬듯 그도 자신을 맹목적으로 숭배하는 무리를 거느리고 있었고, 극도로 잔인하게 행동했으며, 사람을 거의 신뢰하지 않고, 심한 편집증이 있었다. 그런 그였지만 수백 혹은 수천, 심지어 수백만 명의 사람보다 한 사람에게 닥친 비극을 우리가 어떻게 느끼는지에 대해서만큼은 제대로 알고 있었다.

이것을 잘 보여줄 수 있는 사례가 있다. 둘 다 온전히 실화이다.

사례 1

내가 이 책을 쓸 당시 시리아는 내전으로 갈라져 있었다. 그 일대를 휩쓸었던 '아랍의 봄'에 고무된 시리아 국민들은 바샤르 알 아사드의 독재에 항거했다. 바샤르는 자신의 아버지 하페즈 알 아사드가 29년간 자신과 똑같이 잔혹하게 시리아를 통치하다가 2000년 사망했을 때 시리아의 통치권을 손에 넣었다. 40년이 넘는 아사드 부자의 통치 속에 두 세대 동안 시리아의 남녀는 바깥소식을 모르고 살았다. 하지만 지금 같은 미디어 세상에서 시리아 정부가 아무리 이웃 나라의 봉기 소식을 숨겨도 반란 소식은 결국 국민들에게 전해졌다. 그러나 튀니지의 평화적 봉기와는 극명한 대조를 이루었던 시리아의 반란은 아사드 정부의 극단적이고 잔혹한 대응에 부딪히게 된다.

세계 여론도 아사드 정권에 영향을 미치지는 못했고, 제대로 조직화되지 못하고 무기도 변변치 않았던 반란군을 아사드 정부는 병력을 총동원해 공격했다. UN 추산에 의하면 이 책을 쓰는 현재 10만 명이 넘는 시리아인이 시리아 군대에 의해 사망했으며, 단 한 번의 화학 공격으로 거의 1,500명이 사망했다고 한다. 그 중 다수가 무고한 시민들이었다.

사례2

캘리포니아 산 클레멘티의 도로 한복판에 18세 소녀가 쓰러져 있었다. 소녀는 17세 소녀가 몰던 차에 치인 것이었다. 소녀는 한쪽 다리가 부러진 채 의식을 잃고 이상한 자세로 옆으로 누워 있었다.

심각한 상황이었다. 우연히 그 옆을 지나던 육군 예비군 카미 요더가 도움이 필요한지 보려고 차를 세웠다. 카미는 다친 소녀 옆에 꿇어 앉아 상태를 살폈다. 소녀는 숨을 쉬지 않았고 맥박은 겨우 희미한 정도였다. 카미는 소녀를 살리기 위해 즉시 심폐소생술과 인공호흡을 실시했다. 얼마 지나지 않아 앰뷸런스가 도착했고 구급대원들이 소녀를 넘겨받았다. 대원들은 소녀를 안정시키고 병원으로 데려갔다.

며칠 후 카미는 소녀가 괜찮은지 궁금해졌다. 카미는 온라인으로 해당 뉴스를 찾아낼 수 있었고 곧 무슨 일이 있었는지 알게 됐다. 소녀는 죽었다. 앞날이 창창했던 어린 소녀는 죽고 없었다.

어느 이야기가 더 강렬한 감정을 끌어내는가? 첫 번째인가, 두 번째인가? 고귀한 목적을 위해 일어난 수만 명의 사람들이 자기 나라 군대에 쓰러진 이야기는 우리에게 한 사람이 쓰러진 이야기만큼 심정적 영향을 주지 않는다. 우리는 어린 소녀의 죽음을 슬퍼한다. 더 잔혹한 방법으로 무참히 쓰러진 수천 명의 여자와 어린아이들에게는 느끼지 못하는 공감을 느끼기 때문이다.

사람 대신 수치를 사용할 때 생기는 단점이 바로 이런 것이다. 어느 지점에 가면 수치는 사람과의 연관성을 잃어버리고 그저 의미 없는 숫자가 된다. 우리는 시각적인 동물이다. 우리는 보이는 것을 쫓는다. 곤궁에 처한 사람이 있으면 우리는 달려가 돕는다. 지금 세상보다 더 밝은 미래의 분명한 비전이 있다면 우리는 그 미래를 위해 일할 수 있다. 한 가지 수치에서 다른 수치로 지표를 개선하기 위해서도 우리는 일할 수 있다. 하지만 우리가 볼 수 있는 것이 오직 수치뿐이라면, 우리는 자신이 내린 결정이 저 멀리서 어떤 영향을 끼치는지 인식하지 못한다.

커다란 수치가 돈이나 제품을 의미한다면 또 다를 것이다. 하지만 커다란 수치가 사람을 뜻한다면, 스탈린이 말했듯이 우리의 공감능력이 흔들리기 시작한다. 가족의 생계를 책임지고 있는·당신의 누나가 일자리를 잃는다면 조카들의 삶에 심각한 영향을 미칠 것이다. 누나나 누나의 가족 어쩌면 당신에게도 심적으로 큰 부담이 될 것이다. 하지만 어느 대형 회사에서 스프레드시트를 보며 4,000명의 직원을 해고하는 결정을 내릴 때는 그런 구체성이 사라진다. 그저 특정한 목표를 달성하기 위해 해야 할 일로 보일 뿐이다. 수치는 계산해야 할 추상적 개념일 뿐 가족을 부양하는 사람들을 나타낼 수 없다.

정치가이든 회사에서 일하는 사람이든, 구성원들에게 진정으로 봉사하고 싶다면 그들을 개인적으로 아는 것만큼 소중한 일도 없을 것이다. 그들 모두를 알 수는 없겠지만 제품이나 서비스, 정책을 통해 돕고자 하는 사람들의 이름과 구체적 생활을 아는 것은 큰 의미를 띤다. 그저 어느 연구나 어느 도표에 불과했던 것을 눈에 보이는 것으로 만들 수 있다면, 통계나 설문을 살아 있는 진짜 사람으로 만들 수 있다면, 추상적 개념이 인간적 중요성을 갖는 것으로 이해될 수 있다면 우리의 문제 해결 능력과 혁신 능력은 놀랄 만큼 좋아질 것이다.

규칙1. 실제로 만나라 — 한자리에 모아라

조직을 운영하며 수치와 규모가 만들어내는 추상적 경향을 해결하는 것만도 쉽지 않은데 요즘은 가상 세계라는 변수까지 생겨났다. 인터넷은 진정 경외를 불러일으킨다. 소규모 사업이 되었든 사회 운동이 되었든, 인터넷이 있으면 대규모로 영업을 할 수도 있고 누구에게든 아이디어를 퍼뜨릴 수도 있다. 인터넷은 더 쉽게 사람을 찾아내고 그들과 연결될 수 있게 해준다. 인터넷 덕분에 상업 거래의 속도 역시 믿기지 않을 만큼 빨라졌다. 이런 것들은 모두 좋은 일이다. 하지만 거래를 빠르고 간단하게 하기 위해 물물교환 없는 지불 수단인 돈이 개발된 것처럼 우리는 의사소통이나 인간관계를 빠르고 간단하게 만드는 수단으로 인터넷을 사용할 때도 많다. 그리고 돈으로 사랑을 살 수 없는 것과 마찬가지로 인터넷으로는 깊이 신뢰하는 인간관계를 만들 수 없다. 이 말이 가짜처럼 들리고 그렇지 않을 것처럼 생각되는 이유는 우리가 온라인으로 형성하는 관계도 마치 진짜처럼 느껴지기 때문이다.

실제로 우리는 사람들이 내 사진이나 포스트에 '좋아요.'를 누르거나 내 순위가 올라가는 것을 보고 있으면 세로토닌이 폭발한다(세로토닌이 순위를 얼마나 좋아하는지 알 것이다). 가상 세계의 '좋아요.'나 팔로어의 수를 통해 느끼는 칭찬받는 기분은 부모나 코치가 자녀나 선수들로부터 얻는 찬사의 느낌과는 다르다. 그것은 희생은 필요 없는 대중의 '호감'을 표시한 것에 불과하다. 말하자면 새로운 종류의 신분의 상징인 것이다. 간단히 말하면, 그 사랑이 실제처럼 느껴질지는 몰라도 그 관계는 여전히 가상의 관계라는 얘기다. 인간관계는 분명 온라인으로 시작될 수 있지만 그 관계가 진짜가 되는 것은 실제로 얼굴을 마주했을 때이다.

페이스북이나 기타 온라인 커뮤니케이션 매체가 10대들의 집단 괴롭힘에 미치는 영향만 해도 그렇다. 미국에 있는 전체 10대 중 4분의 1은 '사이버 불링'(cyber bullying, 인터넷에서 특정 인물을 괴롭히는 행위나 현상 — 옮긴이)을 경험했다고 말한다. 추상화시킨 상황에서는 사람들이 혐오 행동을 하면서도 자기 책임이 아닌 것처럼 행동할 수 있다는 것을 우리는 알고 있다. 온라인 커뮤니티 덕분에 수줍음이 많은 사람이 목소리를 낼 기회를 얻은 측면도 있지만, 뒤집어 보면 그 때문에 어떤 사람들은 현실에서는 결코 하지 않을 방식으로 행동하는 것도 사실이다. 사람들은 실제로 만난다면 결코 하지 않을 끔찍한 말도 온라인상에서는 서로 내뱉는다. 완전한 익명이 보장되고 거리를 유지할 수 있게 되자 인간답지 못한 행동을 하기도 쉬워졌다. 온라인으로 사람을 만날 때도 긍정적 감정을 느낄 수 있지만, 사랑과 신뢰에 기초한 진정한 우정과는 달리 그런 기분은 로그오프를 한 이후까지 오래 지속되지는 않는다.

소셜 미디어가 아무리 훌륭하다고 해도 인간적인 실제 접촉만큼 효과적으로 신뢰를 튼튼하게 형성하지는 못 한다고 말하면 반대하는 사람도 있는 것 같다. 소셜 미디어에 열광하는 사람들은 자신들이 온라인으로 친한 친구들을 얼마나 많이 만들었는지 얘기하려고 들 것이다. 하지만 소셜 미디어가 그토록 중요하다면 왜 해마다 3만 명이 넘는 블로거와 팟캐스터들이 라스베이거스까지 와서 블로그월드BlogWorld라는 대형 콘퍼런스에 참가하겠는가? 그들은 왜 온라인으로 만나지 않는가? 그것은 우리 같은 사회적 동물에게는 얼굴을 보면서 만나는 일을 대신할 수 있는 것이 아무것도 없기 때문이다. 라이브 콘서트가 DVD보다 더 좋으며, 야구장에 가는 것은 텔레비전으로 야구를 시청하는 것과 기분이 다르다. 오히려 텔레비전으로 보는 편이 경기 장면은 더 잘 보이겠지만 말이다. 우리는 우리를 좋아하는 사람들과 실제로 어울리는 것을 좋아한다. 그것이 소속감을 주기 때문이다. 영상 회의가 결코 출장을 대신할 수 없는 데는 이런 이유도 있는 것이다. 신뢰는 테이블을 사이에 두고 형성되는 것이지, 화면을 통해 형성되지는 않는다. 유대감을 느끼려면 악수가 필요하다. 그 어떤 기술로도 그것을 대체할 수는 없다. '가상 신뢰' 따위는 없는 것이다.

블로그월드의 웹사이트에 가보면 프로모션 동영상이 올려져 있는데 거기서 사람들은 콘퍼런스에 참가하면 왜 그토록 좋은지를 이야기한다. 자주 얘기되는 장점은 '아이디어 공유'이다. '서로 다른 사람들을 많이 만날 수 있다.', '모두가 한 자리에 모인다.', '내가 하는 일을 하고 있는 사람들, 같은 길을 가는 사람들을 만날 수 있다.'도 자주 거론되는 주제다. 물론 내가 가장 좋아하는 이유는 콘퍼런스에 참석한, 구독자가 많은 어느 블로거가 한 말이다. "구독자들이랑 악수를 했는데 기분이 끝내줬어요!" 블로거들조차 블로고스피어(blogosphere, 서로 연결된 블로그들의 세상

— 옮긴이)의 우월성에 대한 아이디어를 공유하기 위해 블로고스피어의 챔피언들을 모아 직접 만나야 한다는 아이러니컬한 현실을 인정해야 할 정도이다.

우리가 무언가의 일부라고 느끼고, 신뢰를 키우고, 타인을 대한 감정을 갖기 위해서는 실제 생생한 인간적 상호작용이 필요하다. 그래야 혁신도 생긴다. 재택근무자들이 결코 매일 출근하는 사람들만큼 강력하게 팀의 일원이라고 느끼는 못하는 것도 이 때문이다. 아무리 많은 이메일을 주고받고, 아무리 업무에서 소외되지 않는다고 하더라도 재택근무자들은 그런 사회적 시간, 차이, 뉘앙스, 다른 사람 곁에서 느끼는 인간애 같은 것을 놓치게 된다. 그런데 형편이 어렵고 훌륭한 아이디어가 가장 절실히 필요할 때 우리는 어떻게 하는가? 영상 회의와 온라인 회의보다 돈이 더 든다는 이유로 콘퍼런스와 출장을 줄이고 있다. 그러면 비용이 절약될 수도 있다. 단기적으로는 말이다. 상대적으로 볼 때 소셜 미디어가 얼마나 새로운 매체인지를 생각하면 그로 인한 비인간화의 장기적 영향은 아직 제대로 발현되지 않았다고 봐야 한다. 사람보다 이익을 우선시하는, 1980년대와 1990년대에 시행된 정책과 관행의 영향을 우리는 지금 느끼고 있다. 마찬가지로 진짜 상호작용 대신 가상의 상호작용을 하려는 현대적 추세의 영향은 한 세대가 지난 후에야 제대로 느끼게 될 것이다.

규칙2. 적절한 수를 유지해라 — 던바의 수를 따르라

1958년 빌 고어는 듀퐁에서 하던 일을 그만 두고 자신의 신념을 쫓아 PTFE, 흔히 테플론이라고 부르는 물질의 가능성을 탐구해보기로 했다. 그 해에 빌 고어와 그의 아내 비브는 자기네 집 지하실에서 W. L. 고어앤어소시어츠W. L. Gore & Associates라는 회사를 세웠다. 회사는 화기애애한 분위기였고 직원들은 서로 모르는 사람이 없었다. 하지만 그들의 아들 밥이 새로운 폴리머, 즉 ePTFE를 발견하면서 빌과 비브의 회사는 지금까지와는 다른 길을 가게 됐다. 흔히 고어텍스라고 부르는 ePTFE는 의약품, 섬유, 공업 분야에서 활용처가 무궁무진했다. 지하실에 본사를 둔 보잘 것 없는 가족 중심 회사가 제대로 된 공장으로 이사를 가게 되는 것은 시간 문제였다. 사업은 폭발적으로 성장했고 수요가 늘면서 공장과 직원의 수도 계속 늘어났다.

전해오는 얘기가 있다. 어느 날 공장을 돌아다니고 있던 빌 고어는 직원들 가운데 모르는 얼굴이 많다는 것을 깨달았다. 사업이 너무 커져서 이제는 자기를 위해 일하는 사람이 누구인지조차 모르게 된 것이었다. 빌 고어는 왠지 이런 상태가 자신이나 직원들 혹은 회사에도 좋을 리가 없다는 생각이 들었다. 계산을 해보니 공장을 원활하게 운영하기 위해 반드시 필요한 동료애나 팀워크를 유지하려면 공장 직원이 150명 정도라야 했다. 150이 마법의 숫자였다.

고어는 기존 공장의 규모를 늘려서 효율성을 쥐어짜기보다는 완전히 새로운 공장을 (때로는 기존 공장 바로 옆에다가) 짓기로 했다. 각 공장의 직원 수는 150명으로 제한했다. 빌 고어의 판단은 옳았다. 사업은 계속 성장했고 더욱 중요한 것은 직원들 사이에 튼튼하고 협조적인 관계가 유지된다는 점이었다. 지금도 사기업으로 운영되는 W. L. 고어앤어소시어츠는 연매출 32억 달러에 전세계에 걸쳐 1만 명 이상의 직원을 보유하고 있지만 여전히 공장이나 사무실은 150명 정도가 일하도록 조직되어 있다.

빌 고어는 스스로 관찰한 것을 바탕으로 자신의 직감을 믿은 것이었지만 그가 150이라는 숫자에 도달한 것은 결코 우연이 아니었다. 영국의 인류학자이자 옥스퍼드 대학교 실험심리학과 교수인 로빈 던바 역시 같은 결론에 이르렀다. 던바 교수는 사람들이 가까운 인간관계를 150개 이상 유지할 수는 없다는 사실을 발견했다. 그것을 그는 이렇게 표현한다. "다시 말해 이 숫자는 바에서 우연히 그 사람을 만났을 때 예정에 없이 함께 술을 마시게 되어도 어색하지 않은 사람의 수인 거죠."

초기의 호모 사피엔스들은 최대 100~150명 정도 되는 사냥꾼/채집가 부족에 살았다. 아미시(Amish, 미국의 기독교 분파 중 하나로 현대적 문명을 거부하고 자기들끼리 마을을 이뤄 산다 ─ 옮긴이)나 후터파(역시 기독교 분파 중 하나로 모여서 살며 재산을 공유한다 ─ 옮긴이) 공동체도 150명 정도 규모다. 남아프리카의 부시맨이나 아메리카 인디언 역시 대략 150명 이하의 집단을 이뤄서 산다. 심지어 해병대 중대의 규모도 150명 정도다. 이 마법의 숫자는 우리가 무리 없이 감당할 수 있는 가까운 인간관계의 수다. 이 수치를 조금이라도 넘어버리면 문제가 발생한다. 엄격한 사회적 시스템이나 효과적인 위계서열 혹은 관료주의 등으로 그 규모를 감당해내지 않는다면 말이다. 상급 리더들이 중간급 리더들을 반드시 신뢰해야 하는 이유가 바로 이것이다. 강한 신뢰와 협력이 필요할 때는 그 누구도 혼자서 그 많은 사람을 효과적으로 관리할 수는 없다.

150명을 넘지 않을 때 집단이 가장 잘 기능하는 이유는 자세히 들여다보면 충분히 이해가 간다. 먼저 첫 번째 이유는 시간이다. 시간은 변하지 않는다. 하루는 24시간뿐이다. 아는 사람들에게 겨우 2분씩만 시간을 내준다면 그 사람들을 잘 알 수도, 깊은 신뢰를 형성할 수도 없을 것이다. 또 다른 이유는 뇌의 용량이다. 모든 사람을 기억한다는 것은 불가능하다. 그렇기 때문에 던바의 수는 150명 정도이다. 물론 그보다 조금 더 기억하는 사람도 있고 조금 덜 기억하는 사람도 있다. 그리고 던바 교수가 연구한 결과, 집단의 규모가 150보다 커지면 사람들 사이에서 열심히 일하거나 서로 도우려는 태도가 오히려 줄어들었다. 많은 기업들이 비용 효율성에만 집중하고 인간관계의 효율성은 무시하면서 성장하려고 애쓰고 있다는 점을 고려하면 이 같은 결과는 상당히 의미심장하다. 궁극적으로 대규모 조직을 관리할 수 있게 해주는 것은 이런 튼튼한 인간관계이다.

인터넷이 도입되고 나서 던바의 수가 이제는 적용되지 않는다고 생각하는 사람들이 많다. 이제는 많은 사람들과 더 효율적으로 의사소통할 수 있으니 더 많은 인간관계를 유지할 수 있다고 말이다. 하지만 이것은 사실인 아닌 것으로 드러났다. 이번에도 인류학자들이 옳았다. 페이스북에 800명의 친구가 있다고 하더라도 그들 모두를 개인적으로 알 수는 없으며, 그들 역시 당신을 개인적으로 알지는 못한다. 그들 모두에게 한 번 직접 연락을 시도해본다면, 저널리스트 릭 랙스가 〈와이어드닷컴〉에 기고한 것처럼, 던바의 수가 옳다는 것을 금세 알게 될 것이다. 랙스는 2,000명의 '친구들' 중 자신이 실제로 알거나, 혹은 자신을 실제로 아는 사람이 그렇게 적다는 사실에 놀랐다.

서로 모르는 사람이 없는 작은 조직에서는 서로를 돌보는 데 필요한 일들을 하기가 훨씬 쉽다. 당연히 우리는 모르는 사람보다 개인적으로 아는 사람을 보살필 가능성이 더 크다. 공장 직원이 회계 직원을 알고, 회계 직원이 기계 담당자를 안다면 서로를 도울 가능성이 더 커질 것이다.

리더가 구성원 모두를 개인적으로 알면 그들을 돌보는 것이 개인적 책임이 된다. 리더는 자기 책임인 사람들을 마치 가족처럼 여기기 시작한다. 마찬가지로 구성원들도 리더가 자기네 사람이라는 인식을 표하기 시작한다. 예컨대 40명 정도로 구성된 해병

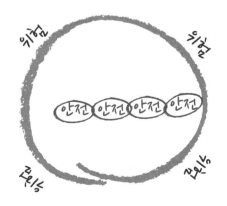

대 소대의 경우 소대원들은 담당 장교를 '우리' 중위라고 말한다. 반면 더 멀리 있고 자주 보지 못하는 상급 장교는 '그' 대령이라고 한다. 리더와 구성원 사이의 이런 상호 소속감이 무너지기 시작하고 비공식적 관계가 공식적 관계로 대체되면, 그것은 효과적으로 리드하기에는 조직이 너무 커졌다는 확실한 신호다.

이 말은 곧 대규모 조직의 경우 그 규모를 관리하면서도 안전권을 튼튼하게 유지할 수 있는 방법은 오직 위계서열에 의존하는 방법뿐이라는 뜻이다. CEO는 추상적 상태의 직원도 돌볼 수 있지만 그 관심이 진짜가 되려면 추상화가 옅어져야 한다. 대규모 조직을 제대로 관리하기 위해서는 관리의 각 단계에 권한이 있어야 한다. 매니저들을 단순히 직원을 통제하고 조종하는 사람 정도로 보아서는 안 된다. 오히려 각 매니저는 스스로 리더가 되어 책임감을 가지고 자기가 맡은 사람들을 돌보고 보호해야 하며, 또 그 위의 리더들이 자신을 돌봐줄 거라고 확신할 수 있어야 한다.

던바 교수는 수백 명 혹은 수천 명이 일하는 대형 회사에서 직원들이 150명 이하의 그룹으로 나눠지지 않을 경우, 직원들이 회사 내부보다는 외부에서 친구를 더 많이 만드는 경향이 있다는 것을 알게 됐다. 일하는 그룹의 규모가 클수록 그룹 내 사람들과 신뢰 관계를 발전시킬 가능성은 줄어든다.

나는 캘리포니아 북부에 있는 어느 대형 소셜 미디어 회사의 오래된 사무실들을 둘러볼 기회가 있었다. (그 회사는 모든 방문자에게 엄격한 비밀유지 계약서에 서명할 것을 요구하기 때문에 어느 회

사인지 밝힐 수는 없다.) 널찍하게 열린 공간으로 된 사무실에 사
람들이 열을 지어서 함께 일하고 있었다. 사무실을 개방적인 공
간으로 만든 이유는 열린 의사소통과 아이디어 교류를 권장하기
위해서였다. 내게 투어를 시켜준 매니저가 했던 말이 나는 흥미
로웠다. 던바 교수의 연구 결과가 떠올랐기 때문이다.

그 매니저는 회사가 성장한 데는 놀라운 협동과 공유, 열린 의
사소통의 문화도 한 몫을 했다고 말했다. 회사는 그것을 칸막이
없는 사무실 덕분이라고 믿었기 때문에 회사의 규모가 커져도 사
무실 구조는 그대로 유지했다. 내가 구경한 사무실처럼 말이다.
그런데 이유는 설명할 수 없지만 회사가 성장을 해도 협동과 열
린 의사소통의 문화가 더 좋아지지는 않더라고 한다. 실은 문화
가 더 나빠졌다고 매니저는 인정했다. 또 한 번 던바 교수가 옳았
던 셈이다.

규칙3. 내 도움을 받는 사람을 만나라

2010년 《Give and Take — 주는 사람이 성공한다》의 저자이자
펜실베이니아 대학교 와튼 스쿨의 경영학 교수인 애덤 그랜트는
학교의 기금 모집 부서를 연구하여 기금 모집자들의 성공률을 높
이는 효과적인 방법이 무엇인지 알아보기로 했다. 이 부서가 하
는 일은 간단했다. 직원들은 동문들에게 전화를 걸어 능력은 뛰
어나지만 학비를 대기 어려운 학생들을 위한 장학 기금에 기부해
달라고 설득했다. 기금 모집자들이 지시받은 사항을 보면 학교의
재정 형편이 매우 안 좋다는 점과 장학금을 받을 학생들이 매우

뛰어나다는 점을 설명하게 되어 있었다. 예컨대 동문들은 학교가 컴퓨터과학과 혹은 경영학과에 대한 투자를 늘려서 차세대 리더를 육성해야 한다는 얘기를 듣게 됐다. 전화를 건 직원들은 이 학생들이 바로 새로운 경제의 미래 노동력이 될 거라고 설명했다. 어느 모로 보나 상당히 고무적인 연설이었다.

하지만 아무리 애를 써도 모집자들의 성공률은 미미한 수준이었다. 경기 후퇴로 대학 예산이 줄었다는 얘기를 해도 모금액은 개선되지 않았다. 게다가 이 일은 따분한 직무의 특성을 모조리 갖추고 있었다. 업무는 반복적이었고, 장시간 가만히 앉아 있어야 했으며, 가끔은 무례한 사람들도 있었다. 두 말할 것도 없이 기금 모집 부서는 이직률이 이례적으로 높았고 이것은 다시 직원들의 사기 저하로 이어졌다. 그래서 그랜트 교수는 기금 모집자들의 성공률을 개선할 묘책을 하나 생각해냈다. 5분이면 되는 방법이었다.

그랜트 교수는 장학금을 받는 학생들을 사무실로 초대했다. 그리고 장학금이 그들의 인생을 어떻게 바꿔놓았는지에 대해 5분간 기금 모집자들에게 설명해달라고 부탁했다. 학생들은 기금 모집 부서의 노고에 얼마나 감사하고 있는지 들려주었다. 기금 모집자들의 노력 여부에 따라 영향을 받게 되는 사람들이 그곳에 아주 잠깐 머물렀다 갔을 뿐이지만 결과는 아주 놀라웠다. 다음 달 기금 모집자들의 주간 모금액은 400퍼센트 넘게 증가했다. 비슷한 다른 연구를 보면 모집자들의 전화 통화 시간이 평균 142퍼센트가 증가했고 모금액은 171퍼센트가 증가했다.

사회적 동물인 인간은 내 시간과 노력에 대한 실제적 효과를 구체적으로 볼 수 있어야 일에 의미가 생기고 더 잘하고 싶은 동기가 부여된다. 이런 원리는 밀그램의 결과와도 일치하는 것 같은데, 다만 이 경우는 긍정적 효과를 내는 경우다. 내가 한 일이나 내가 내린 결정의 긍정적 영향을 물리적으로 볼 수 있으면 우리는 내가 하는 일의 가치를 느낄 뿐만 아니라 더 열심히, 더 많이 일하게 된다.

학생이 방문하지 않았던 대조군의 경우에는 통화시간이나 모금액이 늘지 않았다. 단순히 매니저로부터 장학금이 학생에게 어떤 의미가 있는지 설명을 들은 제3집단의 경우에는 실적이 전혀 개선되지 않았다. 다시 말해 상관이 우리에게 우리가 하는 일이 얼마나 중요한지 얘기해봐야 그 영향을 직접 목격하는 것과는 비교도 되지 않는다는 얘기다.

웰스 파고 은행의 대출 부서도 비슷한 일을 겪었다. 고객을 은행에 초대해 대출금이 어떻게 그의 인생을 변화시켰는지(그 돈으로 어떻게 집을 사고 빚을 갚았는지 등등) 설명하자 놀라운 효과가 나타났다. 직원들은 자신의 일이 누군가의 삶에 미치는 영향을 직접 목격할 수 있었다. 그러자 직원들은 자신의 일에 대한 느낌이 크게 바뀌었고, 이것은 업무에 대한 목적의식을 갖는 기초가 되었다. 꼭 일부러 그랬다고는 할 수 없지만 어느새 직원들은 대출상품을 팔기 위해 출근하는 것이 아니라 다른 사람을 돕기 위해 회사에 오고 있었다. 일의 결과와 사람을 연관 지으면 업무의 질이 얼마나 바뀌는지 보여준 또 다른 연구도 있다. 방사선 전문의에게 환자의 사진을 보여주는 것만으로도 진단 정확도가 놀랄 만큼 개선되었다.

　애덤 그랜트 교수는 커뮤니티 레크리에이션 센터의 안전요원 들을 대상으로 또 다른 연구를 진행했다. 한 그룹에게는 안전요 원이라는 직업이 개인적 목표를 이루는 데 어떤 도움이 되었는지 설명한 다른 안전요원들의 글을 읽기 자료로 주었다. 또 다른 그룹에게는 실제로 수영하던 사람의 목숨을 구한 적이 있는 안전 요원들의 경험담을 읽기 자료로 주었다. 일이 개인적으로 도움이 되었다는 글보다는 다른 사람의 목숨을 구했다는 글이 안전요원 들에게 훨씬 더 큰 동기를 부여했고 더 많은 시간을 들여 수영하 는 사람들을 돕도록 만들었다.

　이런 결과에 대해 많은 사람들은 별로 놀랍지 않다고 말할 것 이다. 다소 뻔한 얘기가 아니냐고 말이다. 하지만 정말로 그럴까? 그랜트 교수는 수천 명의 경영자들을 대상으로 자신의 일이 가치 있다고 느끼는 것의 중요성에 관해 설문조사를 실시했다. 그 결 과 경영자들 중에서 매니저가 시간을 내어 직원들에게 해당 업무 의 가치를 설명해야 한다고 응답한 경영자는 단 1퍼센트뿐이었 다. 오히려 많은 회사는 업무가 우리 자신에게 어떤 이익이 되는 지 설명하려고 애쓴다. 목표를 달성하면 남들은 받지 못하는 어 떤 혜택을 받게 될 거라고 말이다. 하지만 인간의 생물학적 특성 을 기억해야 한다. 우리는 태어날 때부터 협조적인 동물이다. 우 리는 다른 사람을 돕고 있다는 사실을 알 때 더 많은 동기가 부여 되도록 생물학적으로 정해져 있다.

바로 이런 이유 때문에 나는 워터water라는 자선단체를 좋아한다. charitywater.org에 들어가서 기부를 하면 기부금은 전액 해당 목적(깨끗한 식수가 필요한 7억 명의 사람들에게 식수를 공급하는 것)에 사용될 뿐만 아니라 실제로 당신의 기부금으로 만든 우물이 위치한 GPS좌표와 사진을 보내준다. 직접 아프리카에 가서 해당 사람들을 볼 수 있다면 더 좋겠지만, 당신이 낸 기부금이 실제로 어떤 결과를 내었는지 보여주는 것은 상당히 강력한 효과를 발휘한다.

안타깝게도 대부분의 사람은 자신이 한 일이 다른 사람의 삶에 어떤 영향을 미치는지 볼 기회가 없다. 압도적으로 많은 경우, 우리가 가장 가깝게 접하는 '결과'는 스프레드시트에 적힌 수치이거나 고객들의 선호를 기록한 보고서 정도다. 도표의 그래프가 올라가면 잘했으니 성과에 대해 자부심을 느끼라는 소리를 듣는다. 통계수치를 보면서 감정을 느끼고 사람을 생각해야 할 판이다. 하지만 더 많은 시간과 노력을 투자하고 싶은 우리의 의지는 생물학적으로 볼 때 그와는 반대방향으로 정해져 있다. 사람에 대해 느끼고 나서 수치를 생각하는 방향으로 말이다. 사회적 동물에게 목표 의식이란 언제나 인간적인 부분이다.

규칙4. 사람들에게 돈이 아니라 시간을 주어라

새 집으로 이사를 한다고 가정해보자. 당신을 도와주려고 친구 하나가 이삿짐센터 비용을 지불했다. 5,000달러어치의 아주 후한 인심을 쓴 것이다. 또 다른 친구는 당신 집에 와서 짐 싸는 것을 도와주었다. 함께 박스를 트럭에 싣고, 같이 새 집으로 와서 짐을 내리고, 박스를 푸는 것까지 도와주었다. 2주 후 같은 날에 두 친구가 당신에게 도움을 청했다. 당신은 어느 친구를 돕고 싶을 것 같은가? 돈을 내준 친구인가, 아니면 시간과 노력을 내준 친구인가?

돈이란 눈에 보이는 자원과 인간적 노력을 추상화시킨 것이다. 돈은 미래의 재화와 서비스에 대한 일종의 약속 어음이다. 사람들이 들이는 시간이나 노력과는 달리 돈의 가치는 돈이 약속하는 내용이다. 추상화된 돈이라는 물건은 인간의 원시적 뇌 속에서는 '진짜' 가치를 지니지 못한다. 인간의 원시적 뇌는 음식이나 잠자리 혹은 타인의 행동이 제공하는 보호나 안전의 정도를 기준으로 그것의 진짜 가치를 판단한다.

우리는 내 부족(내 커뮤니티, 내 회사) 안에서 안전하다고 느끼려는 집요한 욕구를 갖고 있기 때문에 자연히 나에게 시간과 노력을 투자하는 사람을 최고로 친다. 돈의 가치는 상대적이지만 (대학생에게 100달러는 큰 돈이지만, 백만장자에게 100달러는 작은 돈이다) 시간과 노력의 가치는 절대적이다. 부유하든 가난하든, 언제 어디서 태어났든 우리는 모두 하루 24시간, 1년 365일을 살아간다. 결코 다시 채울 수 없고, 정해진 일정 양만 가진 것을 누군가 우리에게 기꺼이 내준다면 그 가치는 훨씬 크게 느껴진다. 돈을 낭비하면 (특히나 우리 사회에서는) 나중에 더 많이 벌 수도 있다. 하지만 누구나 회의실에 앉아서, 혹은 영화를 보면서 속으로 이렇게 생각해본 적이 있을 것이다. '이 시간은 결코 되돌릴 수 없겠지.' 어쩌면 이책을 읽으면서도 그랬을지 모르지만 말이다.

그런데 여기서부터 이 책을 그만 읽으면 남은 시간은 다른 일을 할 수 있겠지만, 여기까지 읽느라 이미 써버린 시간은 결코 되돌릴 수 없다.

시간만 그런 것이 아니다. 우리가 투입하는 노력도 마찬가지이다. 자녀의 축구 경기를 보러가서 남들이 응원하는 동안 휴대전화만 보고 있었다면, 시간은 투자했으나 노력은 투자하지 않은 것이다. 관람석을 올려다 본 자녀는 부모가 경기 내내 고개를 푹 숙인 채 사무실에 문자 메시지나 이메일을 보내고 있는 것을 보게 될 것이다. 그 부모의 의도가 무엇이었든, 경기에 집중하지 못했다면 그 시간은 부모에게나 아이에게나 낭비된 시간일 뿐이다. 사무실에서도 마찬가지다. 누군가와 이야기를 나누며 이메일을 본다거나, 회의실에 앉아서 한쪽 눈으로는 스마트폰을 보는 경우처럼 말이다. 우리는 상대가 무슨 말을 하는지 다 알아 들었을 수도 있지만 상대방은 우리가 귀를 기울였다고 느끼지 않을 것이다. 그렇게 신뢰를 쌓을 수 있는 기회(혹은 관심이 있는 리더로 보일 기회)는 낭비되고 만다.

부모가 선물로 아이의 사랑을 살 수 없듯이, 회사도 봉급이나 보너스로 직원의 충성심을 살 수 없다. 충성심(다른 곳에서 돈을 더 주겠다고 해도 이 회사에 헌신하고 싶은 비이성적 의지)은 회사의 리더가 (필요할 때는) 우리를 돕기 위해 시간과 노력을 기꺼이 희생한다고 느낄 때 생겨난다. 우리는 목표를 달성했을 때 보너스를 주는 상사보다는, 영업시간이 끝난 후에도 시간을 내서 나를 도와주는 상사를 더 소중하게 생각한다.

주말에 자선 단체에 500달러를 기부했다고 말하는 회사동료를 보면 우리는 어떤 생각이 들까? 좋은 사람이라고 생각하면서도 '대체 그 얘기를 왜 할까'라고 의아해 할 것이다. 상이라도 받고 싶은 건가? 하지만 다른 동료가 주말에 빈민가의 학교에서 페인트칠 봉사를 했다고 하면 어떨까? '멋진 일이네. 나도 봉사활동을 더 해야겠어'라고 생각할 것이다. 누군가 다른 사람에게 시간과 노력을 바쳤다는 얘기를 들으면 우리 또한 타인을 위해 그러고 싶은 마음이 생긴다(옥시토신의 효과를 기억해보라).

돈을 기부해도 기분이 좋아지는 화학물질이 나올 수는 있으나 그 느낌은 지속되지 않으며 우리에 대한 다른 사람들의 시각을 바꿔놓지도 못한다. 모금 운동을 위해 단순히 돈을 기부하는 사람보다는 걷기 대회에 참여하는 사람이 더 큰 성취감을 느낄 수 있고 그 운동의 취지도 드높일 수 있다. 돈을 주는 것보다는 시간과 노력을 주는 편이 우리에 대한 다른 사람의 인상에 더 큰 영향을 미친다. 평판이 나쁜 CEO가 자선 단체에 기부를 한다고 해서 명예가 회복되지는 않는 것은 그 때문이다. 우리는 그것이 부족에게 가치 있는 행동이라고 보지 않는다. 진정으로 자기 직원을 보호하려고 하는 CEO가 실수를 저지르거나 때로 잘못된 결정을 내릴 경우에는 더 관대하게 보는 것 역시 같은 이유에서다.

회사의 리더가 매니저에게 월급을 주는 것만으로 그 매니저가 그 밑의 사람을 지키게 되지는 않는다. 그러나 리더가 자기 책임인 매니저들에게 시간과 노력을 투자한다면 그 매니저들 역시 기꺼이 부하 직원들에게 시간과 노력을 투자할 것이다. 그러면 그

부하 직원들은 또 그 밑에 있는 사람들에게 그렇게 하고 싶어질 것이고 결국은 외부 사람을 상대하는 직원들 역시 고객들을 더 잘 모실 것이다. 생물학적으로 그럴 수밖에 없다. 누군가 우리에게 시간과 노력을 투자하면 옥시토신과 세로토닌은 우리 기분을 좋게 만들고 우리 역시 타인들에게 더 많이 봉사하도록 의욕을 고취시킨다. 사업은 사람을 상대하는 일이다. 어쩌면 그래서 회사를 'company(영어로 company에는 '함께 있는 사람', '단체'라는 뜻도 있다 — 옮긴이)'라고 부르는지도 모른다. 다른 사람들과 함께하는 사람들의 집합이 회사니까 말이다. 중요한 것은 함께하는 사람들이다.

규칙5. 인내심을 가져라 — 7일과 7년의 법칙

최근에 나는 어느 여성과 데이트를 했다. 첫 만남치고는 아주 멋진 시간이었다. 우리는 거의 8시간을 함께 보냈는데 브런치를 먹고 시내를 돌아다닌 후 박물관에 갔다가 다시 저녁을 먹었다. 그러는 내내 우리는 대화를 나눴다. 우리는 미소를 띠고 킥킥거렸고 몇 시간 후에는 손까지 잡았다. 그 멋진 첫 데이트의 결과 우리는 결혼하기로 했다. 두 말할 것 없이 우리는 둘 다 기대에 가득 차 있다.

마지막 부분을 읽으며 당신은 움찔했을 것이다. 그게 정상이다. 이런 이야기를 들으면 우리는 즉시 '미쳤구만' 하고 반응한다. 하지만 당신이 우리와 함께 데이트를 한 것은 아니지 않은가? 맹세컨대 우리는 서로를 사랑하고 있다.

실은, 고작 한 번의 데이트나 일주일의 만남으로 튼튼한 인간적 신뢰가 형성될 수는 없다는 사실을 우리는 본능적으로 아는 것이다. 반면에 내가 같은 여인과 7년을 사귀었지만 아직 결혼은 하지 않았다고 말하면, 당신은 아마 '대체 뭐가 문제지?'라고 생각할 것이다.

아주 근사한 첫 번째 데이트 후에 느끼는 강한 긍정적 감정, 혹은 아주 잘 진행된 채용 면접 후에 느끼는 감정은 사랑이나 신뢰가 아니다. 그것은 주로 찾던 것을 찾아낸 것 같다고 말해주는, 도파민이 전하는 느낌에 불과하다. 이것 역시 기분이 좋기 때문에 우리는 가끔 이 감정을 실제보다 안정적인 감정으로 착각할 수도 있다. (양쪽 다 같은 감정을 느꼈다 해도 마찬가지다.) 바로 이 때문에 첫 데이트 때 사랑이라고 느낀 감정이 얼마 지나지 않아 산산조각날 수도 있는 이유가 설명된다. 면접 때는 정말 마음에 들었던 사람이 몇 개월간 일을 맡겨보면 회사에 잘 안 맞는 사람으로 드러나는 것도 이해할 수 있는 일이다. 이런 일은 실제로 믿어도 좋은 사람인지 알아보기 위해 충분한 시간을 들이지 않았기 때문에 벌어지는 일이다. '느낌이 좋다.'고 하더라도 그 즉시 뛰어드는 것은 도박이나 다름없다. 결과가 좋을 수도 있지만 아닐 가능성이 더 크다. 소속감을 느끼지 못하는 채로 너무 오래 머무는 것 역시 똑같이 안 좋은 일이다. 같은 일을 7년 했는데 느낌이 오지 않는다면 다른 일을 찾아볼 때일 수도 있다.

우리 내부에 있는 시스템은 우리가 기꺼이 우리에게 봉사할 사람, 안전권의 일부가 될 사람을 찾을 수 있도록 사회라는 세계를 잘 헤쳐 나갈 수 있게 돕고자 한다. 개인적으로든, 직업적으로든 사람을 알고, 관계를 지탱할 신뢰를 쌓으려면 시간이 필요하다.

지금 우리가 사는 세상은 조급한 세상이다. 즉각적 만족을 추구하는 세상, 도파민이 지배하는 세상이다. 구글은 원하는 답을 지금 당장 찾아준다. 원하는 물건이 있으면 지금 당장 온라인으로 사서 받을 수 있다. 실시간으로 정보를 주고받을 수도 있다. 보고 싶은 프로그램을 보려고 일주일을 기다릴 필요 없이, 지금 당장 볼 수도 있다. 우리는 원하는 것을 원하는 때에 얻는 데 익숙해졌다. 영화나 온라인 쇼핑의 경우라면 좋은 일이다. 하지만 폭풍우도 이겨낼 수 있는 튼튼한 신뢰를 형성하고 싶다면 이런 것은 별로 도움이 되지 않는다. 신뢰를 쌓는 데는 시간이 걸리고, 그 시간을 단축해줄 수 있는 애플리케이션 따위는 없다.

누군가를 신뢰한다고 느끼는 데 정확히 얼마만큼의 시간이 걸리는지에 관한 데이터는 내게 없다. 하지만 일주일보다는 많이 걸리고 7년보다는 적게 걸리며, 어떤 사람은 좀 빠르고 어떤 사람은 좀 느리다는 것만큼은 안다. 정확한 시간이야 아무도 모르겠지만, 인내가 필요한 것은 확실하다.

16장
분배의 실패는 '파괴적 풍요'를 낳는다

　인간은 자원이 비교적 희소한 환경에서 일하고 살도록 만들어졌다. 그런 인간이 무엇이든 너무 많이 가지게 되면, 행동에 영향을 주는 여러 요소에 문제가 생길 소지가 있다. 무려 4만 년 동안 우리는 주로 자급자족 경제를 이루고 살았다. 필요한 것보다 훨씬 더 많이 가져본 적은 별로 없었다. 겨우 1만 년 전에야 우리는 사냥꾼과 채집가 생활을 면하고 처음으로 농부가 됐으며, 잉여 경제로 이행하기 시작했다. 필요 이상의 생산이 가능해지자 우리는 150명 이상으로 인구를 키울 수 있게 됐다. 남는 것은 다른 사람들과 교환했다. 검소하다고 여겨지던 것 이상의 낭비도 가능해졌다. 상비군과 지식 계급, 지배 계급도 가질 수 있게 됐다.

　어느 집단이 자급자족 상태에서 잉여 상태로 옮겨 가면, 잉여를 가장 많이 가진 지배 계급은 자신들이 원하는 사회를 만들려고 열심히 노력한다. 문제는 그 잉여를 이용해서 만들어내는 변화가 사회에 좋은 것이냐, 아니면 그들에게 좋은 것이냐 하는 점이다. 돈이 가장 많은 회사가 입법자들이 자신들에게 유리한 규제를 만들게 하려고 열심히 로비를 벌이는 것은 놀랄 일이 아니다. 그들은 쓸 수 있는 자원이 더 많고 그래서 그 자원을 더 잘 보호하고 더 많이 축적할 수 있다. 제대로 관리하지 않는다면 이런 조직의 문화는 균형을 잃을 수 있다.

이런 불균형의 결과를 나는 '파괴적 풍요'라고 부른다. 이기적 추구와 이타적 추구 사이의 균형이 깨질 때, 도파민이 부추기는 행동이 너무 강해서 다른 화학물질들이 만들어내는 사회적 보호가 무력화될 때, 결과를 지키는 일이 그 결과를 만들어내는 사람을 지키는 일보다 우선시될 때, 경기자들이 오로지 점수에만 신경 쓰느라 당초 경기를 시작했던 이유를 잊어버릴 때, 그럴 때 파괴적 풍요가 일어난다.

파괴적 풍요에 시달린 조직들을 살펴보면 나머지 우리에게 교훈이 될 만한 뚜렷한 패턴이 있다. 그런 조직들은 대부분 조직 문화가 제대로 관리되지 않았고, 거의 항상 리더가 리더로서의 책임을 가슴으로 받아들이지 않았다. 일단 풍요가 지닌 파괴력이 발동되면 원칙이 흔들리기 시작하고 협력 대신 조직 내 정치가 성행하다가 결국에는 사람을 무슨 전기요금처럼 관리해야 할 물건으로 보게 된다.

도전 대신 유혹이 판을 치면 항상 파괴적 풍요가 따라온다.

6부

리더가 답이다

17장
리더십 교훈 1: 문화가 회사를 만든다

장기적 탐욕이 사욕이 되기까지

'장기적 탐욕.' 골드만삭스의 신망 있는 사장으로 이름이 높았던 거스 레비가 골드만삭스의 영업 방식을 설명하며 썼던 말이다. 때는 1970년이었고 골드만삭스는 파트너십을 중시하고 고객과 회사에 최선이 되도록 일하는 '신사'의 회사였다. 지금은 그 명성이 바닥에 떨어져서 우스갯소리처럼 들리겠지만 당시 골드만삭스의 은행가들은 언제나 고객을 위해 옳은 일을 한다고 해서 '백만장자 보이스카우트'라고 불렸다. '장기적 탐욕'이라는 말은 때로는 고객을 위해 단기적 타격도 입을 수 있다는 의미였다. 그렇게 해서 만들어진 충성심과 신뢰는 시간이 지나면 훨씬 큰 이득으로 돌아올 것이기 때문이다. 실제로도 그랬다.

튼튼한 문화를 지닌 회사들이 흔히 그렇듯 골드만삭스 역시 경쟁자들이 고전하고 실패하는 동안 성장했다. 1970년대부터

1990년대 초까지 골드만삭스는 절대 틀릴 수가 없을 것 같았다. '1990년대까지 그들의 명성은 매우 높았다.'고 저널리스트이자 《골드만삭스를 쫓아서Chasing Goldman Sachs》의 저자인 수잰 맥기는 쓰고 있다. '기업공개를 단행할 때 골드만삭스가 인수에 나서면 '최우수 기업'이라고 도장이 찍혀 있는 것이나 다름없었다.'

('위대한 세대'를 미화해서는 안 되는 것처럼) 골드만삭스의 문화를 미화해서는 안 되겠지만 한때 골드만삭스의 문화가 월스트리트의 표준이었다는 사실에는 의문의 여지가 없다. 문화가 강한 회사들이 으레 그렇듯이 골드만삭스도 들어가기가 어려웠다. 학력 기준이 높았다는 뜻이 아니라 그보다 더 어려운 기준을 통과해야 했다. 최고의 학위를 보유한 입사지원자들조차 골드만삭스 입사를 장담할 수 없던 시절이 있었다. 지원자들은 골드만삭스의 문화와 맞아야 했다. 개인의 필요보다 회사의 필요를 우선시하는 사람이라야 했다. 파트너들은 '회사를 부자로 만들어줄 사람인가' 하는 점보다 '믿을 수 있는 사람인가'를 더 중시했다. 지원자들은 장기적 탐욕을 추구해야 했다. 골드만삭스는 이렇게 높은 인성 기준 위에 세워진 조직문화를 갖고 있었기 때문에 어려운 시절도 잘 헤쳐 나갈 수 있었다. 다른 배의 선원들이 자기 한 몸 살리겠다고 배를 버릴 때에도 골드만삭스의 직원들은 힘을 합쳐 거친 파도를 뚫어냈다.

하지만 무언가가 달라졌다. 1990년대부터, 그리고 공개 기업이 된 1999년 이후에는 더욱 빠른 속도로 파트너십 문화가 무너지기 시작했다. 새로운 사고방식이 골드만삭스를 장악할 시점이 무르익었다. '골드만삭스가 기업공개를 발표할 즈음 그 동안 금융 부문을 지루하게 만들었던 규제들이 사라져버렸다.'고 하버드 로 스쿨의 로런스 레시그 교수는 CNN닷컴에 기고한 칼럼에 썼다. '대담한 (때로는 무모한) 실험들('금융 혁신들')이 골드만삭스와 같 은 회사에게 믿기지 않는 이윤 창출 기회를 만들어냈다.'

이런 분위기에서 빠르게 확장 중이던 골드만삭스는 새로운 유 형의 트레이더들을 받아들이기 시작했다. 이전에 회사 고위직을 장악했던 투자 은행가들보다 훨씬 더 공격적인 성향을 지닌 사람 들을 수용한 것이다. 이제 새 사람을 뽑는 기준은 회사 문화에 맞 는가 하는 점보다 학력과 기존 실적을 우선하게 됐다.

새로운 중개인들이 들어오자, 자신들이 세운 회사와 자신의 인 생을 바쳐 지키고 유지한 문화에 자부심을 갖고 있던 기존 직원 들은 분통을 터뜨렸다. 그 결과 회사는 두 개의 뚜렷한 진영으로 쪼개졌다. 구 골드만과 신 골드만으로 말이다. 한쪽 문화는 충성 심과 장기적 탐욕 위에 세워졌지만, 다른 쪽 문화는 수치와 단기 적 목표 위에 세워졌다. 한쪽은 사회적 화학물질들의 균형을 바 탕으로 했지만, 다른 쪽은 도파민 쪽으로 확연히 기울어진 불균 형을 바탕으로 했다.

(종종 회사나 고객의 장기적 이익을 희생하면서까지) 개인적 부와 지위를 극대화하려는 사람들을 많이 뽑을수록 회사의 문화는 더 욱 훼손되었고, 회사 전체의 명성과 궁극적으로 회사가 내린 결 정들에까지 피해를 주었다.

윌리엄 코핸은 그의 책《돈과 권력: 골드만삭스는 어떻게 세상을 지배했는가 *Money and Power: How Goldman Sachs Came to Rule the World* 》에서 이 점을 강조한다. '골드만삭스가 최초로 정리해고를 단행한 때, 다시 말해 실적이 나빠 직원들을 해고한 시기는 1990년대 초였다. 이것은 커다란 트라우마를 남겼다.'라고 코핸은 쓰고 있다. 한번 생각해보라. 1990년대까지 골드만삭스는 정리해고라는 개념을 받아들이지 않았었다. 이것은 분명 무언가가 달라진 것이다.

2010년 골드만삭스는 주택담보증권 위기에 일조한 부분과 정부 구제금융을 받은 지 몇 개월도 되지 않아 어마어마한 보너스를 지급한 사실까지 알려지면서 안 그래도 바랬던 명성이 바닥까지 떨어졌다. 이제 골드만삭스는 월스트리트에서 가장 신뢰받는 회사가 아니었고 오히려 과잉과 탐욕의 상징이 됐다. 골드만삭스의 CEO 로이드 블랭크파인은 사과문을 발표하기까지 했다. "저희는 분명히 잘못된 일들에 가담했고 후회와 사과의 필요성을 느낍니다." 2009년 11월에 그가 한 말이다. 하지만 너무 늦은 발표였다(그리고 진심이 느껴지지 않는다고 많은 사람이 느꼈다). 이제는 아무도 보이스카우트라고 불러주지 않는 골드만삭스의 리더들은 사기꾼에 가깝게 생각됐다. 이것은 골드만삭스에만 해당되는 얘기는 아니다. 업계를 막론하고 미국의 너무나 많은 회사에서 무슨 일이 벌어지고 있는지 보여주기 위해 골드만삭스를 예로 든 것뿐이다.

문화마다 고유한 역사와 전통, 언어, 상징이 있다. 어느 문화에 자신을 동일시하면 우리는 그 집단에 대한 분명한 소속감을 가지고 공동의 가치와 신념에 동화된다. 우리는 국적을 가지고 스스로를 정의(예컨대 나는 미국인이다)하기도 하고 조직 문화를 가지고 정의(나는 해병대원이다)하기도 한다. 우리가 매일매일 문화적 정체성을 생각하고 있다는 얘기는 아니다. 다만 해당 집단에서 떨어져 있거나 내 부족에게 외부 위협이 닥치면 문화적 정체성은 중요한 문제가 된다. 심지어 제일 중요한 관심사가 될 수도 있다. 9.11사태 이후 미국이라는 나라가 하나로 똘똘 뭉쳤던 일을 기억해보면 알 것이다.

기업문화가 튼튼하다면 직원들 역시 비슷한 애착을 형성할 것이다. 직원들은 매우 개인적인 방식으로 회사를 자신과 동일시할 것이다. 미국의 사우스웨스트 항공에 해당하는 캐나다의 대중적 항공 회사 웨스트제트WestJet의 직원들은 스스로를 웨스트제트 직원이라고 말하지 않는다. 그러면 일이 업무가 되어버리기 때문이다. 그들은 스스로를 웨스트제터WestJetter라고 부른다. 회사가 곧 정체성이 되는 것이다. 소속감이 없다면 직원들은 회사 로고가 박힌 티셔츠를 잠옷으로 쓰거나 페인트칠을 할 때만 입는다. 하지만 소속감이 있다면 사람들이 많은 곳에서도 당당하게 입고 다닌다.

'문화가 부실한 곳에서는 '옳은 일'을 하려는 마음은 느슨해지고 '나한테 좋은 일'을 하려는 마음이 강해진다.'

문화의 기준이 성격이나 가치나 신념에서 성과나 수치, 기타 도파민 위주의 비개인적 척도로 바뀌면, 우리의 행동을 결정하는 화학물질들은 균형을 잃게 되고 신뢰하고 협력하려는 의지가 약화된다. 우유에 물을 타는 것처럼 결국에는 문화가 너무 희석되어 몸에 좋은 요소들은 모두 사라져버리고 겉모습만 우유 같거나 아예 우유 같은 맛도 나지 않게 된다. 역사의식이나 과거에 대한 책임의식, 공유하는 전통에 대한 인식을 잃으면 소속감에 대해 무관심해진다. 이렇게 문화가 부실한 곳에서는 '옳은 일'을 하려는 마음은 느슨해지고 '나한테 좋은 일'을 하려는 마음이 강해진다.

　골드만삭스에서 일한다는 것이 전에는 더 큰 의미를 가졌다. 그 말은 단순히 자기가 일하는 사무실 위치를 가리키는 말이 아니었다. 골드만삭스의 문화에 맞는 사람이라는 말은 그 사람이 어떤 사람인지에 대해서도 말해주는 부분이 있었다. 그들에게 무엇을 기대해도 좋은지 외부에 알려주는 말이었다. 그리고 그 기대란 대부분 긍정적인 면이었다. 골드만삭스에 속했다는 것은 자부심을 느낄 수 있는 일이었다. 하지만 그토록 오랜 시간에 걸쳐 만들어놓은 의미를 골드만삭스의 리더들은 보호하지 않았다.

　19세기의 위대한 사상가 괴테는 대략 이런 말을 했다고 한다. "사람이 자신에게 아무런 영향력도 없는 사람을 어떻게 대하는지 보면, 그 사람을 쉽게 판단할 수 있다." 개성이 개인의 생각과 행동 방식을 나타낸다면, 기업문화는 사람들의 집단인 회사의 집합적 생각과 행동 방식, 즉 회사의 개성을 나타낸다. 강한 개성을 가진 회사는 단순히 월급을 주거나 그 순간 돈을 벌어다주는 사람만 잘 대하는 것이 아니라 모든 사람을 잘 대우하는 문화를 갖고 있을 것이다. 개성이 강한 문화에서는 기업 내부의 사람들이 리더가 자신을 보호해주고 동료들이 뒤를 받쳐준다는 느낌을 받을 것이다. 반면 개성이 약한 문화에서는 사내 정치를 잘하고, 자신의 성공을 추진하고, 자기 뒤를 살펴야만 스스로를 보호할 수 있다고 느낄 것이다(운이 좋으면 자신을 도와줄 동료 한두 명을 가질 수도 있겠지만). 나의 개성에 따라 친구의 눈에 비친 나의 가치가 결정되듯이, 기업문화에 따라 회사를 아는 사람들의 눈에 비친 회사의 가치가 결정된다. 실적은 오르내릴 수도 있다. 진정으로 우리가 기댈 수 있는 것은 문화의 힘뿐이다.

사람들이 자신의 일을 묘사할 때 어떤 단어를 선택하는지 살펴보면 흥미롭다. '좋아한다.', '자부심' 같은 단어는 각각 옥시토신 및 세로토닌과 연관된 감정들이다. 골드만삭스에게 결핍된 것들 말이다. "안심이 되지 않아요." 현재 골드만삭스에 다니고 있는 직원이 내게 했던 말이다. "언제든지 일자리를 잃을 수도 있어요. 골드만삭스는 가차 없거든요."라고 그녀는 얘기했다. 회사가 '가차 없다.'고 표현한 것은 그 문화에 공감이 없다는 인식을 나타낸다. 공감이 없으면 공격성과 공포, 파괴적 감정과 행동들이 지배하게 된다.

문화가 한창 바뀌고 있던 2000년대에 골드만삭스에서 일했던 사람은 회사의 무자비한 분위기를 이렇게 설명했다. 매니저들이 한 프로젝트나 고객을 놓고 서로 다른 자문팀끼리 경쟁을 붙였다고 말이다. 이 사람이 묘사한 환경은 신뢰도 없고, 상호 존중이라는 것도 없고, 무엇보다 일이 잘못 되었을 때 책임지는 사람도 없는 곳이었다. 무슨 일이 있어도, (고객은 말할 것도 없이) 동료들을 깔아뭉개는 한이 있더라도, 반드시 이겨야만 하는 그런 환경이었다. 그렇다 보니 골드만삭스에서 일한다고 했을 때 얻을 수 있는 지위(아마도 존경받는 회사였던 시절에 만들어진 지위)에도 불구하고, 이 사람을 비롯해 그의 거의 모든 동료가 2년 내에 다른 회사로 옮겨갔다. 성공은 고사하고, 제정신을 유지한 채 행복하게 지내고 싶은 사람이라면 도저히 참을 수 없는 환경이었던 것이다. 그럼에도 불구하고 리더들은 이런 문화가 계속되게 내버려뒀다.

2012년 3월 14일 《뉴욕타임스》는 당시 골드만삭스의 이사이던 그레그 스미스가 쓴 사설을 실었는데, 이 글에서 스미스는 12년 간 일해왔던 회사를 즉시 사직한다고 발표했다. 그리고 골드만삭스의 '독이 되는' 문화에 대해 성토했다.

'143년간 이곳이 훌륭한 회사가 되고 고객의 신뢰를 얻었던 비결은 이곳의 문화였다. 이곳의 문화는 그저 돈을 버는 것이 전부인 문화가 아니었다. 돈을 버는 것만으로는 한 회사를 이토록 오래 지속시킬 수 없다. 그 문화는 회사 내의 자부심과 신념에 관계된 것이었다. 슬프게도 주위를 둘러보면 오랫동안 내가 여기서 일하는 것을 즐기게 해주었던 그 문화가 사실상 흔적조차 남지 않은 것을 보게 된다. 이제 내게는 그 어떤 자부심도, 신념도 없다. 이전의 리더들은 아이디어를 내고, 모범을 보이고, 옳은 일을 했다. 지금은 회사에 돈을 많이 벌어다주기만 하면 (당장 도끼를 든 살인자가 아닌 이상) 영향력 있는 자리로 승진할 것이다. 누군가 골드만삭스의 역사에 관한 책을 쓴다면 현 CEO인 로이드 C. 블랭크파인과 회장인 개리 D. 콘은 눈앞에서 회사의 문화를 놓친 사람으로 묘사할지도 모른다.'

일을 어떻게 '느끼는지' 평가할 때 우리의 반응은 일하는 환경에 좌우되는 경우가 많다. 이것은 업무 자체만 말하는 것이 아니다. 일을 즐기던 곳에서 그저 자신을 위해 뭔가를 챙기러 가는 곳으로 회사의 문화가 바뀌면 그 책임은 회사를 경영하는 사람들에게 돌려지게 마련이다. 사람들은 자신이 일하는 환경에 반응한다. 어떤 환경을 만들지 결정하는 것은 리더들이다. 리더가 측근들로만 핵심층을 따로 꾸릴 것인가, 아니면 조직의 맨 바깥층까지 안전권을 확대할 것인가?

일부 평론가들이 뭐라고 생각하든 간에, 골드만삭스에서 일하는 사람들은 대부분 나쁜 사람도, 사악한 사람도 아니다. 하지만 리더들이 조성해놓은 업무 환경이 그들로 하여금 나쁘거나 사악한 일을 할 수 있게 만든다. 인간의 행동은 일하는 환경에 따라 심각한 영향을 받는다. 좋은 쪽으로도, 나쁜 쪽으로도 말이다.

2008년 11월 자동병기로 무장한 테러리스트들이 인도 뭄바이의 이곳저곳을 공격해 160명 이상의 사람이 사망한 일이 있었다. 공격을 받은 곳 중에는 타지마할 펠리스 호텔도 있었는데, 이 호텔의 직원들은 목숨을 걸고 손님들을 구해냄으로써 보기 드문 일화를 만들어냈다.

전화 교환원들은 건물 밖으로 안전하게 빠져나왔다가 손님들을 밖으로 부르기 위해 다시 호텔로 뛰어 들어갔다고 한다. 또한 주방 스태프들은 아수라장을 빠져나오면서 인간방패가 되어 손님들을 보호했다고 한다. 그날 이 호텔에서 사망한 31명의 사람들 중에서 거의 절반이 직원이었다.

타지마할 팰리스 호텔에서 일어난 사건을 조사했던 로히트 데슈판데이 하버드 비즈니스 스쿨 교수는 호텔 고위 경영진에게 직원들이 어떻게 그토록 용감한 행동을 할 수 있었는지 물었지만 모르겠다는 대답만 들었다. 하지만 이유는 멀리 있지 않았다. 바로 그 리더들이 개척한 문화가 만들어낸 결과였다. 세계 최고의 호텔 중 하나인 타지마할 팰리스 호텔은 직원들에게 회사보다 손님의 이익을 우선하라고 요구한다. 또 실제로 그런 행동을 하면 자주 보상을 주기도 한다.

타지마할 팰리스 호텔은, 요즘의 골드만삭스 문화와는 달리 직원을 선발할 때 학력을 그다지 중시하지 않는다. 예컨대 일류 비즈니스 스쿨 졸업자보다 이류 비즈니스 스쿨 졸업자가 종종 사람들을 더 잘 대우한다는 것을 알기 때문이다. 그래서 그들은 이류 학교 출신을 오히려 선호한다. 재능이나 능력, 개인의 발전에 대한 동기보다는 존경과 공감이 더 소중하다. 일단 채용되고 나면 직원들의 그런 성향을 더 강화하고 장려해서 튼튼한 문화를 만들도록 한다. 그런 튼튼한 문화에서 일하는 직원은 매뉴얼대로만 움직이지 않고 그때그때 상황에 맞게 일을 처리할 거라고 신뢰할 수 있다. 타지마할 팰리스 호텔은 직원들이 자신에게 좋은 일이 아니라 '옳은 일'을 할 거라는 것을 알고 있다. 문화가 그러니 사람도 그렇게 되는 것이다.

대형 투자은행의 CEO가 회사 안에 '로그 트레이더rogue trader', 즉 개인적 이득이나 영광을 쫓아 회사에 손실을 입히는 트레이더가 있었음을 발견하고 충격을 받는 모습은 나로서는 항상 의외이다. 이기적 행동을 강화하고 보상하는 문화에서 달리 무엇을 기대했단 말인가? 이런 환경의 CEO는 자기 직원들이 '옳은 일'을 할 거라고 도박을 하고 있는 것이나 마찬가지다. 사태를 이렇게 만든 사람은 직원이 아니다. 책임은 리더에게 있다.

나쁜 문화가 나쁜 리더를 키운다

킴 스튜어트는 독이 되는 문화 때문에 고생했던 수많은 직원 중 한 명이다. 그녀는 시티그룹에 출근한 첫날부터 회사 문화가 뭔가 이상하다는 것을 알았다. "집에 와서 남편에게 했던 말이 기억나네요. '똑똑한 얘기는 많이 하면 안 돼.'" 문제는 상사나 동료들이 멍청하게 보인다기보다는 오히려 위협받고 있는 사람들처럼 보였다는 점이다(안전권이 약한 회사에서 당연히 받게 되는 느낌이다). 사무실에는 언제나 의혹과 불신의 기운이 감돌았다.

스튜어트는 2007년 투자은행 사업부에 처음 들어갔던 때의 이야기를 들려주었다. 그녀는 입사 즉시 회사가 특정 종류의 거래를 어떤 식으로 체결하는지 알아본 다음, 상사에게 가서 자신이 프로세스를 제대로 이해했는지 물어보았다. 상사는 맞다고 했다. 그렇지만 스튜어트의 첫 거래는 대형 참사로 끝나고 말았다. 왜 그랬을까? 나중에 알고 보니 스튜어스의 상사는 스튜어트가 거래에 성공하면 자신의 지위가 흔들릴 것을 염려해서 일부러 프로세스의 중요한 부분을 알려주지 않은 것이었다. 스튜어트가 거래를 날려버릴 수밖에 없도록 말이다. 상사는 자신의 실적이 더 좋아보이도록 스튜어트가 실패하기를 바란 것 같았다.

스튜어트는 이렇게 말했다. "시티그룹에서 느껴진 분위기는 이런 거였어요. '아무도 나만큼 많이 알면 안 돼. 그러면 내가 소모품이 돼 버릴 테니까.'" 이게 바로 자기보호만을 위하는 행동이며, 코르티솔이 넘쳐나는 불안한 문화의 전형적 징후이다. 이런 문화에서는 개인이나 소규모 집단을 보호하고 성공시키려고 중요한 정보를 서로 숨긴다. 정보를 공유하는 것이 집단 내의 다른 사람들이나 조직 전체를 위해 더 좋은 일인데도 말이다. 스튜어트는 시티그룹에서는 모든 사람들이 동료가 나보다 한 단계 높아질 것을 두려워했다고 기억했다. 안전하다고 느끼는 사람은 아무도 없었다. 그리고 그것은 회사가 인원 감축을 요구해서가 아니라 그냥 문화가 그런 것이었다.

1년 후 이 회사는 대규모 재정 손실을 겪었고 결국 연방 정부의 구제를 받아야 했다. 거기에는 정보를 공유하지 않고 빼돌려두는 문화도 큰 작용을 했다. 만약 시티그룹이 직원들이 서로 위협을 느끼지 않는, 더 건강하고 화학적으로 균형 잡힌 문화를 갖고 있었다면 금융 위기가 어떻게 되었을지 궁금하다.

물론 결국은 직원을 줄여야 했다. 2008년 11월 시티그룹은 역사상 그 어느 업계에서도 없었던 최대 규모의 정리해고를 단행했다. 단 하루 동안 시티그룹은 5만 2,000장의 해고통지서를 보냈다. 전 직원의 20퍼센트에 해당하는 규모였다. 스튜어트의 부서는 190명에서 95명으로 절반이 해고되었고 보너스가 삭감됐다. 사태가 진정된 후 회사 리더들이 겸손해졌을 거라고 생각할 것이다. 하지만 그렇지 않았다.

오히려 분위기는 더 악화되었다. 스튜어트는 2011년 말의 일을 기억하고 있었다. 위기가 지난 지 몇 년이 흘렀고, 회사는 흑자로 돌아섰으며, 스튜어트의 새 상사가 된 이사가 와서 부임인사를 했다. 그는 직원들에게 자신은 오직 세 가지에만 관심이 있다고 말했다. 매출, 순익, 비용이었다. 그리고 그는 스튜어트에게 와서 조용히 이렇게 말했다고 한다. "내가 당신 멘토가 되어서 커리어에 관해 조언해줄 거라고 생각한다면 틀렸어요." 리더가 그러니 문화도 그럴 수밖에 없었다.

안전권을 만들면 혁신은 따라온다

포스트잇을 모르는 사람은 별로 없겠지만 그것이 어떻게 발명되었는지 아는 사람도 거의 없을 것이다. 상상과 모형을 통해 제품을 개발하는 많은 회사들과는 달리, 3M은 오직 한 가지에 의존해서 포스트잇을 비롯한 수많은 제품을 개발한다. 바로 그들의 공유 문화다.

스펜서 실버는 포스트잇의 개발에 일부 공로를 인정받는 과학자이다. 그는 미네소타에 위치한 3M의 연구실에서 실은 아주 강력한 접착제를 개발하고 있었다. 안타깝게도 그는 별 성과를 못

보고 있었는데 우연히 아주 약한 접착제를 만들어냈다. 맡은 직무에 따르면 실버는 실패한 셈이었다. 하지만 그는 자신의 '실패'를 창피하다고 쓰레기통에 버리지 않았다. 일자리를 잃을까 두려워 자신의 실패를 비밀로 하지도 않았고, 나중에 돈이 될까 하는 희망에 몰래 숨겨놓지도 않았다. 그는 예기치 않은 이 발명품을 회사 사람들과 공유했다. 혹시 누군가 이 약한 접착제의 용도를 찾아낼지도 모르니까 말이다.

그리고 정말로 그런 일이 일어났다. 몇 년 후 3M의 또 다른 과학자인 아트 프라이는 교회 성가대 연습을 하다가 좌절하고 있었다. 책갈피가 도무지 한 자리에 있지 않았기 때문이다. 책갈피는 자꾸만 책을 빠져나와 무대 밑으로 떨어졌다. 그 순간 프라이는 실버의 약한 접착제가 기억났다. 그거라면 완벽한 책갈피를 만들 수 있겠구나! 이렇게 해서 역사상 가장 유명한 브랜드 하나가 탄생했다. 100개 국 이상에서 4,000종 이상의 파생제품이 판매되는 포스트잇 말이다.

3M의 혁신은 단순히 학위나 전문 기술에서 나오는 것이 아니다. 혁신은 협업과 공유라는 기업문화의 결과이기 때문이다. 일부 투자은행 리더들의 사고방식과는 아주 대조적으로, 3M은 직원들이 협동하고 아이디어를 공유하고 자기 프로젝트를 위해 마음 편히 일을 품앗이 할 수 있어야 최선의 결과가 나온다는 것을 안다. '내 것'은 없다.

다른 회사 같았으면 실버의 실패한 공식이 프라이의 손에 들어갈 일은 결코 없었을지도 모른다. 하지만 3M은 그런 회사가 아니었다. "3M에서는 다들 아이디어 덩어리죠." 프라이는 이렇게 말했다고 한다. "우리는 절대 아이디어를 버리지 않습니다. 다른 사람이 언제 그 아이디어를 필요로 할지 모르니까요." 서로 다른 제품 라인 간에도 공유를 강조하고 아이디어의 이종교배를 유도함으로써 협업 분위기가 조성되었기 때문에 3M의 직원들은 자신이 회사에 가치 있는 사람이라고 느낀다. '상호교류를 통한 혁신'이 이 회사의 가장 큰 모토 중 하나다. 직원들은 사내 기술 포럼을 통해 새로운 아이디어를 발표하도록 장려 받고, 다른 사업부의 직원들과 정기적으로 모임을 갖는다. 이 모든 협업 과정이 제대로 작동하고 있다는 것은 3M의 특허 중 80퍼센트 이상에서 2명 이상이 발명가로 등록되어 있는 것만 보아도 잘 알 수 있다.

이런 문화는 3M이 어떤 업계에 있느냐와는 무관하다. 제품이나 서비스의 특성상 협업이 적은 산업도 공유의 혜택을 누릴 수 있다. 그저 새로운 눈으로 보는 것만으로도 어마어마한 발전이 이뤄질 수 있다. 누군가 문제를 어떻게 해결했는지 듣는 것만으로도 자신의 문제를 해결하는 데 도움이 되는 정보를 얻을 수 있다. 이게 바로 학습의 개념 아니겠는가? 내가 아는 것을 다른 사람에게 전해주는 것 말이다.

3M에서 개발한 제품들을 보면 한 사업부에서 다른 사업부로 혁신의 비약이 일어나는 모습에 감탄이 절로 나올 것이다. 3M 내의 자동차 관련 제품 연구실에서 일하는 과학자들은 정비소에서 찌그러진 부분을 채우는 데 쓰는 물질을 개발하고 있다. 이들이 사용하는 기술은 3M 치과용 제품 연구실에서 나온 것이다. 치과

의사들이 접합제에 쓰는 물질에서 나온 기술인 것이다. 또 다른 예를 보면 고속도로 표지판을 반짝거리게 하는 데 사용된 3M의 기술은 나중에 통증 없는 주사 제품인 '미세바늘 패치'를 발명하는 데 쓰였다. 아이디어의 이종교배는 사람들이 고개를 절레절레 흔들 만한 혁신을 만들어낸다.

3M은 2012년에만 2만 개가 넘는 특허를 냈고 그 중 500개 이상이 상을 받았다. 경제 사정이 한창 나빴던 2009년에 다른 회사들은 돈을 아끼려고 R&D 예산을 삭감했지만 3M은 여전히 1,000가지가 넘는 신제품을 출시했다. 보통 잘 눈에 띄지는 않지만 3M의 제품은 어딜 가나 찾을 수 있고 당연한 물건으로 받아들여진다. 컴퓨터 안에 '인텔 인사이드' 스티커가 붙어 있는 것처럼 일상용품들마다 '3M 인사이드' 스티커를 붙였더라면, 소비자들은 하루 평균 60개에서 70개 정도의 3M 스티커를 보아야 할 것이다. 3M은 최고의 석학들만 채용해서 성공을 이룬 것이 아니라(물론 그들은 그랬다고 주장하겠지만), 서로 돕고 아는 것을 모두 공유하는 사람들에게 상을 주고 격려하는 기업문화 덕분에 성공한 것이다. 물론 3M 역시 나름의 문제와 관료주의를 갖고 있겠지만 협업 문화를 양성하기 위해 열심히 노력하는 것만은 틀림없는 사실이다.

안전권 내에서 사람들이 서로를 신뢰하고, 성공과 실패를 공유하며, 서로 아는 것과 모르는 것을 털어놓으면 혁신은 저절로 따라온다. 자연의 섭리가 그렇다.

18장
리더십 교훈 2: 리더가 문화를 만든다

너보다는 내가, 우리보다는 나부터

그는 책임자가 되고 싶었다. 리더 자리를 원했다. 그리고 아무도 그를 막을 생각이 없었다. 현재의 리더조차 말이다. 사담 후세인은 그런 식으로 이라크의 권력을 장악했다. 권력을 잡기 전에도 그는 자신의 지위를 강화하고 자신이 부상할 수 있게 도와줄 전략적 동맹을 결성했다. 일단 권력을 잡자 그는 조력자들에게 부와 지위를 아낌없이 내림으로써 '충성심'을 유지시켰다. 그는 자신이 민중의 편이라고 주장했다. 하지만 그렇지 않았다. 그가 권력을 잡은 것은 자기 자신과 영광, 명성, 권력, 재산을 위해서였다. 국민에게 봉사하겠다는 그의 약속은 모두 전략의 일부일 뿐이었다.

이런 식의 정권교체가 지닌 문제점은 불신과 편집증의 문화를 만들어낸다는 점이었다. 독재자가 권력을 잡고 있을 때는 그런 대로 현상유지가 되었지만, 일단 그가 축출되고 나자 이후 몇 년 동안 나라 전체가 불안정한 상태에 빠졌다. 이것은 혼란한 국가에 독재자가 나타날 때나, HBO에서 방영하는 드라마에만 나오는 얘기가 아니다. 현대 기업에서도 비슷한 시나리오가 너무나 자주 펼쳐진다. 2001년 스탠리 오닐이 메릴린치 사에 집권했을 때도 마찬가지였다.

베이비붐이 한창일 때 앨라배마 주 동부 웨도위의 작은 마을에서 태어난 오닐은, 할아버지는 한때 노예였지만 그 자신은 제너럴모터스GM의 장학금을 받아 하버드 비즈니스 스쿨에 진학했다. 이후 그는 제너럴모터스에 입사했고 재무팀에서 빠르게 승진을 거듭하며 경력을 쌓았다. 그러나 오닐의 시선은 다른 곳, 더 큰 목표를 향해 있었다. 그래서 오닐은 중개업에 별 흥미도 없고 경험도 없으면서 월스트리트로 진출했다. 금융업계 최고 자리에 오른 몇 안 되는 흑인으로서 오닐은 우리 시대의 위대한 리더가 될 수도 있었다. 미국에서 어떤 일이 가능한지 보여주는 상징으로서 말이다. 하지만 그는 다른 길을 택했다.

1986년 그는 메릴린치 사에 합류했고 몇 년 후 정크본드 사업부의 수장이 됐다(1990년 드렉셀 버넘 램버트의 마이클 밀컨이 증권 사기죄에 대해 유죄를 인정한 이후 오닐이 이끄는 사업부가 최대 정크본드 운영사가 되었다는 점은 참으로 아이러니컬한 일이다). 오닐은 이후 메릴린치 사의 육중한 중개업무 사업부를 인수했고 결국 메릴린치 사의 CEO가 됐다. 1990년대 말 인터넷 버블이 터졌을 때 오닐은 수천 명의 직원을 잽싸게 해고했다. 그는 이 일로 당시 자신의 상관이던 CEO 데이비드 코만스키에게 대담하다는 인상을 깊이 남길 수 있었지만, 동시에 가차 없는 경영자라는 평판 역시 굳히게 됐다. 2001년 중반 오닐은 코만스키의 지원을 받아 여러 경쟁자들을 물리치고 메릴린치 사의 회장이 됐다. 하지만 오닐은 아직도 더 원하는 것이 있었다.

오닐은 메릴린치 사의 직원 중심 문화를 없애고 싶었다. 그의 눈에는 이것이 장애물로 보였다. '마더 메릴'(회사 문화가 보다 균형 잡히고 인간적인 때가 있었음을 알려준다)이라는 애정 어린 별명으로 불리던 메릴린치 사는 일하기 좋은 곳이었다. 하지만 오닐은 공공연하게 이 문화를 멸시했다. 말랑하고, 초점도 없으며, 방해가 되는 문화라고 생각했다. 건강한 기업문화를 양성하는 데는 아무 관심이 없었던 오닐은 기업은 경쟁이 전부라고 생각했다. 그래서 실제로 그는 경쟁적 분위기를 만들어냈다. 오닐이 설계한 문화는 단순히 메릴린치 사의 직원들이 외부인들과 맹렬히 경쟁하는 그런 문화가 아니었다. 그것은 내부인들끼리 서로 치열하게 경쟁하는 문화였다.

다시 말하지만 조직의 분위기를 결정하는 것은 언제나 리더이다. 그리고 오닐이 정한 분위기는 남보다 나를 우선하는 방식이었다. 9.11사태가 터졌을 때 메릴린치 사는 심각한 타격을 입었다. 수백 명의 직원이 부상을 입었고 세 명이 죽었다. 하지만 이 비극적 사태로 인한 마음의 상처가 채 가시기도 전에, 그다음 이어진 12개월 동안 오닐은 월스트리트의 다른 회사들과 마찬가지로 수천 명의 직원을 해고하고 사무실들을 폐쇄했다.

2002년, 경쟁자들을 몰아내고 나자 오닐의 그림이 완성됐다. 메릴린치 이사회는 오닐의 오랜 동료였던 코만스키에게 조기 사퇴를 종용하고, 오닐을 회장 겸 CEO로 임명했다. 사교적이던 코만스키마저 가버리자 메릴린치 사의 문화적 변신은 거의 완성 단계에 이르렀다. 완벽한 CEO는 아니었지만 적어도 코만스키는 종종 직원용 카페테리아에 내려와 다른 직원들과 식사를 했다. 오닐은 이것을 쓸데없는 짓이라고 생각했다. 오닐은 직원들과 어울리는 데는 한 치의 관심도 없었다. 대신에 그는 전용 엘리베이터를 타고 30층에 있는 자신의 사무실로 올라갔다. 직원들은 또한 복도에서 오닐에게 말을 걸지 말 것과 오닐이 옆을 지나칠 때는 길을 비켜주라는 지시를 받았다. 오닐은 자신에게 주어진 특전은 하나도 놓치지 않아서, 주말이면 마서즈 비니어드에 있는 자기 집으로 회사 제트기를 타고 갔다.

우리는 의욕을 고취시키는 리더를 보면 그의 비전을 실현하기 위해 노력하고, 통제를 일삼는 독재자를 보면 그를 무너뜨리려고 한다. 모든 독재체제가 그렇듯이 신뢰가 증발해버리자 오닐의 가장 큰 위협 상대는 내부로부터 출현했다. 안전권 내에 있는 구성원들은 리더를 보호하기 위해 최선을 다한다. 이것은 자신들을 보호해주는 리더에 대한 자연스러운 반응이다. 하지만 오닐이 장악한 메릴린치 사에서 이런 일은 일어나지 않았다. 오닐의 직속 부하직원들은 막후에서 오닐을 무너뜨리기 위해 메릴린치 사의 이사회에 압력을 넣기 시작했다. 낌새를 차린 오닐은 얼른 반대파를 진압했다. 하지만 메릴린치 사의 문화를 도파민 중독과 코르티솔의 공포 및 편집증으로 몰아가던 오닐이 혼자서 완전히 고립되는 데는 그리 오랜 시간이 걸리지 않았다. '마더 메릴'의 시대는 사라진 지 오래였다.

이쯤 되자 회사 지도부의 관심은 온통 고위험 채권을 만드는 데 집중되었고, 이것은 모기지 시장이 뜨고 지는 데 일조했다. 이제 회사는 스스로에게 닥칠 곤란을 물리칠 입장이 되지 않았다. 2006년 여름 투자부문 책임자이던 제프 크론설은 오닐에게 앞으로 닥칠 위험을 경고했다. 오닐은 크론설과 함께 대책을 마련하거나 회사에 필요한 안전장치를 시행하는 대신 크론설을 해고해 버렸다. 오닐은 앞으로 문제가 생겨도 자신이 해결할 수 있다고 굳게 믿었고, 그래서 되레 자신의 손에 움켜진 통제권을 더욱 바싹 조였다.

2007년 10월 메릴린치 사는 3분기에 22억 달러의 손실이 발생했다고 발표하고, 투자 실패로 84억 달러를 손실 처리했다. 결국 오닐의 통치는 돌연 수치스럽게 끝이 났다. 그는 직원들이나 이 사회로부터 완전히 고립되어, 이사들과 먼저 상의도 없이 합병 가능성을 타진하며 와코비아 사에 손을 내미는 결정을 함으로써 스스로 끝을 불렀다. 이제는 누구의 지원도 기대할 수 없었다. 그 많은 권한을 가졌던 것이 무슨 소용일까? 오닐은 1억 6,000만 달러어치가 넘는 막대한 퇴직금을 챙기고 불명예스럽게 메릴린치 사를 떠났다.

나는 회사 내에서는 '실적에 따른 보수' 인센티브 모델을 추진해놓고서 엉망이 된 회사를 떠나며 막대한 퇴직금을 기대하는

CEO들을 보면 아이러니를 느낀다. 주주와 이사회는 왜 CEO와의 계약서에 불명예스럽게 회사를 떠나는 경우 어떠한 퇴직금도 지불하지 않는다는 조항을 넣지 않는 걸까? 그래야 최소한 일관성이 있는 것 아닐까? 회사나 주주의 이익에도 부합하고 말이다. 아무튼 이야기가 잠시 엇나갔다.

오닐은 한동안 월스트리트를 지배했던 사고방식의 극단적인 경우다. 그리고 결국 그 때문에 몰락했다. 그는 자기가 이끄는 사람들로부터 고립되었고, 설상가상으로 내부 경쟁을 치열하게 만들어 한때는 같은 팀에 있던 사람들까지 자신에게 등을 돌리게 만들었다. 앞에서도 보았지만 문제는 회사가 사업을 운영하는 방식 자체가 아니다. 문제는 조직 내 인간관계의 성질이며, 그것은 리더에서부터 시작된다.

리더가 자신의 부나 권력에 집중할수록 그는 리더처럼 행동하는 것이 아니라 폭군의 속성을 드러내기 시작한다. 마크 보든은

《애틀랜틱 먼슬리》에 사담 후세인에 관한 주목할 만한 글을 실었는데, 거기서 폭군적 리더가 왜 '자신의 부와 권력만을 지키려고 하는가'를 설명했다. 문제는 다음과 같다. 보든이 설명하듯이 '권력'은 '서서히 폭군을 세상으로부터 고립시킨다.'. 그리고 우리도 잘 알듯이, 거리가 생기면 추상화가 자리 잡고 곧이어 편집증이 생긴다. 폭군은 세상이 그의 적이라고 생각하며, 그래서 더욱 더 사람들을 밀어내게 된다. 폭군은 자신의 핵심층 주변을 더욱 엄격히 통제한다. 그렇게 폭군의 고립이 심화되면 고통 받는 것은 조직이다.

윗선의 그 누구도 자신들을 돌봐주지 않으면 구성원들은 서로 협력하지 않으려고 한다. 대신 내부 경쟁이 성공의 가장 좋은 수단이 된다. 이쯤 되면 집단 내의 누군가가 성공할 경우 축하가 아니라 질시를 받는다. 리더가 너무 사악하거나 혹은 리더가 만든 핵심층에 편입될 가망이 없다고 생각되면, 반란의 씨앗이 만들어진다. 하지만 핵심층에 들어갈 가능성이 있거나 혹은 우리가 늑대에게 던져질지가 확실치 않은 경우는 우리는 꼼짝도 못하게 된다. 풀잎의 바스락거리는 소리, 즉 무언가 도사리고 있을지도 모른다는 공포는 우리 혈관 속으로 코르티솔을 흘려보낸다. 코르티솔은 편집증을 만들어내고, 저 위의 고립된 리더처럼, 자기 보호에 집중하게 만든다. 오닐이 메릴린치 사에서 했던 일이 바로 이것이었다. 그는 보호가 보장되었던 문화를 불확실성의 문화로 바꿔놓았다. 그렇게 되자 이라크의 경우처럼 회사가 존립할 수 있는 탄탄한 기초가 사라져버렸다. 전체적으로 신뢰가 부족해져버린 것이다.

오늘의 부상과 몰락은 단순히 한 남자의 야심이 어느 회사를 무너뜨린 이야기가 아니다. 결국 이런 환경이 되면 모든 사람, 모든 여건이 어려워진다. 최정상부에 집중된 통제권은 한 가지 결과밖에 가져오지 않는다. 최후의 몰락 말이다.

리더는 성공하는 자가 아니라 성공을 이끄는 자이다

데이비드 마르케는 잠수함을 타는 직업군인이었다. 그는 해군사관학교를 거의 수석으로 졸업한, 상당히 똑똑한 사람이었다. 실제로 그 똑똑함 덕분에 그는 해군에서 높은 자리까지 올랐다. 그는 항상 정답을 알고 있었기 때문에 훌륭한 지시와 명령을 내릴 수 있었다. 그는 상황을 잘 통제했으므로 리더였다(적어도 그게 그가 배운 방식이었다).

다른 많은 조직들과 마찬가지로 해군은 똑똑하고 목표의식이 뚜렷한 인재들에게 인정과 승진이라는 보상을 주었고, 그 결과 마르케 선장도 인정받고 승진할 수 있었다. 그는 해군장교가 받을 수 있는 최대의 명예를 받았다. 지휘관이 된 것이다. 그는 미 해군 전함 올림피아 호의 선장이 될 예정이었다. 올림피아 호는 원자력으로 움직이는 로스앤젤레스 급(미 해군에서 잠수함을 크기에 따라 나눈 단위. 수면에서 6,000톤급 — 옮긴이) 속공 잠수함이다. 해군에는 핵미사일을 싣고 다니면서 발사할 수 있는 거대 잠수함인 '부머Boomer'가 있다. 부머보다 작고 날렵한 속공 잠수함은 상대의 부머를 침몰시키기 위해 설계된 잠수함으로서 상대 잠수함이

미사일을 발사할 틈도 없이 상대편을 파괴했다. 전 세계 대양에서는 끊임없이 서로를 감시하고 노리는 정교한 게임이 진행되고 있었는데, 마르케 선장은 이제 그 주전선수가 된 것이다.

자신이 맡은 커다란 임무를 위해 마르케 선장은 올림피아 호의 시스템과 승무원들을 공부하며 1년을 보냈다. 그는 늘 하던 자기 방식대로 최대한 많은 것을 배우려고 노력했다. 올림피아 호의 모든 배선과 파이프, 스위치를 공부했고, 자신의 승무원이 될 사람들에 관해 모든 것을 파악하기 위해 인적 사항 파일을 샅샅이 공부했다. 책임자들이 으레 그렇듯 마르케 선장은 믿을만한 리더가 되려면 최소한 승무원들만큼은 알아야 한다고 느끼고 있었다. 새로 맡게 된 직책의 중요성과 명예를 생각할 때 이번 역시 예외일 수 없었다.

마르케 선장이 올림피아 호의 지휘권을 넘겨받는 날이 채 2주도 남지 않았을 때 당국으로부터 예상치 못한 연락이 왔다. 계획에 변경이 생겼다는 것이다. 마르케 선장은 올림피아 호의 선장이 되지 않는다고 했다. 대신 그는 미 해군 전함인 산타페 호의 지휘를 맡게 되었다. 산타페 호는 살짝 더 신형인 로스앤젤레스급 잠수함이었다. 그런데 여기에는 한 가지 사소한 문제가 있었다. 산타페 호의 승무원들은 전투 준비와 잠수함 유지에 관한 거의 모든 항목에서 해군 내 꼴찌였다. 올림피아 호는 최고 중에 최고로 여겨졌지만 산타페 호는 핵잠수함 중에서 나쁜 소식이란 소식은 모두 전해오는 꼴찌 잠수함이었다. 하지만 마르케 선장은 똑똑한 사람이었고 계획이 변경된 것을 하나의 도전이라 생각했다. 자아가 강하고 똑똑한 고위 장교들이 많이들 그렇듯 마르케 선장은 이 잠수함을 맡아서 변신시킬 사람은 자기밖에 없다고 생각했다. 자신이 내리는 명령에 따라서 산타페 호는 좋은 잠수함, 나아가 훌륭한 잠수함이 될 수도 있다고 믿었다. 적어도 계획은 그랬다.

그래서 1999년 1월 8일 진주만에서 마르케 선장은 이 20억 달러짜리 배에 승선했다. 미식축구 경기장보다 약간 더 길고, 135명 승무원들의 집이 될 잠수함이었다. 해군의 최신형 잠수함 산타페 호에는 마르케 선장이 올림피아 호를 위해 훈련한 것과는 차이가 있는, 훌륭한 설비가 많았다. 모든 것을 파악할 수 없는 상황에서도 통제권을 쥐는 데 익숙한 사람들은 정작 자신의 무지를 깨닫지 못하는 경우가 자주 있다. 혹은 더 나쁜 경우에는 남들이 자신의 권위에 도전할까 봐 모르는 내용을 숨기기도 한다. 마르케 선장은 산타페 호에 관해 모르는 부분들 때문에 승무원들에게 더 많이 의존해야 한다는 것을 알고 있었지만, 이런 사실은 혼자만 알고 있기로 했다. 리더로서 마르케 선장의 권위는 주로 기술적 지식에서 나왔었는데 그게 사라져버린 지금, 그는 다른 많은 리더들처럼 부하들의 존경을 잃을까 걱정이 됐다.

역시나 오래된 습관은 잘 바뀌지 않았다. 마르케 선장은 모르는 것들을 알려달라고 질문을 하는 대신 그냥 자신이 제일 잘 아는 것(상황을 통제하는 것)을 했고 명령을 내리기 시작했다. 효과가 있는 것 같았다. 모든 것이 순조로웠다. 승무원들은 즉시 그의 명령을 실행했고 여기저기서 '예, 알겠습니다.'라는 소리가 들려왔다. 이곳의 대장이 누구인지 의문의 여지가 없었다. 마르케 선장의 혈관으로 세로토닌이 분비되었다. 기분 좋은 느낌이었다.

다음 날 바다 한 가운데서 마르케 선장은 훈련을 실시해야겠다고 작정했다. 그는 원자로가 고장 난 것처럼 보이려고 원자로를 수동으로 껐다. 그는 진짜 문제가 생겼을 때 부하들이 어떻게 대처하는지 보고 싶었다. 잠시 동안은 모든 것이 척척 진행되는 것 같았다. 승무원들은 필요한 점검과 예방조치를 모두 실시했고, 배터리로 움직이는 모터, 즉 EPM을 켜서 잠수함을 운항했다. 원자로만큼 강력하지는 않았지만 EPM이 있으면 잠수함을 느리게 운항할 수 있었다.

하지만 마르케 선장은 좀 더 부담되는 상황에서는 부하들이 어떻게 하는지 보려고 좀 더 몰아붙이기로 했다. 그는 이 배의 항해사이자 승선자들 중 가장 경험이 많은 당직사관에게 간단한 지시를 내렸다. "3분의 2 속도로." 이 말은 전기 모터를 최대 동력의 3분의 2로 작동하라는 뜻이었다. 그러면 배가 더 빨리 가므로 배터리도 더 빨리 닳을 테니 원자로를 더 빨리 고쳐야 한다는 긴박감을 조성할 수 있었다.

당직사관은 선장에게 대답을 하고 명령을 크게 되풀이하면서 잠수함을 운전하는 병사에게 속도를 올리라고 지시했다. "3분의 2 속도로." 당직사관이 조타수에게 말했다. 그런데 아무 일도 일어나지 않았다. 잠수함은 계속 같은 속도로 움직이고 있었다.

잠망경 뒤에 있던 마르케 선장은 명령을 실행해야 할 하급 승무원을 슬쩍 내다봤다. 조종판의 어린 항해사는 자기 자리에 앉아서 당황해하고 있었다. "조타수." 마르케 선장이 그를 불렀다. "뭐가 문제인가?" 어린 항해사는 그제야 답했다. "선장님, 3분의 2로는 설정이 안 됩니다." 마르케 선장이 승선했던 다른 잠수함들과는 달리, 신형인 산타페 호는 배터리 모터 상태에서 3분의 2 설정이 안 되었다.

마르케 선장은 이 배에 승선한 지 2년이 넘은 당직사관에게 산타페 호에 3분의 2 설정이 없는 것을 알았는지 물었다. "네, 선장님." 당직사관이 답했다. 어처구니가 없어진 마르케 선장은 다시 물었다. "그러면 왜 명령을 전한 건가?"

"저한테 지시를 주셨으니까요." 당직사관의 말이었다.

그제야 마르케 선장은 현실을 직시할 수밖에 없었다. 부하들은 지시에 따르도록 훈련을 받았는데 정작 자신은 다른 잠수함을 익혔다는 사실을 말이다. 그런데도 그가 책임자라는 이유로 모두가 그의 명령을 맹목적으로 따른다면 아주 심각한 일이 벌어질 수 있었다. '상명하달식 문화에서 리더가 틀린 결정을 하면 어떤 일이 벌어질까? 다 함께 절벽으로 뛰어내리는 거다.' 마르케 선장은 후에 이렇게 썼다. 임무를 완수하려면 그는 자기 자신보다 말단 사병들을 더 신뢰하는 법을 배워야 했다. 다른 선택은 없었다.

원자력 잠수함은 회사와는 다르다. 회사에서는 뭔가 잘못되었다 싶으면 직원을 교체하거나 기술을 바꾸어 상황을 개선할 수 있다. 정말 많은 기업 리더들이 이런 선택권을 장점으로 여긴다. 또한 거기에는 내보내는 사람도, 채용되는 사람도 딱 맞는 사람이라는 가정이 깔려 있다. 하지만 원자력 잠수함을 운영하듯 회사를 운영해야 한다면 어떨까? 마르케 선장은 해안으로 돌아가 더 뛰어난 선원들을 요청하거나 더 익숙한 잠수함으로 바꿔달라고 할 수는 없었다. 이 점이 바로 지금 마르케 선장에게 닥친 도전 과제였다. 그는 알 만큼 알고, 충분히 똑똑한 사람이었지만, 지금까지 그가 리더십에 관해 안다고 생각했던 모든 것이 이런 상황에는 들어맞지 않았다. 이제 그는 부하들에게 맹목적으로 자기 명령을 따르라고 말할 수 없었다. 그랬다가는 엄청난 재앙을 일으킬지도 모를 일이었다. 그는 모든 승무원이 '실행'만 하는 것이 아니라 '생각'하게 만들어야 했다.

정보와 가장 가까운 사람들에게 권한을 주라

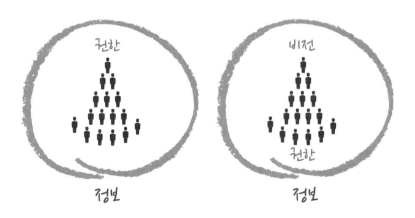

마르케 선장은 이렇게 설명한다. "꼭대기에 있는 사람들은 권한은 몽땅 가지고 있지만 정보가 없습니다. 말단에 있는 사람들은 정보는 모두 갖고 있지만 권한이 없지요. 정보가 없는 자들이 자신의 권한을 넘기지 않는 한, 조직을 더 훌륭하고 순조롭고 빠르게 운영하여 잠재력을 최대한으로 실현할 방법은 없습니다."

마르케 선장에 따르면 그의 문제는 그가 통제권에 '중독'되어 있다는 점이었다. 위계서열을 잘못 이해하고 따르는 수많은 다른 조직들처럼 승무원들은 순종하게끔 훈련되어 있었다. 자기 행동에 책임지는 사람이 거의 없는 조직에서는 언젠가는 문제가 생기게 되어 있다. 분명히 예방할 수 있는 문제가 말이다.

조직 내의 몇몇 이기적 사람들이 내린 결정 때문에 어려움을 겪는 회사들을 다시 생각해보자. 이런 회사에서는 개인들이 비도덕적인 행동을 하든, 범죄를 저지르든, 또는 그저 회사의 이익에 반하는 일을 하든, 그 개인이나 리더들 중 누구도 책임을 지지 않는 것 같다. 대신 그들은 다른 사람을 탓한다. 일이 진행되지 않으면 공화당은 민주당을 탓하고, 민주당은 공화당을 탓한다. 2008년 금융권 멜트다운이 발생했을 때도 모기지 회사들은 은행을 탓했고 은행은 모기지 회사를 탓했다. '이런 자들'이 원자력잠수함의 책임자가 아니어서 천만다행이다.

마르케 선장은 리더의 역할이 무엇인지 이해하게 됐다. 리더의 역할은 고래고래 명령을 내지르거나 미션의 성공과 실패에 대해 전적인 책임을 지는 일이 아니었다. 리더가 해야 할 일은 책임지고 부하들 한 명 한 명이 성공할 수 있게 만드는 것이었다. 부하들을 잘 훈련시켜서, 자기 일을 수행할 수 있다는 자신감을 갖게 만드는 것이 리더가 할 일이었다. 부하들에게 책임을 맡기고, 알아서 미션을 진행하도록 만드는 일 말이다. 선장이 방향을 주고 승무원들을 보호하면, 승무원들은 미션을 수행하기 위해 해야 할 일을 할 것이다. 자신의 책《배를 돌려라 *Turn the Ship Around!*》에서 마르케 선장은 그가 밟았던 단계들(어느 조직이라도 밟을 수 있는 단계들)을 자세히 설명하고 있다. 더 잘 아는 사람, 실제로 그 일을 하는 사람이 결정권을 가질 수 있는 환경을 조성하는 방법 말이다.

마르케 선장이 내린 조치 중 하나는 '허가'의 문화를 '의도'의 문화로 바꾼 것이었다. 그는 산타페 호에서 '허가'라는 단어의 사용을 말 그대로 금지했다.

"선장님, 잠항 허가를 요청합니다."

"허가를 명한다."

"네, 선장님. 잠항합니다."

전형적인 이 방식을 그냥 "선장님, 잠항을 시작하겠습니다."로 바꾸었다.

지휘 계통은 손대지 않았다. 유일한 차이는 심리적 변화였다. 이 행동을 하는 사람은 이제 부여받은 과제를 실행에 옮기는 것이 아니라 행동 전체를 책임졌다. 이런 아이디어를 어디까지 확대할 수 있었는지 묻자, 마르케 선장은 위임이 불가능한 일은 세 가지뿐이라고 지적했다. "내가 지닌 법적 책임은 위임할 수 없습니다. 인간관계는 위임할 수 없으며, 내 지식도 위임할 수 없습니다. 다른 모든 것은 다른 사람에게 책임을 맡길 수 있습니다."

이 모델이 정말로 뛰어난 이유는 그리고 이 세 가지 책임에서 정말로 중요한 점은, 그 책임들을 다른 사람에게 넘길 수는 없어도 공유할 수는 있다는 점이다. 최고의 리더들은 실제로 그렇게 한다. 그들은 자기가 아는 것을 나누고, 맡은 일을 수행할 때 더 잘 아는 사람에게 도움을 청하고, 네트워크 안에 새로운 인간관계가 형성되도록 사람들을 소개한다. 형편없는 리더들은 이런 것들을 혼자서 간직한다. 자신의 지식이나 지위, 혹은 인간관계가 자신의 가치를 만들어준다는 잘못된 믿음을 갖고 있기 때문이다. 이것은 사실이 아니다. 튼튼한 안전권이 있는 조직에서는 리더만이 아니라 다른 모든 사람도 기꺼이 아는 내용을 공유한다. 다시 한 번 말하지만, 분위기를 정하는 것은 리더다.

리더가 자신이 모르는 부분을 밝히고 실수를 고백하면, 밑에 있는 사람들은 더 기꺼이 리더를 도우려고 할 뿐만 아니라, 자신들의 실수나 문제도 더 쉽게 공유하게 된다. 안전권 내에 있다면 실수는 두려워할 대상이 아니다. 반면 안전권이 제공되지 않는 조직에서는 사람들이 스스로를 보호하기 위해 실수나 문제를 숨기려고 든다. 문제는 실수나 문제를 처리하지 않고 놔둘 경우 점점 쌓여서 결국 감당할 수 없게 되어서야 드러난다는 점이다.

마르케 선장은 어쩔 수 없이 이런 사실을 배우게 되었다. 실패한 모델을 직면하고 나서야, 다시 말해 실패 혹은 절망에 이르거나, 이런 환경에서 일하는 사람들은 절대로 최선을 결과를 낼 수 없다는 사실을 깨닫고 나서야, 그는 자신이 관심을 갖고 노력해야 할 방향을 전면적으로 수정했다. 지금 그는 부하들에게 권한을 나눠주고 그들이 맡은 바 책임을 완수하는 모습을 지켜보는 것을 즐긴다. 잠수함 내에서는 인간관계가 튼튼해졌고 전반적으로 신뢰와 협력 문화도 놀랄 만큼 개선됐다. 어느 정도 개선이 이루어졌냐면, 한때 최하 점수를 받았던 산타페 호의 승무원들이 마르케 선장의 지휘 아래에서는 해군 역사상 최고 점수를 받았다.

"리더의 목표는 명령을 내리지 않는 것입니다."라고 마르케 선장은 설명한다. "리더는 방향과 의도를 제시하고, 무슨 일을 해서 어떻게 거기에 도달할지는 다른 사람들이 알아내도록 하는 것이죠." 이 점이야말로 대부분의 조직이 맞닥뜨리게 되는 도전 과제다. "지금까지 우리는 따르기만 하고 생각은 하지 않도록 사람들을 훈련시켜왔습니다." 마르케 선장은 설명을 이었다. 사람들이 오직 따르기만 한다면 어떻게 자기 행동에 책임을 지라고 할 수 있겠는가. 지휘 계통은 명령을 위한 것이지 정보에 대한 것이 아니다. 지시받은 대로 하는 것은 책임이 아니라 복종이다. 책임은 그 상황에서 옳은 일을 하는 것이다.

마르케 선장은 꼴찌 잠수함을 최고 잠수함으로 바꾸는 데서 그치지 않았다. 그것만으로는 제한된 성취였기 때문이다. 그것은 그가 서비스하는 조직의 장기적 성공에는 큰 의미가 없었다. 말하자면 분기 실적이나 연간 실적을 맞추었으나 10년 계획은 무시하는 일이었던 것이다. 마르케 선장은 행동에 관련된 화학물질들이 보다 균형을 이룰 수 있는 환경을 조성했다. 그가 산타페 호에 만든 시스템은 복종과 성취뿐만 아니라 신뢰와 협력에도 보상을 주는 시스템이었다. 승무원들의 옥시토신과 세로토닌 수준이 상승하자 그들의 자부심과 서로에 대한 관심도 늘어났고 잠수함도 계속 임무를 성공시켰다. 사회적 화학물질들이 흘러넘치자 함께 문제를 해결하는 데도 훨씬 더 능숙해졌다.

스탠리 오닐이 이끌던 메릴린치 사의 직원들과는 달리 산타페 호의 승무원들은 무슨 일을 할지 지시를 기다리고 자기 앞가림만 하려던 모습에서 서로를 위해 희생하고 전체를 위해 일하는 모습으로 변화했다. 산타페 호의 승무원들은 선장을 무너뜨리려고 하지 않았다. 그들은 선장을 뿌듯하게 만들고 싶어 했다. 모두에게 좋은 일이었다.

마르케 선장이 부임하기 전에는 3퍼센트였던 재입대율이 33퍼센트로 올라갔다(해군 평균이 15~20퍼센트 정도이다). 평균적으로 잠수함 한 대당 두세 명의 장교가 지휘관으로 선발되지만, 산타페 호의 경우는 승선했던 장교 열네 명 중에서 아홉 명이 자기 배를 가진 지휘관이 되었다. 산타페 호는 단순히 발전만 이뤄낸 것이 아니라 리더를 양성했다.

물리학에서 힘은 에너지의 이동이라고 정의된다. 전구의 힘은 와트로 계산한다. 와트가 높을수록 더 많은 전기가 빛과 열로 바뀌고, 더 강력한 전구가 된다. 조직과 리더도 마찬가지다. 조직의 꼭대기로부터 실제로 업무를 하는 사람들, 즉 매일 무슨 일이 일어나는지 더 잘 아는 사람들에게 더 많은 에너지가 이동할수록, 더 강력한 조직과 리더가 만들어진다.

19장
리더십 교훈 3: 반드시 정직하라

이 사람과 함께 참호에 들어갈 수 있을까

대령은 회의에 몇 분 늦었다며 사과했다. 그는, 그의 표현대로 하면 '사건'을 처리하러 왔다. 당당한 풍채하며, 어느 모로 보나 해병대원이었다. 꼿꼿한 자세, 넓은 어깨, 날씬한 허리. 제복은 완벽하게 다림질되어 있고 자부심이 묻어났다. 높이 쳐든 고개는 자신감을 뿜어냈다. 버지니아 주 콴티코에 있는 해병대 장교후보생학교의 책임 장교로서 그는 자신의 책임을 매우 진지하게 생각하는 사람이었다.

해병대 장교후보생학교는 정확히 말하면 장교단을 훈련시키기 위해 만든 학교였지만 실상은 장교 선발 과정에 가까웠다. 신병훈련소(해병대 신병을 위한 기초 훈련)에서 쫓겨나는 경우는 거의 없지만 이 학교에서는 해병대 리더로서의 기준을 충족시키지 못하면 장교가 될 수 없었다. 단순히 리더가 되고 싶다거나 열심히 하겠다는 것으로는 충분하지 않았다. 능력이 뛰어나면 리더 지위를 얻을 수 있는 민간경제 부문과는 달리 해병대의 리더는 품성 또한 중요했다. 강인함이나 지적 능력, 성적만으로 되는 것이 아니었다.

이날은 한 장교 후보생에게 벌어진 일이 대령의 주의를 끈 것이었다. 사실 상황이 매우 심각해서 이 후보생을 학교에서 내쫓는 것까지 고려하고 있었다. 호기심이 발동한 나는 이 후보생이 대체 무슨 일을 저질렀는지 물었다. 해병대 장교로서의 경력을 끝장낼 만한 일이니 분명 매우 심각한 일일 것이다. 나는 그가 무슨 범죄를 저질렀는지 궁금했다.

"당직 중에 잠이 들었습니다." 대령의 말이었다.

"그게 다인가요?" 내가 말했다. "여러분은 제가 생각했던 것보다도 더 엄격하시네요." 이 친구는 잠이 들었다. 전투 중도 아니었고, 누구의 목숨을 위태롭게 한 것도 아니었다. 그는 버지니아의 숲 속에서 잠이 들었다. '그게 이 친구의 경력을 끝낼만한 일인가?' 나는 속으로 생각했다.

"잠이 든 것과는 아무 상관없습니다." 대령이 말했다. "우리가 그 일을 추궁하자 후보생은 아니라고 했습니다. 다시 추궁하자, 다시 아니라고 했습니다. 반박할 수 없는 증거를 보여주니 그제야 후보생은 '내 행동에 책임을 지고 싶다.'고 했습니다. 하지만 문제는, 뭔가 행동을 했으면 당연히 책임을 지는 것이지, 걸렸을 때만 책임을 지는 게 아니라는 겁니다."

그는 해병대에서는 신뢰와 정직이 생사의 문제로 간주된다고 설명을 계속했다. 리더가 될 지금 이 후보생이 해병대 소대의 책임자가 된다면, 소대원들은 자기 장교가 주는 정보가 진실인지 (혹은 좋은 정보인지, 나쁜 정보인지, 그저 그런 정보인지) 완전히 신뢰할 수가 없을 것이다. 그러면 소대원들은 망설이거나 장교의 결정을 의심하거나 하면서 한 팀으로 뭉치지 못할 수도 있다. 그렇게 되면, 우리를 책임져야 할 사람을 우리가 신뢰할 수 없게 되면, 문제가 발생한다. 해병대의 경우 이것은 사람이 죽을 수도 있다는 뜻이다.

장교에게 복종하라고 지시받은 해병대원이, 잠깐이라도, 이 장교가 발뺌을 하기 위해 혹은 사실을 포장하기 위해 진실을 회피하거나 본인들 행동의 책임을 지지 않을 수도 있겠다고 의심하게 되면, 안전권은 쪼그라들고 해병대 전체의 구조와 효용이 썩어 들어가게 된다. 해병대원들이 그렇게 뛰어난 것은 단순히 크고 강인하고 두려움을 몰라서가 아니다. 해병대원들이 뛰어난 것은 서로를 신뢰하기 때문이고 계급에 관계없이 옆에 있는 사람이 할 일을 할 것이라고 한 점 의심 없이 믿기 때문이다. 이것이 바로 하나의 집단으로서 해병대가 그토록 효과적인 이유다.

이 점은 모든 조직에서 마찬가지다. 생사의 문제가 걸린 조직이 아니더라도 말이다. 회사의 리더가 자신이나 회사를 실제보다 훌륭하게 꾸미기 위한 말, 혹은 창피나 책임을 피하기 위한 말을 하고 있다고 의심되면, 그 사람에 대한 신뢰가 흔들리게 된다. 이것은 자연스런 반응이다. 우리의 뇌는 받아들인 정보를 해석할 때 '우리'의 생존을 염두에 둔다. 리더가 자기 자신을 위해 진실을 왜곡하고 있다고 의심하면, 무의식적으로 우리 마음은 그 사람과는 함께 참호에 들어가지 않으려고 한다.

똑같이 훈련 중에 잠이 들었던 다른 해병대원도 있었다. 그는 그 사실을 즉시 인정했고 합당한 처벌을 받았다. 리더십의 관점에서 보면 이 사람은 해병대에서 아무 문제도 없다. 그는 실수를 저질렀고 실수는 용납할 수 있다. 그는 정직했고 자기 행동에 즉시 책임을 졌다. 해병대원들은 리더가 언제나 옳아야 한다고는 생각하지 않는다. 리더십이란 옷깃에 표시된 계급이 아니다. 그것은 품성과 떼려야 뗄 수 없는 책임감이다. 리더십은 정직하고 솔직하게 책임지는 모습이다. 이런 모습이 신뢰를 낳는다. 리더십은 우리가 듣고 싶은 말을 하는 것이 아니라 우리가 들어야 하는 말을 하는 것이다. 진짜 리더가 되고 싶다면, 깊은 신뢰와 충성심을 얻고 싶다면, 우선 진실을 말하라.

신뢰를 무너뜨리는 최상의 방법

"정직이 우리의 기초입니다." CEO는 그렇게 말했다.

《메리엄 웹스터 대학사전》에 따르면 '정직integrity'은 '특히 도덕적 가치 혹은 예술적 가치의 원칙을 확고히 지키는 것'을 뜻한다. 이 말은 곧 정직하게 행동한다는 것은 법률의 테두리 내에서 행동한다는 것보다 때로는 더 높은 기준이라는 뜻이다. 비슷한 말로는 '청렴결백Incorruptibility'이 제시되어 있다. 정직은 벽에 걸린 사훈에 적힌 단어 이상의 의미가 있다. 정직은 우리가 서로를 신뢰하는 이유이다(이 CEO의 표현을 빌자면, 신뢰의 '기초').

우리는 다른 사람, 특히 (좋든 나쁘든) 리더가 준 정보가 진실인지 알아야 한다. 누군가 말을 하면 진심인지 알아야 한다. 상대의 정직성이 의심된다면 우리 또는 사랑하는 사람의 목숨을 내놓고 그 사람을 신뢰할 수는 없다. 상대의 정직성이 의심된다면 우리는 그와 함께 참호에 뛰어들기 전에 망설여질 것이다. 공동체 구성원의 정직은, 우리의 뇌가 인지하듯이, 생사가 달린 문제다.

인간으로서 그리고 사회적 동물로서 우리는 사람들이 주는 정보와 그의 행동을 끊임없이 평가하도록 되어 있다. 이것은 끊임없이 진행되고 있는 과정이다. 누군가 한 가지 진실을 말해줬다고 해서 우리가 그 사람을 신뢰하지는 않는다. 우리 뇌가 납득할 만큼, 어느 개인이나 조직이 정직한 중개인이라는 증거가 쌓여야 신뢰가 형성된다. 정직이 효과가 있으려면 단순히 마음의 상태가 아니라 행동이 필요한 이유는 바로 이 때문이다. 정직은 우리의 말과 행동이 의도와 일치해야 한다. 정직이 결여되면 잘해봐야 위선이고 나쁘게 말하면 거짓말이다. 비즈니스 세계에서 가장 흔히 볼 수 있는 정직의 결여는 기업의 리더가 진실이 아닌, 남들이 듣고 싶어 하는 말을 할 때이다.

우리가 정치가들을 신뢰하지 않는 이유가 바로 이것이다. 어느 정치가가 했던 말을 모조리 적어놓고 그 말에 모두 동의한다고 하더라도 우리가 그를 잘 신뢰하지 않는 이유는 정치가가 항상 진심을 말하지는 않을 거라고 의심하기 때문이다. 우리는 심지어 친한 친구나 가족의 말이나 신념에 대해서도 전부 다 동의하지는 않는다. 그러니 어느 정치가가 우리와 완벽하게 일치한다면 그는 전적으로 정직한 사람은 아니라고 보는 편이 타당할 것이다.

정치가들은 선거 운동 때 길에서 악수를 하고 우리에 관해 연구하며 시간을 보낸다. 하지만 정말 우리를 걱정한다면 1년 내내 우리를 만나고 악수하며 시간을 보낼 것이다. 2012년 대통령 후보였던 론 폴은 국민들에게 인기가 없는 의견을 갖고 있었다. 그럼에도 그는 다른 후보들보다 더 신뢰할 만한 사람이었다. 그는 선거에 도움이 되지 않는 의견도 서슴지 않고 말했기 때문이다. 게다가 그 의견들은 그의 과거 발언들과 일치했다. 나는 많은 문제에서 론 폴과 의견을 달리하고 있고 그에게 투표하지도 않겠지만 참호에 들어가게 된다면 내가 표를 던졌던 사람들보다는 론 폴을 더 신뢰할 것이다. 오직 한 가지 이유, 그의 정직함 때문이다.

정직은 서로 의견이 일치할 때 솔직한 것을 말하는 것이 아니다. 정직은 우리의 의견이 불일치할 때, 심지어 우리가 실수나 실책을 범했을 때도 솔직한 것이다. 다시 말하지만 사회적 뇌로 상황을 파악하며 신뢰하는 인간관계를 쌓아야 하는 것은 생사가 달린 문제다. 그렇지 않고 현대 서구식 삶에서라면, 안전하게 보호받는다고 느낄 것이냐, 아니면 고립되고 위험한 기분을 느낄 것이냐의 문제다. 우리는 사람들이 불안할 때 자신의 이미지를 보호하기 위해 그것을 숨기거나 꾸며대지 말고 그냥 인정하기를 원한다. 이야기를 꾸며대는 것은 자기 이익만 차리는 것이고, 그런 이기적 동기는 집단에게 해를 끼치거나 위험을 초래한다. 간단한 이치다.

리더에게는 정직이 특히 더 중요하다. 우리는 리더가 선택한 방향이 그 자신에게만 좋은 것이 아니라 우리 모두를 위해 좋은 방향이라고 신뢰할 수 있어야 한다. 한 부족의 구성원으로서 소속감을 느끼고 싶고 부족이 당연히 나를 보호해주고 지원할 거라 믿고 싶은 우리는, 리더를 맹목적으로 따르는 것이 우리에게도 좋은 일이라는 믿음(또는 희망)으로 그를 따를 것이다. 이게 바로 우리와 리더 사이에 체결하는 계약이다. 집단에 속한 우리는 리더의 비전이 현실이 되도록 열심히 노력해야 하고, 그러는 동안 리더는 정직한 평가와 의견으로 우리를 보호해야 한다. 우리는 리더가 정말로 우리를 걱정한다고 느껴야 한다. 앞의 CEO가 말했던 것처럼 말이다.

"정직이 우리의 기초입니다." 이 말은 월마트의 글로벌보상위원회의 CEO 및 회장, 이사 겸 집행위원회 회장인 마이클 듀크가 주주들에게 한 말이다. "우리의 문화가 우리의 정체성입니다. 이것은 그저 본사 벽에 걸려 있거나 매장 뒤편 사무실 게시판에 적혀 있는 말들이 아닙니다. 정직이 우리를 특별하게 만듭니다. 정직이 우리를 경쟁자들과 구분합니다. 그리고 정직은 어디서나 호소력을 갖습니다. 따라서 우리가 어디로 진출하든, 어떤 변화를 일으키든 우리는 반드시 튼튼한 문화를 유지해야 합니다. 소매업체로서 개인을 존중하는 회사, 고객을 우선시하는 회사, 뛰어나려고 노력하는 회사, 신뢰받는 회사야말로 미래를 쟁취한다고, 나는 진심으로 믿고 있습니다."

나는 문화의 가치를 믿는 리더들을 존경한다. 사람을 우선시하는 리더들을 존경한다. 정직이 조직의 기초라고 믿는 사람들에게 깊은 신뢰를 느낀다. 이런 믿음들이 바로 튼튼한 문화의 재료이며, 그런 문화가 있어야 구성원들은 서로에게, 그리고 조직에 헌신할 수 있다. 사람을 우선시하는 태도, 정직에 대한 약속은 미 해병대 문화의 중추이며, 배리웨밀러가 의사결정을 내리는 원동력이다(굳이 기자회견을 열어 이런 사실을 밝히지 않더라도 말이다).

하지만 만약 듀크가 똑같은 주주회의에서 자신에게는 '성장'이 최우선순위라고 말한다면 우리는 어떤 기분이 들까? 고객일 줄 알았더니! 그렇다면 한 집단의 사람들이 공통으로 가진 가치와 신념의 총합이라고 정의되는 '문화'는 그냥 벽에 걸린 단어들에 불과하다는 얘기일까?

월마트의 2011년 주주총회 자료를 보면 듀크는 그 해 1,810만 달러를 벌었다. 자료에 드러나지 않는 점은 월마트가 듀크의 보너스 계산 방법을 바꿨다는 사실이다. 오랫동안 월마트 CEO의 보너스는 동일 매장 매출 기준을 사용했으나 듀크가 의장이었던 위원회는 더 달성하기 쉬운 목표, 즉 총판매액으로 기준을 바꿨다. 알고 보니 동일 매장 매출은 2년째 감소 중이어서 기준을 바꾸지 않으면 듀크의 보수가 줄어들었을 상황이었다. 규칙을 바꾸자 그의 '실적' 평가는 (월마트 인터내셔널 덕분에 심각하게 부풀려진) 총매출을 충분히 활용할 수 있었다.

위스콘신 주 커노샤에 있는 월마트의 직원인 재키 괴벨은 듀크처럼 회사 실적을 기준으로 연간 보너스를 받았다. 2007년에 괴벨의 보너스는 동일 매장 매출을 기준으로 했고 1,100달러가 넘었다. 하지만 듀크와는 달리 괴벨의 보너스 구조는 바뀌지 않았고, 듀크가 1,810만 달러를 벌었던 해에 괴벨은 41.18달러를 받았다. 규칙은 조직 내의 모든 사람에게 혜택을 주려고 바뀐 것이 아니었다. 맨 꼭대기에 있는 사람만을 위해 바뀐 것이었다.

마이크 듀크와 이사회가 어느 그룹에게 말하는 우선순위는 다른 그룹에게 말하는 우선순위와는 달라 보인다. 그들은 정직의 정의와는 정반대로 행동하는 것처럼 보이지만, 이것이 전적으로 그들의 잘못은 아니다. 문제는 이들이 오직 스프레드시트의 수치를 통해서만 자신이 내린 결정이 다른 사람에게 어떤 영향을 주는지 알 수 있다는 점이다. 이것은 파괴적 풍요의 또 다른 부작용이다. 월마트와 같은 규모로 회사를 운영하면서 무슨 수로 안전권을 자신 및 고위 임원들 바깥으로까지 확대하겠는가? 실제로 알고 지내는 사람이 그들뿐인데 말이다.

리더들이 추상화된 환경에서 활동한다면 자연히 그들은 타인의 이익보다는 자신의 이익을 우선할 것이다. 안전권을 넓히기보다는 핵심층을 우선시할 것이고, 이것은 회사 전체에도 본보기가 될 것이다. 리더들이 자신의 이익을 보호하는 조치를 취하면, 특히나 다른 이들을 희생시키면서까지 그렇게 하면, 다른 모든 사람도 그렇게 해도 된다는 메시지를 내보내는 것이 된다. 정직성이 의심되는 그런 결정을 내린 데 대해 듀크가 책임을 져야 하고 또 책임질 수 있는 이유는 바로 이 때문이다.

회사의 리더는 직원들의 분위기를 결정하고 방향을 잡는다. 위선자나 거짓말쟁이, 사리사욕만 챙기는 리더는 위선과 거짓말, 사리사욕만 챙기는 직원들이 가득한 문화를 만들어낸다. 진실을 이야기하는 회사의 리더는 진실을 이야기하는 직원 문화를 만들어낸다. 복잡할 것이 전혀 없다. 우리는 리더를 따를 뿐이다.

2005~2009년 사이 랄프 로렌의 아르헨티나 자회사의 총지배인은 몇몇 직원들과 함께 공무원들에게 정기적으로 뇌물을 상납하고 있었다. 조기 선적과 수입규제 회피에 대한 대가였다. 직원들은 관세사를 통해 뇌물을 만들었는데 꼬리를 밟히지 않기 위해 송장을 위조하는 지경에 이르렀다. 지불한 내역을 위장하려고 가짜 항목을 만들었고 '선적 및 배송 비용'이나 '세금' 등과 같은 이름으로 기재했다. 4년이 넘도록 랄프 로렌의 아르헨티나 직원들은 세관 공무원들에게 뇌물을 가져다 바쳤다. 그 중에는 현금, 보석, 고가의 의류뿐만 아니라 소비자가격이 1만 달러가 넘는 핸드백도 있었다.

수많은 국제 무역법을 어긴 이 범죄에 관해 알게 된 랄프 로렌의 리더들은 경보를 발령했다. 그들은 이 사실을 은폐하려 할 수도 있었고, 비싼 홍보회사를 영입해 이야기를 왜곡함으로써 회사를 방어할 수도 있었다. 그러나 랄프 로렌의 경영진은 뇌물에 관해 알게 된 지 며칠도 지나지 않아, 미 당국에 연락해 자신들이 발견한 사항을 설명하고 연방 정부에서 거래 내역을 조사한다면 협조하겠다고 했다.

'신뢰를 쌓는 데 필요한 것은
진실을 말하는 것뿐이다.'

모회사에서 밝혀낸 바에 따르면 뇌물 규모는 모두 합쳐 거의 60만 달러에 달했다. 결국 랄프 로렌은 벌금과 수수료 등 명목으로 법무부에 88만 2,000달러, 증권거래위원회에 73만 2,000달러를 납부해야 했다. 하지만 이 돈은 그럴 만한 가치가 있었다. 잠이 들었던 것에 대해 책임을 지고 벌을 받아들였던 그 해병대원처럼 랄프 로렌은 신뢰할 만한 기업임을 보여주었다. 랄프 로렌의 리더들에게 필요했던 것은 오직 진실을 말하는 것이었다. 회사는 160만 달러의 벌금을 물었지만, 솔직하지 못했더라면 회사의 명성에 먹칠을 하고 수많은 직원들과 함께 쌓아온 신뢰를 잃었을 것이다. 이익 때문에 정직함을 훼손할 수는 없는 일이었다.

신뢰를 쌓는 데 필요한 것은 진실을 말하는 것뿐이다. 그게 전부다. 전혀 복잡할 것이 없다. 어떤 이유에서인지 많은 회사의 직원과 리더들이 진실을 말하지 않거나 잘못한 적이 없는 양 꾸며댄다. 다시 말하지만, 모든 것을 생존의 관점에서 평가하는 우리의 원시적 뇌는 그런 거짓을 간파할 수 있다. 우리가 정치가나 대기업을 불신하는 이유가 바로 이것이다. 그것은 정치 자체, 혹은 대형 사업 자체와는 무관하다. 그것은 정치가나 기업 리더들이 우리에게 어떤 식으로 말하는가와 관련된다.

누구나 자신이 일하는 회사의 매니저나 리더를 살펴본 후 다음과 같이 자문해봐야 한다. '나는 저 사람과 함께 참호에 들어가고 싶은가?' 그리고 직원들의 노력에 의존하는 회사 리더나 매니저들 역시 스스로에게 물어보아야 한다. '직원들이 아니라고 답한다면 우리 회사는 과연 얼마나 튼튼한가?'

진실을 이야기해야 하는 이유

직불카드의 사용 대가로 고객들에게 월 5달러를 청구하려다 역풍을 맞았던 뱅크오브아메리카의 CEO 브라이언 모이니핸은 회사는 '이윤을 창출할 권리'가 있다고 주장했다.

하지만 그런 말로는 전국에 있는 뱅크오브아메리카 고객들이 느낀 분노를 잠재울 수 없었다. 고객들은 항의의 뜻으로 다같이 은행계좌를 폐쇄하겠다고 선언했다. 로스앤젤레스와 보스턴에서 시위가 벌어졌고, 워싱턴의 한 여성은 노스캐롤라이나 기반의 이 회사에 반대하는 서명을 30만 명으로부터 받아 연대의식을 보여주었다.

고객들의 분노에 더욱 불을 지핀 것은 수수료가 뱅크오브아메리카의 계좌를 보유한 사람들 모두에게 청구되는 것이 아니라는 점이었다. 돈 많은 사람들은 수수료가 면제됐다. 영향을 받는 것은 대부분 일반 당좌계좌를 개설한 고객들, 즉 주로 한 달 한 달 월급에 의존해 사는 사람들이었다.

뱅크오브아메리카의 리더들은 새로운 정책 발표 이후에 폐쇄 계좌 수가 평소보다 많아졌는지 밝히기를 거부했다. 하지만 정책 발표로부터 정확히 33일 후인 2011년 11월 1일 화요일, 뱅크오브아메리카는 계획을 취소한다는 보도자료를 배포했다.

대형 기업의 리더들은 자신들이 내린 결정을 빈번하게 뒤집는다. 우리는 사람이든 기업이든 실수를 할 수도 있고 멍청한 선택을 할 수도 있다고 생각한다. 그 점에 대해 우리는 아무런 불만도 없다. 언제나 옳은 결정을 내리기 때문에 사람들 사이 혹은 사람과 조직 사이의 신뢰가 생기는 것은 아니기 때문이다. 신뢰를 만드는 것은 정직한 태도다. 그런데 뱅크오브아메리카는 수수료 추가 아이디어를 폐지하기로 했을 때 정직한 태도를 보이지 않았다.

뱅크오브아메리카는 처음에 이 수수료 아이디어를 업계 내부에서만 논의했는데 당시에는 동기와 의도가 명확했다. 뱅크오브아메리카는, 다른 은행들과 마찬가지로 금융 위기 이후 은행이 수수료를 부과하는 방식에 제한을 만든 도드프랭크법에 반대한다는 입장을 분명히 하고 있었다. "최근의 규제로 인해 직불 카드를 제공할 때의 수익성이 변했습니다."라고 뱅크오브아메리카의 대변인은 말했다. 이 새로운 수수료가 왜 생겼는지는 널리 보도되기도 했고 이론의 여지도 없었다. 손실을 메우기 위한 방책이었다. 많은 은행이 이 방안을 고려하고 있었고 뱅크오브아메리카가 그 첫 방아쇠를 당긴 것뿐이었다.

문제는 뱅크오브아메리카가 금융계와 대중에게 서로 딴소리를 했다는 점에 있었다. 이 계획을 공식적으로 밝혔을 때 뱅크오브아메리카는 뻔뻔하게도 이 수수료가 '고객들이 사기 방지와 같은 추가적 혜택을 누릴 수 있기 위한 것'이라고 말했다. 둘러댄 말조차 훌륭하지 못했다. 이것은 마치 제너럴모터스 사가 고객들이 신차의 놀라운 성능을 즐길 수 있게 고객이 운전을 할 때마다 매일 5달러를 청구하겠다고 말하는 것이나 다름없었다. 뱅크오브아메리카의 고객들은 이 말을 납득할 수 없었다. 이렇게 대중의 분노에 부딪히자 뱅크오브아메리카는 말을 바꾸었다. 간결하게 네 문장으로 된 보도 자료를 통해 뱅크오브아메리카는 스스로 손상시킨 회사의 위상을 회복해보려 했다.

《비즈니스 와이어》— 2011년 11월 1일, N. C. 샬럿
'뱅크오브아메리카, 직불카드 사용 수수료 시행 안 한다

고객들의 의견과 변화하는 경쟁시장에 대응해 뱅크오브아메리카는 더 이상 직불카드 사용 수수료 시행을 추진하지 않기로 했다. "지난 몇 주간 고객들의 의견을 세심히 들어보니 고객들이 직불카드 사용 수수료 부과안을 우려하고 있는 것을 알게 되었습니다."라고 공동 최고운영책임자 데이비드 다넬은 말했다. "고객의 목소리는 저희 회사가 가장 중시하는 사항입니다. 저희는 현재 수수료를 부과하고 있지 않으며 앞으로도 추가적인 계획을 추진하지 않을 것입니다."'

여담이지만, '고객의 의견을 듣는 것'은 보통 결정을 내리기 전에 일어나는 일이지, 결정한 후에 벌어지는 일이 아니다. 하지만 이 점은 그냥 넘어가기로 하자. 실제로 뱅크오브아메리카의 경영진이 듣고 있었던 것은 TV 앵커들의 꾸짖는 소리와 시위자들이 사무실 밖에서 외치는 소리, 자기들 계좌에서 돈이 빠져나가는 소리였다. 고객들은 평소보다 훨씬 많은 계좌를 폐지했다고 전해진다.

뱅크오브아메리카가 고객들에게, 그리고 월스트리트에 신뢰를 쌓기 위해 해야 했던 일은 오직 진실을 말하는 것이었다. 그게 전

부였다. 결정 번복에 관한 보도자료가 오히려 다음과 같았다면 어땠을까?

《비즈니스 와이어》— 2011년 11월 1일, N. C. 샬럿
'뱅크오브아메리카, 이 정도까지 반발 예상 못 해
고객들의 격렬한 항의와 언론의 매우 부정적인 반응에 뱅크오브아메리카는 더 이상 직불카드 사용 수수료 시행을 추진하지 않기로 했다.

"저희는 이전보다 큰 경제적 도전을 맞고 있습니다."라고 공동 최고운영책임자 데이비드 다넬은 말했다. "매출 신장 노력의 일환으로 저희는 직불카드 구매에 수수료를 부과할 생각을 했습니다. 어느 정도의 반발은 예상했으나 이 정도일 줄은 몰랐습니다. 저희는 어느 고객에게도 직불카드 구매에 대해 추가적인 수수료를 부가할 계획이 없습니다. 나아가 근시안적으로 생각한 데 대해 사과드립니다. 저희는 고객이 얼마나 소중한지, 고객이 우리의 재정 상태에 얼마나 큰 영향을 줄 수 있는지에 대해 중요한 교훈을 배웠습니다.'"

그들의 결정은 여전히 고객의 이익에 정면으로 반했겠지만 그 점에 대해 솔직했다면 오히려 신뢰 형성 측면에서는 더 나았을 것이다. 뱅크오브아메리카가 그냥 진실을 말했더라면 오히려 명성을 개선할 수 있었을 것이다. 어느 조직에 대한 신뢰는 개인에 대한 신뢰와 똑같은 방법으로 형성된다. 사회적 유대를 더 잘 선택하고, 방어적 자세를 취하지 않아도 될 사람, 약한 모습을 보여

도 될 사람, 혹은 등을 돌려야 할 사람을 알기 위해서는 우리는 상대에게 무엇을 기대할 수 있는지 알아야 한다. 이것은 이기고 지는 문제가 아니다. 우리가 알고 싶은 것은 이 사람과 함께 참호에 들어가도 안심할 수 있을까 하는 점이다.

요즘 기업들 사이에는 들킨 후에야 '자기 행동에 책임'을 진다던 그 해병대원처럼 행동하려는 불편한 경향이 있다. 나쁜 짓을 하다가 들켰을 때 리더들이 모여서 벌칙을 완화하거나 회피할 방안을 논의해야 할까, 아니면 더 높은 도덕 규칙, 즉 윤리 규범과 정직에 기초해서 옳은 일을 해야 한다고 논의해야 할까? 랄프 로렌의 리더들과는 달리 뱅크오브아메리카의 리더들은 고객을 걱정하는 척 정보를 왜곡하는 쪽을 선택했다. 실제로는 자기 앞가림에 급급했던 것이 명백한데 말이다.

예컨대 당신 회사가 갑자기 최대 고객을 잃게 되어서 재정비 기간 동안 당신 부서의 전 직원이 임금을 삭감해야 한다고, 어쩌면 일시 해고를 당할지도 모른다고 사장이 말했다고 치자. 사장은 당분간은 힘이 들겠지만 계속 남아 준다면 상황이 나아진 후에 보상하겠다고 말한다. 당신은 이 정보를 준 사람이 누구일 때 보다 믿음이 가겠는가? 뱅크오브아메리카의 경영진인가, 아니면 랄프 로렌의 경영진인가? 선불교에서 말하듯이, 하나를 보면 열을 아는 법이다.

20장
리더십 교훈 4: 친구가 되라

이길 것인가, 봉사할 것인가

1990년대 초에 조지아 주 제6선거구의 공화당 의원 뉴트 깅리치는 수십 년간 민주당이 의회를 장악한 데에 좌절한 나머지, 이제부터 공화당을 다수당으로 만들겠다고 결심했다. 다만 문제라면 그가 고장 나지도 않은 시스템을 뜯어고치려 했다는 점이다.

그동안 양당은 사실 상당히 잘해왔다. 비록 민주당이 의회에서 다수를 차지하기는 했지만 당시만 해도 양당의 제1목표는 누가 주도권을 가졌는지 보여주는 것이 아니라 누가 일을 잘해내는지 보여주는 것이었다. 누가 다수당이 되었건 여전히 반대당의 협조가 필요하다는 사실을 알고 있었기 때문에 민주당원들은 무슨 일을 해낼 때마다 공로를 독차지하지는 않았다. 양당 모두 승리를 주장할 수 있고 각자의 지지층에 호소할 수 있도록 막후에서 노력이 진행되었다. 선거가 거듭되어도 민주당이 무조건 다수당이었지만 그것은 민주당이 더 잘나서가 아니었다. 주도권이 제1목표가 아니었을 때는 협조를 통해 성공적으로 일들을 처리하고 양당 모두 필요한 것을 충족시킬 수 있었다.

또한 당시에는 의원이 되면 가족과 함께 워싱턴 D. C.로 이사를 하고 의회 일정이 허락될 때마다 선거구 사무실을 가능한 자주 방문하는 것이 관례였다. 워싱턴은 좁은 세상이어서 의원 가족들은 당적에 상관없이 같은 교회, 같은 학교를 다녔다. 민주당 의원과 공화당 의원은 낮에는 위원회에서 논쟁하고 토론하고 서로를 비난했지만, 밤에는 같은 학교 행사와 바비큐 파티, 칵테일 파티에 참석했다. 서로의 차이에도 불구하고 인간관계가 형성되었고 서로 신뢰하고 협력하는 능력도 생겼다.

전 뉴스 앵커이자 하버드 대학교 케네디 행정대학원 연구원이었던 찰스 깁슨은 사우스다코타 주 민주당 상원의원 조지 맥거번과 캔자스 주 공화당 상원의원 밥 돌이 상원의회에서는 상대방의 정책에 대해 마구 비난을 퍼붓지만 같은 날 다른 자리에서 보면 제일 친한 친구처럼 보였다고 회상했다. 또 다른 예를 보면 거침없는 민주당 하원의장이었던 오닐은 공화당 리더 밥 마이클과 정기적으로 미팅을 가졌었다. 그들은 협력했었다.

깁슨은 레이건의 조세 감면 정책이 한창 논의 중이던 1980년대 초에 오닐이 의회에서 했던 말을 기억한다. "[대통령은] 이 나라 보통 사람들에 대해서는 걱정도, 배려도, 관심도 없습니다." 그러자 레이건 대통령은 오닐을 '순전한 선동가'라고 비난했다. 나중에 대통령이 '분위기를 풀려고' 오닐을 부르자 오닐은 이렇게 답했다고 한다. "여보게, 그게 정치잖나. 6시가 넘으면 우린 친구일 수 있지만 6시 전에는 정치가인 거지." 요즘에는 밤낮으로 정치만 계속되고 우정을 쌓을 시간은 없는 것 같다.

실제로 그랬다. 반대당의 의원들은 우정을 통해 서로의 관점을 이해하고 간극을 메웠다. 그들에게는 공동의 목표의식이 있었다. 60년대, 70년대, 80년대 대부분의 기간 동안 워싱턴에서는 분쟁이 끊일 날이 없었지만 그 동안에도 의회는 제 기능을 했다. 대부분의 경우 민주당과 공화당은 협력할 방법을 찾아내곤 했다. 그리고 이런 일은, 생물학과 인류학적으로도 설명되듯이, 물리적으로 함께 일하며 서로를 알아갈 때 가장 효과적으로 일어났다.

그러나 그 무엇보다 승리에 집착했던 걸로 보이는 깅리치라는 인물이 의회를 완전히 새로운 방향을 돌려놓았다. 협력은 사라졌고, 주도권이 새로운 목표가 됐다. 그가 선택한 전략은 기존 시스템을 완전히 분열시키는 방법이었다. 현 상태를 흔들어놓기 위해 깅리치는 전면적으로 뜯어고치지 않으면 안 될 만큼 시스템이 완전히 부패한 것처럼 보이게 만들려고 노력했다. 그리고 1994년에 그는 성공했다. 공화당이 의회를 장악했고 깅리치는 하원의장이 되었으며 양당 사이의 협력에 대한 희망은 사라졌다.

깅리치는 자신이 책임자가 되자 수많은 변화를 일으켜 워싱턴의 일하는 방식을 완전히 바꿔놓았다. 우선 정치자금 모집을 늘렸다. 의원들이 워싱턴이 아니라 지역 선거구에서 대부분의 시간을 보내야 한다는 생각도 새로운 변화 중 하나였다. 1980년대에는 의원들 중 거의 3분의 2가 워싱턴 D. C.에 살았지만, 지금은 겨우 손으로 꼽을 정도이다. 대신 의원들은 주중에만 잠깐 워싱턴으로 날아간다. 화요일에 의회에 도착했다가 목요일 저녁에 고향으로 돌아가는 것이다. 그 결과 민주당 의원과 공화당 의원의 관계에는 중대한 변화가 생겼다. 일주일 중 대부분의 시간을 자신들이 일하는 곳으로부터 떨어져 보내는 것은 정치자금 모집 때문이다. 양당 의원들은 이제 서로 대화할 기회가 줄었고, 지난 세대의 입법자들과는 달리 일상에서 서로 어울리지도 않는다. 그렇다보니 신뢰를 형성할 기회도 거의 없다.

물론 지금처럼 의회에 깊숙한 골이 생긴 데는 다른 많은 원인이 있고 깅리치의 영향력은 그 원인 중 하나에 불과하다. 선거구 조정과 고도로 정치화된 미디어 프로그램도 양극화에 기여했고, 인터넷에 대한 과도한 의존 역시 영향이 있었다. 아무데서나 이메일을 보내면 되는데 굳이 왜 워싱턴에서 얼굴을 맞대고 일하겠는가?

의원들은 권력을 나누던 상황에서 권력을 축적하는 방향으로 옮겨갔다. 가이드가 될 만한 비전이나 목적도 하나 없이 우리는 이타적 목표 추구의 정치에서 개인적 이득 추구의 정치로 옮겨갔다. 기업들이 고객에 대한 봉사에서 주주에 대한 봉사로 옮겨간 것처럼, 의회도 협력의 문화에서 투쟁의 장으로 옮겨갔다.

진정으로 리드하려면 모든 리더는 복도를 돌아다니며 자신이 봉사하는 사람들과 함께 시간을 보내야 한다. 해병대에서는 이것을 '보는 리더십'이라고 부른다. 우리가 선출한 관료들에게도 똑같이 해당되는 얘기다. 하지만 실상은 그렇지 못하다. 지금의 의원들은 유권자들에게 더 많이 봉사하기 위해 지역구에서 많은 시간을 보낸다고 말하지만 실제로 유권자들과 눈을 마주치고 봉사하지는 않는다. 우리가 선출한 대표들이 지역구에서 공장을 방문하고 시민들의 요구를 이해하려고 노력한다는 얘기는 거의 들을 수 없다(아마도 선거기간만 빼고). 그들이 고향에 와서 주로 하는 일은 다음 선거에 도움이 될 정치자금 모집활동이다. 함께 일하는 사람들과 단절되면, 우리는 내가 책임지는 사람들의 필요가 아니라 나 자신의 필요를 위해 더 많은 시간을 보내게 된다.

민주당 초선 의원들을 위한 파워포인트 프레젠테이션에서 민주당 의원 선거 위원회는 의원들이 워싱턴에 있는 동안의 '모범 스케줄'을 예시로 보여주었다. 4시간 동안은 선거자금 모집을 위한 전화를 걸고, 1~2시간은 유권자를 방문하고, 2시간은 의회나 위원회에서 일하고, 1시간은 봉사(조찬, 인사 다니기, 언론), 1시간은 재충전 시간이었다. 단임 의원이었던 톰 페리엘로는 《허핑턴 포스트》지에서 다음과 같이 말했다. "자금 모집에 4시간이 할당된 건 '초선 의원들이 너무 겁먹을까 봐 낮춰 잡은 것'일 수도 있어요."

의원들이 모범 스케줄을 지키건 지키지 않건 이것은 수치 목표를 달성해야 한다는 압박의 또 다른 예다. 인간 관계를 형성하고, 합의점을 찾고, 공공복지를 발전시키는 대신, 선거에 이기고 권력을 유지해야 하는 것이다. 실무를 하는 사람들을 걱정하기보다는 수치 목표 달성을 더 걱정하는 공개 기업의 CEO와 마찬가지로, 우리가 선출한 관료들도 우선순위가 거꾸로 되어 있다.

그러니 의회 내의 관계가 엉망인 것은 놀랄 일도 아니다. 언제나 양당 간에는 높은 적대감이 형성되어 있다. 베테랑 의원들의 얘기를 들어보면 과거에는 새로운 법안에 대한 토론의 80퍼센트가 위원회가 문을 닫은 후 뒤에서 이루어지고 20퍼센트만 회의장 카메라 앞에서 이뤄졌다고 한다. 요즘 정당의 지도부는 위원회에서 먼저 합의점을 찾아볼 생각도 하지 않고 회의장에서 토론을 벌인다.

30년간 정치활동을 한 메인 주의 공화당 상원의원 올림피아 스노는 쉽게 이길 것을 알지만 2012년 재선에 나서지 않기로 했다. 스노는 한 지역 신문과의 인터뷰에서 이렇게 설명했다. "한 번의 임기를 더 보내는 것이 과연 얼마나 생산적일지 생각해보지 않을 수 없었습니다. 안타깝지만 현실적으로 생각할 때 최근 상원의 당파성이 단기간 내에 변할 거라고 기대할 수는 없더군요. 그러니 공직 생활의 이 시점에 다시 6년을 더 상원에 헌신할 준비가 나는 되어 있지 않다고 판단했습니다." 스노는 공직에 평생을 헌신했으나 적대적 환경에 좌절한 나머지 이제 떠나려고 하는 많은 이들 중 한 명일 뿐이다. '좋은 사람들'이 떠나버린다면 앞으로 우리 정부를 손아귀에 넣을 사람들은 현재의 시스템에서 이득을 보거나 아니면 근시안적이고 이기적인 문화에도 불구하고 과도한 정치자금 모집을 견뎌낼 만한 비위를 가진 사람일 것이다.

정부가 이렇게 공격적인 분위기라면 신뢰는 줄어들고 발전은 더뎌질 것이다. 2013년 1월 갤럽 조사에 따르면 미 의회에 대한 미국인들의 지지율은 14퍼센트에 불과했다. 이런 수치는 12세기

몽고에서 4,000만 명이 넘는 무고한 시민을 학살한 것으로 유명한 칭기즈 칸에 대한 지지율이나 중고차 세일즈맨에 대한 지지율보다도 낮은 수치이다. 같은 조사가 보여주듯이, 미국인의 4분의 3이 '현재 워싱턴의 정치 방식'은 미국에 해롭다고 생각하는 것도 놀랍지 않은 일이다. 우리가 알고 있는 신뢰와 협력, 발전이 생기기 위한 모든 여건을 고려해볼 때 여론조사 결과가 옳다.

사회적 동물로서 우리가 신뢰하고 협력할 때 가장 생산적이라면 신뢰와 협력이 부족할 때는 제대로 일을 할 수 없다는 뜻이다. 지금 의회는 정치 기구로서 대체로 제 기능을 못하고 있다고 여겨진다. 이 책이 쓰인 당시 미국의 112회 국회(2011년 1월 3일부터 2013년 1월3일까지)는 역사상 가장 양극화된 국회로 간주되었다. 112회 국회는 1940년대 이후 가장 적은 수의 법안(단 220개)을 통과시켰다. 직전 국회는 383개의 법안을, 그 전 국회는 460개 법안을 통과시켰다. 법안 통과를 협력의 척도로 삼을 수 있다면, 이전에 가장 비생산적인 국회라는 기록을 갖고 있던 104회 국회(1995년에서 1996년까지)조차 333개의 법안을 통과시킴으로써 112회 국회보다는 100개나 많은 법안을 통과시켰다.

인간의 정치적 속성을 무시하자 국회의 일처리 능력은 계속 하향세를 보이고 있다. 그리고 그 영향은 심대하다. 정치 전문가들에 따르면 대중들은 대체로 2008년 경제 위기가 의원들이 제대로 협력하지 못한 탓이라고 생각하고 있다. 재정 적자가 개선되지 않는 것, 사회보장제도가 개혁되지 못하는 것, 기후 변화에 제대로 대처하지 않는 것 등등에 대해서도 양극화된 의회 탓이라고

들 얘기한다.

몇몇 현역 의원들은 자신들의 싸움과 낮은 지지율의 원인이 '시스템' 탓 혹은 인터넷을 타고 뉴스가 너무 빠르게 전파되는 탓이라고 한다. 하지만 그들은 '그들'이 곧 시스템이라는 것, 인터넷이 그들을 해치는 게 아니라는 것을 무시하고 있다. 인터넷은 그들이 끼치는 해악을 보도할 뿐이다. 문제는 정치나 돈, 미디어가 아니다. 그런 것들은 모두 문제의 증상일 뿐이다. 의회가 제 기능을 못하는 이유는 바로 생물학적인 문제에 있다. 의원들이 함께 시간을 보내지 않으면, 의원들이 서로를 알지 못하고 자신이 대변하는 국민을 알지 못하면, 사회적 화학물질의 흐름이 제한된다. 그리고 자금을 모으고 선거에 이기겠다는 욕망 때문에 도파민이 의원들의 주된 인센티브가 되어버린다. 지금 우리의 입법자들이 일하는 환경은 서로를 신뢰하고 누군가에게 이익이 되게끔 협력하기는 어렵게 만든다. 그들 자신의 이익만 제외하고 말이다.

적들은 싸우고 친구는 협력한다

의회농무위원회 소속 의원들이 무역정책을 배우고 유럽 의원들을 만나기 위해 루마니아를 방문하고 있었다. 버지니아 출신의 베테랑 공화당 의원 밥 굿래트와 사우스다코다 출신의 신진 민주당 의원 스테퍼니 허세스 샌들린은 우연히도 일행 중 일과 후 할 일이 없는 사람은 자신들 둘뿐임을 알게 됐다. 그래서 두 사람은 함께 기념품 쇼핑을 하기로 했다.

같은 위원회 소속이면서도 두 의원은 당적이 달랐다. 그러니 의회의 불문율에 따르면 두 사람은 적이었다. 그날 전까지 두 사람의 관계는 기껏해야 우호적이라고 할 수 있는 정도였다.

이유는 알 수 없지만 우리는 뜻밖의 장소에서 서로 어울리게 되면 더 열린 마음으로 상대를 알아가게 된다. 회사 야구팀에서 함께 경기를 한다거나, 잘 모르는 사람과 함께 점심을 먹으러 나가거나 출장을 가게 되었을 때, 직무 특성상 굳이 협력할 필요가 없는 동료일 때, 잠시 상충하는 이해관계를 접어두어도 되는 상황일 때 우리는 보다 열린 마음으로 상대를 동료나 경쟁자가 아니라 사람으로 보게 되는 것 같다. 평화회담이 주로 양측이 함께 산책을 나갈 수 있는 조용한 환경에서 열리는 것은 어쩌면 이런 이유인지도 모른다.

허세스 샌들린 의원과 굿래트 의원 사이에 일어난 일도 바로 그런 경우였다. 무거운 정치 걱정도 없고 각각 감시하는 정당도 없는 상태에서 두 사람은 탐험에 나섰다. 두 사람은 서로를 스테프와 밥이라는 애칭으로 부를 수 있는 사이가 되었다. 그러고 보니 두 사람은 정말 죽이 잘 맞았다. 일할 때는 많은 부분에서 의견이 달랐지만, 보통 사람으로서는 공통점이 아주 많았다. 알다시피 공통점이 있는 사람을 만나면 서로 매력을 느끼고 우정을 쌓게 된다.

현대적 기준으로 보면 자주 서로 상반되는 관점을 지닌 이 두 의원 사이에서 일어난 일은 거의 들어보지 못한 일이다. 의원들은 워싱턴에서 보내는 시간이 매우 짧기 때문에, 서로 적대시해야 할 사람들과 인간적 관계를 맺는 것은 고사하고, 마음에 드는 사람과 사회적으로 어울릴 기회조차 부족하다. 하지만 이날 루마니아에서 심어진 우정의 씨앗은 점점 자라나서 이후 오랫동안 두 의원 모두에게 도움을 주었다.

일단 이렇게 기초가 놓이고 나자 허세스 샌들린 의원과 굿래트 의원은 워싱턴에서도 계속 만나 식사를 함께했다. 다른 아무런 이유 없이 그저 함께 보내는 시간이 즐거워서였다. 두 사람은 서로를 적이 아니라 사람으로 보고, 그렇게 대우하기 시작했다. 전쟁을 벌이다가도 결국은 화해하게 되는 양 진영처럼, 두 의원은 두 사람의 공통점이 서로 의견이 다른 문제들을 대화하는 데 필요한 신뢰의 기초라는 점을 배웠다. "우리는 서로에게 관심을 기울였죠." 허세스 샌들린의 회상이다. "우리는 서로의 얘기에 귀를 기울였고 그랬기 때문에 법안에 대해서도 타협할 수 있었어요."

굿래트와 허세스 샌들린은 여전히 서로 반대표를 던지는 경우들이 있었다. 두 사람이 법안에 대해 항상 같은 의견을 가진 것은 아니었다. 하지만 그럴 필요가 없었다. 상호 존중과 우정이 있었기 때문에 그런 일이 생기면 두 사람은 한 명이 정당의 기본방침을 어기는 한이 있더라도 옳은 일을 했다(의원 내각제와는 달리, 정확히 말해서 미국에서는 이렇게 하라고 대표를 뽑는 것이다). 굿래트 의원은 심지어 허세스 샌들린 의원이 발의한 개정안에 투표하기도 했다. "공화당 지도부가 많이 실망했었죠." 허세스 샌들린 의원의 말이다. "그런 일은 요즘 좀처럼 없거든요." (올림피아 스노 의원이 건강보험 개혁문제에 관해 더 많은 논의를 하자는 쪽에 투표하자, 그녀의 정당이 그녀를 공개적으로 비난하며 자금지원을 끊겠다고 협박했던 일을 떠올려볼 필요가 있다. 올림피아 스노 의원은 그저 '대화'를 계속하자는 데 투표했을 뿐이었다.)

협력이 곧 동의를 의미하지는 않는다. 협력은 공익을 위해 힘을 합한다는 뜻이고 보호해야 할 사람들에게 봉사한다는 뜻이다. 특정 정당이나 스스로를 위해 승리를 쟁취하는 것은 협력이 아니다. 두 의원이 쌓아올린 것은 서로에 대한 진정한 감사와 존경이었다. 두 사람이 형성한 것은 정치가 아닌 세상에서 우리가 우정이라고 부르는 것에 다름 아니었다. 이런 관계가 책에 실려야 할 만큼 특별한 이야기라는 사실이 안타까울 뿐이다. 매일 함께 일하는 사람들을 알아가는 것은 일을 하는 기본 방식이 되어야 한다.

굿래트와 허세스 샌들린의 실험이 있기 몇 년 전에 앞서가는 몇몇 의원들이 같은 일을 시도한 적이 있었다. 워싱턴 정가를 삼켜버린, 인간관계라고는 없는 적대적 환경을 인식한 이들은 의회 내에 분위기 쇄신을 목표로 일련의 워크숍을 요청했다. 첫 번째 워크숍은 펜실베이니아 주 허시에서 열렸고 전 세계적으로 유명한 평화 협상가이자 《YES를 이끌어내는 협상법》의 저자 윌리엄 유리 박사가 함께했다. 유리 박사의 회상에 따르면 의회 내의 인간관계에 대해서 여러 의원이 같은 얘기를 했다고 한다. "의원직에 있는 내내 다른 당의 의원들과 보낸 시간을 합한 것보다 그때의 그 사흘이 더 길다고 했어요." 안타깝게도 이 워크숍들은 얼마 못 가 취소되었다. 관심 부족이었다. 신뢰와 우정은 사흘 만에 쌓을 수는 없는 것 같다. 그것은 (당연하게도) 시간과 노력을 장기적으로 바쳐야 가능한 일이다. "충돌이 있는데 서로를 잘 알지 못한다면 평화를 이루기는 매우 어렵죠."라고 유리 박사는 말한다. 유리 박사는 평화에 관해 잘 안다. 하버드협상연구소의 설립자인 그는 협상 분야의 선도적 권위자로 널리 알려져 있다. 그는 전 세계 곳곳에서 적대적 진영 사이의 평화협상을 도와달라는 요청을 받는다. "우리는 그들에게 서로를 이해하라고 합니다. 서로를 사람으로 보고, 귀를 기울이라고요." 그의 말이다.

유리의 생각에 이의를 다는 사람은 별로 없을 것이다. 이스라엘과 팔레스타인 사이에 평화가 만들어지려면 리더들이 서로 만나야 한다는 것을 우리는 안다. 그들은 대화를 해야 한다. 인도와 파키스탄 사이에 평화가 만들어지려면 기꺼이 협상 테이블에 나와서 대화를 나누고 이야기를 들어야 한다. 양 진영이 대화를 거부하고, 듣기를 거부하고, 서로 만나는 것조차 거부한다면 충돌은 지속될 수밖에 없을 것이다. 스스로 평화를 이룩하는 법을 보여주지도 못하면서 어떻게 미국 의회가 전 세계에 평화에 관해 조언할 수 있겠는가?

허세스 샌들린과 굿래트는 가능성을 보여주는 사례다. '시스템'이 양 정당이 서로 어울리는 것을 금지한다면, 개별 의원들이 용기를 내어 리드하는 수밖에 희망이 없다. 유권자와 국가에 봉사할 마음이 있는 사람들이라면 그저 서로를 알기 위해 시간과 노력을 투자하는 것이 반드시 필요하다. 하지만 선거에 이기고 정당의 권력을 유지하는 데만 정신이 팔린 사람들이라면 지금의 시스템도 그들에게는 아무 문제가 없을 것이다. 다른 모든 사람들에게는 문제가 되지만 말이다.

워크숍도, 공식적 약속도 없더라도 그저 앞서가는 몇몇 의원들이 개인적으로 다른 당의 의원들에게 연락해 아무런 안건 없이 술이나 한 잔 하자고, 식사나 한 끼 하자고 하면 된다. 미국 국민들을 생각한다면 그들은 다른 아무런 이유 없이, 그저 서로를 잘 알기 위해, 함께 어울려야 한다는 것이 인류학적인 요청이다. 다른 모든 인간관계와 마찬가지로 어떤 의원들은 서로 잘 맞고 다른 의원들은 그렇지 못할 것이다. 하지만 시간이 지나면 협력은 반드시 일어날 것이다.

21장
리더십 교훈 5: 숫자가 아니라 사람을 리드하라

중성자탄 잭, 관리자주의와 주주 지상주의

경제학자 밀턴 프리드먼이 기업의 사회에 대한 책임에 관한 글을 쓴 지 10년이 지나자 '게임의 룰을 지키는 한도에서 자신의 자원을 이용하고 이익을 증가시키는 활동을 하는 것'이라는 프리드먼의 말은 새로운 운동을 위한 슬로건이 되어 월스트리트와 주식회사 미국을 집어삼켰다. 고객 지상주의는 기업의 진짜 '주인'(법률 전문가들은 기업에 대한 이기적 정의라고 종종 반박한다)인 주주 지상주의로 대체되었다. 주주 가치에 집중하면 기업은 부를 만들어내고 일자리를 창출하며 경제를 먹여 살릴 수 있을 거라는 생각에서였다. 모두가 이기는 게임인 것이다. 하지만 실제로 일어난 일은 그렇지 않았다. 그들이 의미하는 '모두'는 몇몇 사람일 뿐이었다.

주주 가치 이론의 역사를 생각해보면 그런 결과는 놀랄 일이 아니었다. 1940년대에 '관리자주의'가 부상했다. 관리자주의라는 시스템은 미국 기업을 넓은 사회적 목적을 지닌 것으로 정의했다. 20세기 동안 대형 공개 기업의 이사들은 자신들이 신탁 관리인이자 집사라고 생각했다. 안정적인 평생직장을 제공함으로써 기업이 공공에 봉사할 수 있도록 방향을 잡는 책임을 맡고 있다고 말이다. 이런 시스템은 상당히 잘 돌아가고 있었는데 1970년대에 위기가 닥쳤다. 1973년 1월 미국 주식시장은 정점을 찍고 나서 수많은 사건들과 함께 2년간 꾸준히 하향세를 탔다.

그 시작은 리처드 닉슨 대통령이 내린 금본위제 폐지 결정이었다. 이것은 인플레이션을 비롯한 여러 문제를 불러왔고 곧이어 1973년에는 아랍권이 석유 통상을 금지했다. 이 기간 동안 석유 가격은 4배로 뛰었다. 여기에 워터게이트 사건의 충격과 베트남 전쟁이 더해지자 미국 경제는 부진에 빠졌다. 주식 시장은 닉슨이 사임한 지 4개월 후인 1974년 12월에는 바닥을 치고 있었다. 이 때 다우존스지수는 577까지 내려갔다. 불과 2년 전에 비해 45퍼센트가 빠진 수치였다. 이때부터 기업의 주가가 해당 기업의 실적과는 거의 무관한, 새로운 시대가 시작됐다.

불확실성과 혼란 앞에서 인간들이 그러듯이 사람들은 해답을 찾기 시작했다. 회사의 이사들과 이해관계자들은 자신의 이익을 보호하면서 다시 성장하고 싶었다. 경제학자들은 기업의 실적을 측정할 수 있는 간단한 기준을 원했다. 그래서 찾아낸 것이 주주 가치라는 잘 알려지지 않은 이론이었다.

전체적인 아이디어는 밀턴 프리드먼이 제안한 것이지만, 이 이론을 보급한 이들은 로체스터 대학의 윌리엄 메클링과 하버드 비즈니스 스쿨의 마이클 젠슨이라는 두 학자였다. 두 사람은 1976년《저널 오브 파이낸셜 이코노믹스》에 글을 한 편 실었는데 이게 바로 모든 이가 찾던 답이었다. 침체와 수익 감소로 허덕이는 주식회사 미국의 문제들을 해결해줄 공식 말이다.

2012년 코넬 로스쿨의 린 스타우트 교수는 이 주제에 관해 마침표를 찍는 저서를 썼다.《주주가치의 신화The Shareholder Value Myth》에서 그녀는 주주가치가 영향력 있는 두 집단에 즉시 호응을 얻었다고 지적했다. 기업사냥꾼과 CEO라는, 직접적 혜택을 보는 두 집단이었다. 그래서 주주가치 이론은 주도권을 장악했다. 칼 아이칸을 비롯한 기업사냥꾼들은 재정난에 처한 기업들(당시에는 이런 기업이 많았다)을 집어삼키기 위한 낚시를 시작했다. 그들은 주식이 저평가된 회사를 찾아내서 지분을 사들인 다음, (주로 정리해고나 기업 일부를 팔아서) 비용을 절감하도록 이사회에 강요했다. 동시에 기업 경영자의 보수는 옵션과 보너스라는 형태로 주가와 직접 연동되게 되었다. 따라서 경영자들은 재정적 인센티브 때문에 고객이나 직원보다 자신들의 우선순위를 중시하게 됐다.

1980년대와 1990년대 호황기에 당시 제너럴일렉트릭 사의 CEO이던 잭 웰치나 코카콜라를 운영하던 로베르토 고이주에타 같은 거물들은 주주가치를 극대화하는 기업을 만드는 데 선구자 역할을 했다. 그리고 한동안 이것은 효과가 있는 것 같았다. 주주들에게 말이다. 두 회사는 주주들에게 (그리고 경영진들에게) 많은 돈을 벌어다 주었다. 과거 관리자주의 시절에 CEO들은 보통 두

둑한 월급과 적은 보너스를 받았지만, 이 새로운 시절에는 주가에 따라 보수를 받았다. 이런 전략 덕분에 1세대 억만장자 CEO들이 나타났다. 이들은 기업의 설립자도, 기업을 상장한 사람도 아니었다. (실제로 고이주에타는 자신이 설립하거나 상장하지 않은 회사의 주식 보유를 기초로 억만장자가 된 최초의 미국 기업 경영자이다. 두 번째는 마이크로소프트의 전 CEO 스티브 발머이다.)

1980년대 말이 되자 주주가치는 제너럴일렉트릭 사의 경영 원칙이 됐다. 제너럴일렉트릭 사는 1981년부터 웰치가 책임자로 있었다. 매년 웰치는 제너럴일렉트릭 사의 매니저 중에서 해당 사업부의 주주가치 기여도가 가장 낮은 하위 10퍼센트 매니저를 해고하고 상위 20퍼센트 매니저에게는 스톡옵션을 주어 보상했다. 이 '등수대로 내쫓기' 시스템은 제너럴일렉트릭 사에서 웰치의 임기 내내 시행되었고 그에게 '중성자탄 잭'(핵폭탄보다 더한 대량살상을 일으킨다는 뜻 — 옮긴이)이라는 경멸적 별명을 붙여주었다.

실제로 웰치는 주주에게 많은 돈을 벌어다주는 강력한 회사를 만드는 데 성공했고, 많은 회사들이 여전히 이 '웰치 방식'을 고수익으로 가는 길이라고 생각한다. 웰치의 경영 기간 동안 제너럴일렉트릭 사의 매출은 268억 달러에서 1,300억 달러로 증가했다. 제너럴일렉트릭 사의 시가총액은 30배가 커졌으며 그가 떠날 때에는 세계에서 가장 가치 있는 기업이 되어 있었다.

웰치가 뛰어난 업적을 이뤘다는 점, 그와 비슷한 성과를 낸 사람조차 거의 없다는 점에는 의문의 여지가 없다. 하지만 제너럴일렉트릭 사의 실적을 동일 기간 S&P500의 실적과 비교한다면 그의 이런 업적도 그렇게까지 대단해 보이지는 않는다. 웰치 치세의 제너럴일렉트릭 사의 궤적은 시장의 궤적과 일치한다. 마치 석유가격이 상승하니 석유회사 주가가 오르는 것을 축하하는 것과 같다는 얘기다. 밀물이 들면 뜨지 않는 배는 없다. (이것은 웰치의 후계자인 제프리 이멜트의 경우도 마찬가지다. 이멜트는 웰치가 떠난 2001년 제너럴일렉트릭 사를 이어받았는데 이때부터 여러 사정이 매우 힘들어졌다. 2009년 《파이낸셜 타임즈》에서 이멜트는 '1990년대에는 누구든 회사를 경영할 수 있었다.'고 말했다.) 또한 이 기간 제너럴일렉트릭 사가 낸 이익의 절반은 제너럴일렉트릭 사의 핵심 사업이 아니라 금융부문 회사인 GE캐피탈에서 발생했다는 점 역시 지적해야 한다.

만약 웰치를 사람보다 이익에 초점을 맞춰 성공한 리더십의 유형으로 평가한다면 그는 여전히 월스트리트의 영웅이다. 단기 가치를 극대화하는 시스템을 개발하는 데 뛰어났던 인물이니까 말이다. 하지만 위대한 기업이나 위대한 리더라면 한 명의 리더의 재임 기간을 넘어서까지 힘든 시기를 이겨낼 수 있어야 한다. 스스로 횃불을 들고 있던 때가 아니라 횃불을 넘겨준 이후를 기준으로 그 리더를 평가한다면 어떨까? 이런 기준에 따르면 웰치는 그리 잘해냈다고 볼 수 없다. 어느 리더의 유산이란 그가 남긴 토대가 다른 사람이 독자적으로 조직을 계속 발전시키는 데도 도움이 되어야 강력한 유산이라고 할 수 있다. 유산이란 옛날 리더가 있었던 좋았던 시절에 대한 추억이 아니다. 그것은 유산이 아니라 향수다. 미국 건국의 아버지들이 튼튼한 유산을 남긴 것은 미국이라는 나라가 그들의 사후까지 오랫동안 이어지도록 건국되었기 때문이다. 제너럴일렉트릭 사는 당시의 기회를 극대화하도록 만들어졌다. 사람보다 수치가 중요하던 시절의 기회 말이다. 이것은 계속될 수 있는 기회가 아니며 실제로 계속되지도 않았다.

짐 콜린스와 제리 포라스는《성공하는 기업들의 8가지 습관》에서 이 점을 지적했다. 최고위층에 있는 천재가 떠나면 그들은 자신의 모든 전문지식과 천재성을 갖고 떠난다고 말이다. 반면 리더가 자신의 권력을 조직 전체에 나눠줄 수 있는 겸손함을 지닌다면 그 기업의 장점은 한 사람에게 의존하는 것이 아니므로 기업의 생존 능력은 오히려 커진다. 이 모형에서 리더는 모든 것을 지휘통제하려고 하기보다는 자신의 모든 에너지를 직원들의 교육과 양성, 보호, 즉 안전권을 관리하는 데에 쏟는다. 그 어떤 상황이 닥치더라도 직원들 스스로 지휘하고 통제할 수 있도록 말이다. 이것이야말로 리더의 유산을 보호하고 리더가 떠난 후에도 회사의 성공을 오래도록 연장시키는 최선의 방법이다.

웨인 주립대학에서 경영 및 리더십을 연구한 나탈리아 로린코바 박사의 연구에 따르면 '처음에는 지시적 리더가 이끄는 팀이 권한을 나눠주는 리더의 팀보다 뛰어난 실적을 낸다. 하지만 시간이 지나면 초기의 낮은 실적에도 불구하고 권한을 주는 리더의 팀이 더 높은 실적 개선을 경험한다. 이것은 팀 학습과 조화, 권한부여, 멘탈모형 개발의 수준이 더 높기 때문이다.' 다시 말해 실적이 더 높은 팀의 이점은 모두 자신들 틈에서 안전하다고 느긴 데 대한, 그리고 리더가 팀원들의 복지를 진심으로 생각한다고 믿는 데 대한 직접적 결과이다. 그 외의 리더 모형은 모두 도박일 뿐이다. 다음번의 천재 역시 회사의 나머지 사람들이 얼마나 강해질 수 있는지는 생각지 않았던 전임자만큼이나 훌륭할 거라는 도박 말이다.

차기 리더에 도박을 걸 경우에는 후계 계획이 매우 중요하고 위험한 일이 된다. 차기 리더가 전임자만큼 효과적으로 지휘통제를 하지 못할 경우 조직 내 많은 이들이 차기 리더의 비전을 실천하려고 할지 의문이다. 구성원들은 서로로부터 스스로를 보호하느라 정신이 없을 테니 말이다.

목표 수치를 달성하려 기를 쓰는 일부 회사에서는 정리해고가 4분기, 혹은 1분기의 정례 행사처럼 되어 있어서 일부 직원들은 스스로를 보호하기 위해 극단적 방법을 취하기도 한다. 대형 투자은행에 다니는 어느 제보자에 따르면 연간 실적 발표를 앞둔 시기가 되면 이상하게도 어김없이 괴롭힘이나 차별, 내부 고발에 대한 보호요청 등 내부 불만 신고가 증가한다고 한다. 왜 일정 시기에만 불만이 폭주하는지에 대해 눈에 띄는 이유는 없다. 1년 내내 비슷해야 할 것 같은데 말이다. 게다가 괴롭힘이나 차별, 내부 고발에 대한 보호요청 등이 왜 동시에 발생해야 하는지도 알 수 없다.

그런데 알고 보니 회사가 연간 실적을 살피고 예상에 맞춰 정리해고를 준비하기 시작하면 내부 불만이 증가하는 것으로 드러났다. 연말이 되면 직원들은 보너스를 지키는 동시에 일자리를 보존하기 위해 불만 신고를 하는 것으로 보인다. 이런 문화는 직원들이 회사와 리더, 서로에게 피와 땀과 눈물을 바치게 만드는 문화는 아니다. 너도 나도 뒤를 흘끔거리는 문화일 뿐이다.

1980년대 동안 웰치를 비롯한 경영자들은 투자자의 이익을 위해 사람을 소모품으로 사용하는 방법을 개척했다. 그때부터 정리해고는 회사가 실적을 보강하는 흔한 수단이 됐다. 단순히 분기 실적, 혹은 연간 실적을 맞추기 위해 직원을 해고하거나 심지어 그들의 커리어를 끝장내는 일이 오늘날에는 당연한 비즈니스 관행으로 받아들여진다. 누군가의 커리어가 끝난다면 그 이유는 그 사람의 부주의나 무능력 혹은 회사를 구하기 위한 최후 수단이 되어야 할 것이다. 하지만 우리가 지닌 21세기식 자본주의는 능력주의 문화에서 일한다는 기대를 거짓으로 만드는 것 같다. 많은 경우 얼마나 열심히 일했는가는 문제가 되지 않는다. 회사의 실적이 조금이라도 미달되면 직원들은 해고를 당할 것이다. 그러고도 비즈니스일 뿐이니 유감은 갖지 말라고 한다. 작년에 기대만큼 돈을 못 벌었다고 해서 자녀 중 한 명을 내보낸다는 것을 상상이나 할 수 있는가? 처음부터 그런 계획을 세우고 있다면 자녀들이 어떤 기분일지 한 번 상상해보라. 이게 바로 요즘 수많은 회사에서 일어나고 있는 현실이다.

1990년대 중반에 이미 변신은 완료되었고, 주주 제일주의는 이제 주식회사 미국의 주문이 되었다. 그리고 그와 함께 수많은 문제가 대두됐다. 도파민 지향의 행동이 불균형적으로 치솟고 너무 많은 코르티솔이 넘쳐나다 보니, 공감은 줄어들고 이기주의가 지배적 동기가 되었다. 그와 함께 주가 조작과 어마어마한 임금 불평등, 비정상적 회계 부정이 나타나기 시작했다. 이런 현상은 오늘날까지 이어지고 있다.

회사의 리더가 회사 주인들의 이익을 보호하기 위해 열심히 노력해야 하는 것은 당연한 일로 보인다. 하지만 실제로는 주주가 회사의 주인이 아니라는 강력한 근거들이 있다. 스타우트 교수에 따르면 현대 자본주의 경제의 영웅인 프리드먼은 틀렸다. 주주가 회사의 진정한 주인이라는 아이디어는 아무런 법률적 기반이 없는 생각이다. 주주는 주식을 소유하고 있을 뿐이고, 주식은 추상화된 권리이다. 법률적으로 따지면 회사는 스스로가 주인이다. 주주가 회사의 진짜 주인이 아니라면, 회사는 (많은 사람들이 주장하듯이) 주가를 극대화해야 할 그 어떤 법률적 의무도 없다.

스타우트 교수는 이런 생각을 더욱 발전시켜서 주주가치 극대화가 실패했다고 주장한다. 주주가치 이론이 회사 엘리트들의 주머니를 불려준 것만은 분명하지만, 다른 모든 측면에서 보면 비즈니스에도, 회사 자체에도 나쁜 영향을 주었다. 직원들은 어쩔 수 없이 단기 실적만이 최고 가치이고 직원들의 복지는 항상 뒤로 밀리는 환경에서 일해야 한다. 경험적으로 볼 때 이것은 회사에 나쁜 결과를 초래한다. 주장되는 것과는 달리 주주가치 극대화는 분산된 주주들에게 거의 한 일이 없다. 로트먼 경영대학원 학장인 로저 마틴이 실시한 조사에 따르면, 1976년 이전에 S&P500 기업에 투자한 주주들은 실질복리로 계산할 때 매년 7.5퍼센트 정도의 수익률을 누렸다. 1976년 이후 이 수치는 6.5퍼센트로 떨어졌고

2000년 이후에는 그보다도 낮아졌다고 마틴은 말한다.

'가장 성공적으로 주주가치를 극대화하는 회사는 주주가치 극대화 이외의 목표를 추구하는 회사라는 증거가 늘어나고 있다.' 저스틴 폭스와 제이 로시가 2012년 《하버드 비즈니스 리뷰》 7~8월 호에 쓴 글이다. '주주보다는 직원이나 고객들이 회사를 더 잘 알고 회사에 보다 장기적으로 헌신한다.' 브리티시 페트롤리엄ᴮᴾ의 경우를 생각해보자. 물론 극단적인 예시이긴 하지만, 이 사례는 사람들이 자신의 행동이 다른 사람에게 미치는 영향을 무시할 때 어떤 일이 벌어지는지를 뚜렷이 보여준다.

세상에서 가장 바보 같은 아이디어

2010년 4월 20일 밤에 해당 회사의 주주가치는 말 그대로 폭발했다. 이 날이 바로 딥워터호라이즌 호의 석유 시추 시설이 폭발해 11명의 직원이 사망하고 500만 배럴의 끈적끈적한 검은 원유가 멕시코 만으로 뿜어져 나오기 시작한 날이다. 그로 인한 환경적, 금융적 재앙을 해결하는 데는 유정을 막는 데 걸린 5개월보다 훨씬 더 긴 시간이 필요했다.

어떻게 그렇게 엄청난 규모의 재앙이 발생할 수가 있었을까? 사고란 으레 인간이 부주의하고 실수를 저지를 때 따르는 결과다. 누구나 실수를 한다. 하지만 그토록 많은 이들이 이 사고가 불가피했다고 말하는 것을 보면 이것은 단순한 실수로 치부할 수 없는 일이다. 드러난 바에 따르면 브리티시 페트롤리엄 사는 기한과 예산을 맞추기 위해 오랫동안 안전 수칙을 무시해왔다.

2005년 폭발 사고로 브리티시 페트롤리엄 사의 텍사스시티 정유 공장에서 15명이 사망한 이후 이 회사는 비용을 낮추기 위해 안전 절차를 무시했었다고 마지못해 인정했다. 직업안전보건국의 기록에 따르면 폭발사고가 일어나기 전 3년간 브리티시 페트롤리엄 사는 760건의 '지독한, 고의적' 안전규정 위반을 저질렀다고 한다. 같은 기간 동안 수노코와 코노코필립스는 각각 8건, 엑손은 단 1건의 위반을 저지른 것과 비교된다. 불과 폭발 몇 주 전, 모두 브리티시 페트롤리엄 사 또는 트랜스오션사(시추시설 소유주)의 직원인 딥워터호라이즌 호 작업자들을 대상으로 실시된 설문조사를 보면, 작업자들 사이에서는 딥워터호라이즌 호의 시추 시설이 전혀 안전하지 않다는 인식이 팽배해 있었다. 이런 데이터가 기업주들의 눈앞에 있었지만 그들은 귀를 기울이지 않았다. 도파민만을 쫓으며 눈이 먼 이들은 이런 경고 따위를 귀담아 듣기에는 너무나 근시안적인 사고를 하고 있었다.

 2005년 봄 딥워터호라이즌 호의 작업속도는 예정보다 6주나 늦었고 예산은 5,800만 달러가 초과한 상태였다. 회사는 심한 압박에 시달렸다. 일정이 하루 연기될 때마다 비용은 100만 달러가 늘어났다. 결국 회사는 11가지 항목의 범죄 사실에 대해 유죄를 인정했고, 수많은 피해 소송에 연루되었다. 회사는 이미 7억 1,300만 달러의 세수 손실분을 루이지애나와 앨라배마, 플로리다, 텍사스에 지불했다. 전체 사건 해결 비용은 78억 달러에 이를 것으로 추산한다. 이 금액은 환경규정 위반으로 인한 176억 달러의 벌금은 제외한 것이다.

벌금만 가지고 계산해보더라도, 브리티시 페트롤리엄 사에게는 공사가 12년이 지연되었더라도 원유 유출 사고로 인한 손실액만큼 많은 돈이 들지는 않았을 것이다. 스타우트 교수가 지적하듯이, 적합한 안전규정을 지키기 위해 차라리 공사를 1년 지연하는 편이 주주들에게 더 이익이었을 것이다. 유출 사태 직전 주에 브리티시 페트롤리엄 사의 주가는 주당 59.88달러였다. 유출 사태가 석 달에 접어든 6월 21일에는 27.02달러였다. 거의 3년이 지난 2013년 2월까지도 주가는 회복되지 못한 채 40달러 근처에서 거래 중이었다. 여러 기업과 산업에 투자한 주주가 이 회사의 주식을 보유하고 있었다면 돈을 잃었을 뿐만 아니라 회사의 부주의로 인한 충격이 업계 전체에 미친 영향을 느낄 수 있었을 것이다.

업계 관계자들에 따르면 멕시코만의 시추 금지와 해저 석유 및 천연가스 허가 획득에 드는 긴 절차를 고려할 때 미국은 석유 및 천연가스 투자 상실로 240억 달러의 손해를 본 것으로 추정된다고 한다. (미국석유산업협회가 작성한 동일 보고서에 따르면 유출사태로 인해 미국은 2010년에 7만 2,000개, 2011년에 9만 개의 일자리를 손해 본 것으로 추정된다.) 또한 균형 잡힌 포트폴리오의 일부로 멕시코만 지역에 자산을 보유하고 있거나 레스토랑, 건설, 선적 기타 많은 산업의 영향을 받는 회사를 소유한 주주들 역시 재정적 타격을 입었을 것이다. 주주들이 기대하는 가치를 제공하는 것이 브리티시 페트롤리엄 사의 최대 목표였다면, 이 회사를 향해 가장 쓴 소리를 많이 하고 더 많은 통제를 요구했어야 할 사람들은 석유회사 자신이다.

주주 제일주의의 부상과 그것을 촉진하기 위한 외부의 도파민 인센티브에 과도하게 의존하면서 경영진들은 단기적으로 생각하는 습관이 생겼다. 기업 CEO들의 평균 재임기간이 5년이라는 점을 생각하면 이런 추세는 놀랄만한 일도 아니다. 제너럴일렉트릭 사만 해도 그렇다. 1980년대와 1990년대의 강력한 금융 회사들과 마찬가지로 제너럴일렉트릭 사 역시 힘든 시기를 대비해 만들어진 회사는 아니었다. 엔론도 그랬고 월드컴이나 타이코도 마찬가지였다. 이런 회사들은 또 다른 공통점도 갖고 있었는데, 단기 주주가치를 극대화하고 사람 목숨을 스프레트시트의 숫자처럼 취급한 영웅적 CEO가 있었다는 점이다. 하지만 힘든 시기에 숫자는 아무도 구하지 못한다. 사람이 사람을 구할 수 있을 뿐이다.

웰치 자신도 결국에는 주주가치에 집중하는 것이 '세상에서 가장 바보 같은 아이디어'라고 말했다. 자신은 항상 주주가치를 결과로만 보았지, 전략으로 본 것은 아니라고 주장하면서 말이다. 그는 기업이 주주가치를 강조하는 것은 '잘못된 것'이라고 말했다. '가장 먼저 돌봐야 할 것은 당신의 직원과 고객, 제품이다.' (은퇴 8년 후인 2009년 웰치가 이 말을 하고 나서 바로 며칠 뒤에 제너럴일렉트릭 사는 스탠더드앤푸어스의 AAA신용등급을 상실함으로써 미국에서 가장 신용도 높은 회사라는 지위를 상실했다.)

주주 우선에 대한 왜곡된 해석이 만들어낸 문화에서는 크든 작든, 그 어느 공개 기업의 직원도 리더가 자신을 보호해준다는 기분을 느낄 수 없다. 너무나 많은 CEO들이 실제로 자기 직원들을 리드하는 고된 일은 건너뛰는 것 같다. 한쪽 눈은 단기 결과에 맞쳐놓은 채로 직원들에게 동기를 불어넣을 수는 없다. 월스트리트가 정한 우선순위는 여전히 경영진들에게 어마어마한 영향력을 유지하고 있고 나아가 전체 기업문화를 장악하고 있다. 이런 회사의 직원들은 주가가 추락하면 일자리를 잃을까 두려워한다. 그리고 이런 감정은 인간의 원시적 뇌에 생존 본능을 발동시킨다. 투쟁이 아니면 도주하는 것이 목적인 게임에서 넓은 안전권이 형성되지 않으면, 남을 죽이지 않으면 내가 해고된다는 것이 최고의 전략이 된다. 불확실하고 불안하다고 느끼면 의미 있는 방식으로 인간관계나 신뢰를 쌓는 것은 거의 불가능해진다. 그렇게 되면 직장이, 문화가, 조직 전체가 병에 걸린다.

하지만 이것이 다가 아니다. 주주들 역시 사람보다 이익이 우선이라는 유혹에 취약하다는 점을 지적하고 넘어가야 한다. 닷컴 버블 기간에 친구들의 조언만 듣고 투자를 감행했던 것은 우리 자신이었다. 우리는 조사가 필요하다는 생각은 그냥 무시해버렸다. 도파민이 벼락부자가 되고 싶은 우리의 욕구를 부추기는 바람에, 우리는 시간을 들여 제반사항을 확인해보지도 않은 채 기회를 향해 뛰어들었다. 설상가상으로 혹시 기회를 놓칠지 모른다는 두려움 때문에 우리는 출처는 생각지도 않고 들어온 정보를 맹목적으로 신뢰하는 것 같았다. 우리 역시 금방 돈을 벌고 싶어서 무책임하게 행동했으면서, 손쉽게 웰치 같은 사람이나 브리티시 페트롤리엄, 주주가치 이론만 탓하며 책임을 빠져나갈 수는 없다.

리더십에서도 직원이 먼저다

기업의 실적은 최고 자리에 있는 사람의 성격 및 가치관과 밀접히 관련된다. 리더의 성격 및 가치관이 회사 문화의 분위기를 정한다. 리더십에 관해 다섯 권의 책을 집필하고 책표지마다 자신의 얼굴을 넣은 웰치는 유명세를 좋아하는 사람이라고 해도 무방할 것이다. 그가 경영한 회사의 문화도 그런 그의 뒤를 따랐다. 잭 웰치의 제너럴일렉트릭 사에서 직원들은 서로 경쟁했다. 직원들은 자신이 더 잘나 보이기 위한 일이라면 못할 일이 없었다. 우선순위는 도파민이 주는 성취의 스릴에 따라 정해졌고, 세로토닌이 주는 지위에 대한 이기적 사랑으로 완성됐다. 중요한 것은 1등이 되는 것뿐이었다. 낯간지러운 옥시토신은 버림받았다.

제임스 시니걸은 달랐다. 그는 잭 웰치와는 정반대의 방식으로 회사를 경영했다. 대부분의 사람은 시니걸이 누구인지조차 몰랐다. 그는 물건들에 자기 얼굴을 넣지도 않았고 오히려 직원들에게 공을 돌렸다. 코스트코의 공동 창업자인 시니걸은 1983년부터 2012년 1월 은퇴할 때까지 회사를 경영했다. 웰치와는 달리 시니걸은 문화에는 균형이 잡혀야 한다고 믿었다. 사람을 돌보는 것이 문화의 우선순위였다. 시니걸은 직원을 가족처럼 대우하면 직원들도 신뢰와 충성심으로 보답한다는 사실을 알고 있었다. 그는 널리 받아들여지는 생각, 그러니까 소매업, 특히 창고형 소매업에서 성공하려면 봉급을 낮추고 직원 혜택을 최소한으로 유지해야 한다는 생각을 받아들이지 않았다. 사람을 최우선으로 여기는 그의 태도 덕분에 코스트코의 문화에는 본래대로 사회적 화학물질이 잘 작동할 수 있었고, 이것은 다시 신뢰와 협력을 키웠다. 직원들은 문제를 해결하거나 더 좋은 방식을 찾아내면 칭찬을 받았다. 직원들은 서로 경쟁하기보다는 서로를 지켜주었다.

시니걸이나 그의 후임자 크레이그 젤리네크 모두 이런 접근 방식 때문에 월스트리트로부터 적잖이 비난을 받았다. 2005년에는 시니걸이 직원들의 건강보험료 부담비율을 높이지 않겠다고 하자, 샌포드 C. 번스타인앤코의 애널리스트 엠 코즐로프는 시니걸이 '너무 온정적'이라고 책망했다(시니걸은 아마 이 표현을 고맙게 생각했을 것 같다). 회사 외부의 이런 가당치 않은 조언을 무시하는 것이야말로 시니걸 같은 CEO를 팔로어가 아닌 리더로 만들어주는 요소다.

이쯤 되면 시니걸처럼 리더가 직원들에게 공감하는 것이 실은 사업에도 유리하다는 것을 알 수 있을 것이다. 만약 우리 중 누군가가 1986년 1월에(코스트코의 상장 직후이며 웰치가 제너럴일렉트

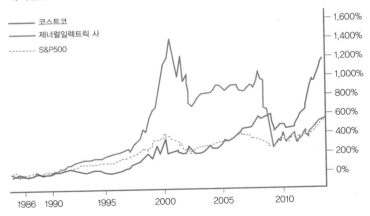

제너럴일렉트릭 사 VS. 코스트코

—— 코스트코
—— 제너럴일렉트릭 사
------ S&P500

릭 사의 CEO로 부임한지 몇 년 지난 시점) 제너럴일렉트릭 사와 코스트코에 투자했다면 이 책을 쓰고 있는 2013년 10월이면 제너럴일렉트릭 사에 대한 투자는 600퍼센트의 수익을 올렸을 것이다(S&P500 평균과 같은 수준). 그러나 같은 기간 코스트코에 대한 투자는 1,200퍼센트의 수익을 냈을 것이다. 제너럴일렉트릭 사의 경우 정점에서는 초기 투자 대비 수익이 1,600퍼센트에 이르지만 실적이 롤러코스터와 같이 오락가락하므로 하락 직전에 팔 수 있었을 거라고 장담할 수는 없다. 하지만 코스트코의 경우는 경제상황이 힘들 때조차 비교적 안정적이고 꾸준하게 성장했다. 이것은 권력을 분산하는 것이 단기적으로는 그다지 좋지 않더라도 시간이 지나면 훨씬 유리하다는 로린코바 박사의 연구 결과도 확인시켜준다. 훌륭한 리더십이란 운동과 같다. 매일 매일 비교해서는 몸이 좋아진 것을 느낄 수 없다. 정해진 날에 내 몸매를 지난날과 비교해보았을 때에야 자신의 노력이 헛되지 않았다는 것을 알 수 있다. 몇 주 혹은 몇 달 만에 사진을 보고서야 뚜렷한 차이를 느낄 수 있는 것이다. 리더십의 영향도 시간이 지난 후에야 제대로 평가된다.

웰치와는 달리 시니걸은 튼튼한 안전권을 마련함으로써 회사가 좋은 시절뿐만 아니라 힘든 시절도 견딜 수 있게 만들었다. 또한 그는 자신이 사라진 후에도 살아남을 수 있는 회사를 만들어놓았고 그 결과 코스트코의 이익은 시니걸이 은퇴한 후에도 계속해서 성장했다. 분명히 경제 위기 때는 코스트코 역시 성장이 둔화되었고(2008년 하반기에는 주가가 많이 떨어졌다) 모든 매장이 성공하지도 못했다. 하지만 큰 그림을 보면 리더가 도파민의 스릴로 통치하는 회사는 안정적이지 않다는 사실을 알 수 있다. 단기적으로는 실적을 강조하는 문화가 사기를 북돋을 수 있다. 하지만 도파민이 유일한 보상일 경우 그 감정은 오래가지 않는다. 반면 세로토닌과 옥시토신의 균형을 유지하면서 직원 사기에 먼저 초점을 맞춘다면 실적은 뒤따라올 것이며 강력한 감정도 지속될 것이다. 회사에서 일하는 것이 기분 좋은 직원은 회사를 위해 열심히 일할 것이다. 이게 바른 순서다.

코스트코는 직원이 곧 가족과 같다는 사실을 인식했기 때문에 성공했다. 코스트코가 일하기 좋은 곳이라는 사실은 실제로 회사의 실적을 끌어올렸다. 다시 말해 직원들에게 좋은 것은 코스트코의 주주들에게도 좋다. 현재 코스트코는 미국에서는 두 번째, 전 세계에서는 일곱 번째로 큰 소매업체이다. 심지어 성장이 둔화될 기미가 보이지 않는다. "월스트리트는 지금과 다음 주 화요일 사이에 돈을 버는 사업이죠." 시니걸이 했던 말이다. "우리가 하는 사업은 조직을 만들어가는 사업입니다. 앞으로 50년간 지속되길 바라는 조직을 우리 스스로 만들어 가니까요."

2008년 시작된 경기침체 기간 중에도 코스트코는 매년 10억 달러 이상의 이익을 냈다. 그러는 와중에도 소매 업체 중 가장 높은 임금 수준을 유지했고 거의 90퍼센트의 직원에게 회사가 보조하는 건강보험을 제공했다. 코스트코는 직원들에게 시간당 평균 20달러를 지불한다(연방정부가 정하는 최소 임금은 시간당 고작 7.25달러다). 반면 미국 월마트의 정규직 평균 임금은 대략 13달러 정도이며, 회사로부터 건강보험을 제공받는 직원은 전체 직원의 절반 정도에 불과하다.

이게 다가 아니다. 월마트를 비롯한 주요 소매업체들은 연방정부의 최소임금 인상을 막으려고 다 같이 노력했지만, 코스트코의 경영진은 최소임금 인상을 지지한다고 목소리를 높였다. 2013년 최소임금 인상을 지지하는 성명서에서 젤리네크는 이렇게 말했다. "우리는 임금을 최소화하는 대신 직원 이직률을 최소화하고 직원 생산성 및 충성도를 극대화하는 편이 장기적으로는 더 많은 이익을 창출한다는 사실을 알고 있습니다." 코스트코의 리더들은 모든 회사가 조직의 최말단에 있는 직원들을 포함한 전 직원의 안전권을 확대해야 한다고 믿고 있다.

2009년 가을, 경기 둔화가 소매업 분야를 강타하기 시작했고 코스트코 역시 경쟁사들과 마찬가지로 압박감을 느끼기 시작했다. 2009년 4월 보고서에 따르면 코스트코는 매출이 27퍼센트 감소했다. 업계는 움츠러들기 시작했고 일부 체인점들은 정리해고를 발표했다. 시니걸은 뭘 했을까? 그는 3년에 걸쳐 시간당 1.5달러의 임금 인상을 승인했다. 코스트코의 최고재무책임자 리처드 갤런티에 따르면, 시니걸은 경기 침체 기간에는 오히려 노동자에 대한 추가적인 도움이 필요하다는(그 반대가 아니라) 입장을 굽히지 않았다고 한다. 시니걸은 갤런티에게 이렇게 말했다고 한다. "경기가 안 좋아요. 어떻게 하면 직원들에게 더 줄 수 있을지 방법을 찾아야 해요. 덜이 아니고 더요." 그렇다고 해서 코스트코가 한 번도 정리해고를 한 적이 없다는 얘기는 아니다. 그런 적도 있었다. 2010년 초 뉴욕 이스트 할렘에 있는 새 매장에서는 450명의 직원 중 160명이 해고통지서를 받았다. 매장이 실망스런 매출을 기록한 후였다. 코스트코와 웰치가 경영한 제너럴일렉트릭 같은 회사 사이의 차이점은 코스트코는 정리해고를 최후의 수단으로 사용하는 반면, 제너럴일렉트릭 같은 회사들은 정리해고를 일상적인 전략으로 사용한다는 점이다.

이런 태도상의 차이 때문에 코스트코의 이직률은 이례적으로 낮다. 시간제 직원의 경우에도 10퍼센트가 되지 않는다. 월마트에 출근하는 사람들은 일자리가 필요해서 가는 것이지만, 코스트코에 출근하는 사람들은 미래를 원하고 소속감을 느끼고 싶기 때문에 회사에 간다. 또한 코스트코는 외부 인사를 영입하기보다는 오래 근무한 직원을 임원으로 승진시키는 편을 선호한다. 매니저를 구하기 위해 경영대학원 졸업자를 찾는 일은 거의 없다. 《블룸버그 비즈니스위크》에 따르면 코스트코의 매장 매니저 중 3분의 2 이상이 계산대 직원 등에서 출발했다고 한다. 코스트코의 리더들은 이런 보호 장치를 제공함으로써 그토록 오랜 시간에 걸쳐 만들어놓은 안전권이 온전히 보존되도록 한다. 이 안전권으로부터 혜택을 누린 사람들은 계속해서 안전권을 튼튼하게 유지하려 할 것이다. 이것이 바로 충성심이라는 가치다.

'직원들이 먼저 회사를 사랑하지 않는 이상,
고객이 그 회사를 사랑하는 일은 결코 일어나지 않을 것이다.'

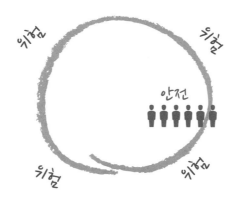

　직원들이 먼저 회사를 사랑하지 않는 이상, 고객이 그 회사를 사랑하는 일은 결코 일어나지 않을 것이다. 회사의 리더가 외부 위험으로부터 자신들을 보호하기 위해 노력하고 있다고 느끼는 직원이 절대 다수여야만, 회사는 고객들 역시 안전권 안으로 끌어들일 수 있을 것이다. 외부 위험에 가장 적나라하게 노출되어 있는 것은 말단에 있는 직원들, 쉽게 말해 보병들이다. 공교롭게도 클라이언트나 고객들과 가장 많이 접촉하는 사람들도 바로 이들이다. 이들이 보호받고 있다고 느낀다면 이들은 할 수 있는 모든 일을 다 하면서 고객에게 봉사할 것이다. 회사 리더로부터 내려올 파급효과를 걱정할 필요 없이 말이다.

　이윤이 모든 기업의 목표인 것은 말할 것도 없다. 하지만 기업의 첫 번째 책임이 이윤이라고 말하는 것은 잘못된 것이다. 이윤을 회사의 문화를 유지하는 동력으로 파악하는 리더라면 도파민에 중독된, 코르티솔에 절은 경쟁자들보다 오래도록 살아남을 것이다.

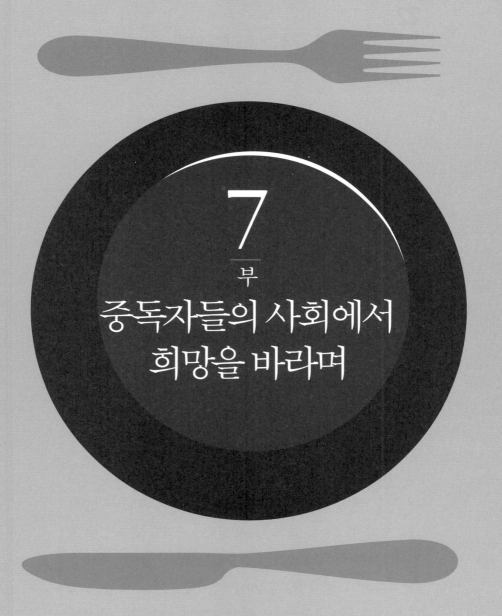

7
부

중독자들의 사회에서
희망을 바라며

22장
모든 문제의 중심에는 우리가 있다

계몽

사례 1. ooo 부인은 6시간에 걸친 자연분만 후, 5월 7일 오후 5시에 입원했다. 9일 밤 12시(입원 31시간 후)에는 심한 오한이 발병했다. 오한이 나기 전에는 이런 환경에서 으레 여성들이 그렇듯이 편안한 상태였다. 10일 그녀는 사망했다.

위 이야기는 산욕열의 전형적인 사례였다. 산욕열은 18세기 후반과 19세기 초에 걸쳐 유럽과 미국을 휩쓴 유행병이었다. 당시에는 출산 합병증으로 인한 사망이 드문 일은 아니어서 어떤 경우에는 출산 여성의 6~12퍼센트에 영향을 주기도 했지만, 이 경우는 훨씬 나빴다. 이 유행병이 절정에 달했을 때는 병원에서 분만한 여성의 70~80퍼센트가 산욕열로 사망했을 정도였다. 고열과 복부 통증 등을 포함하는 산욕열의 증상은 출산 후 수일 내에 나타났고, 금세 사망하는 경우가 잦았다. 이 병의 영향력은 너무나 파괴력이어서 '분만 흑사병'이라고 불렸을 정도였다.

사정이 이렇다 보니 의료계 전체로 심각한 산욕열의 여파가 전달되었고 당시 의사들은 상당한 불안에 떨었다. 당시는 의사들이 병원 치료가 가정 내 치료보다 훨씬 우월하다는 점을 대중들에게 설득하려고 노력하던 시기였다. 그나마 다행인 점은 이 시대가 유럽과 미국에서는 계몽의 시대여서 새로 나타난 지식층이 전통과 신앙을 과학과 이성적 분석으로 대체함으로써 사회 개혁에 박차를 가하고 있었다는 점이다. '이성의 시대'로도 알려져 있는 이 시기에는 경험적 데이터를 가장 중시했고 전문지식이 통용됐다.

당시의 '계몽된' 의사들은 본인의 경험과 연구에 기초한 복잡한 이론으로 산욕열이라는 병을 설명했고, 때로는 이 병의 확산을 막을 방법으로 설명 만큼이나 복잡한 여러 아이디어를 내놓았다. 하지만 좋은 의도로 온갖 과학과 데이터를 총동원하고 복잡한 모형을 개발하면서도 의사들은 정작 산욕열 확산에 관한 중요한 한 가지 요소를 고려하지 못했다. 바로 의사들 자신이었다.

이 재앙을 더 깊이 연구하여 해결책을 찾아내고 싶은 마음이 너무나 간절했던 나머지, 의사들은 단서를 찾기 위해 아침에 피해자를 부검하고 오후에 다른 환자를 돌보는 경우가 비일비재했다. 하지만 아직까지 세균이라는 개념이 제대로 이해되지 못한 시기였기 때문에 외과의사들은 제대로 손을 씻거나 장비를 소독하는 경우가 적었다. 1843년에 와서야 보스턴에 살던 미국인 의사 올리버 웬델 홈즈 박사(올리버 웬델 홈즈 주니어 대법관의 아버지)가 《뉴잉글랜드 내외과 저널》에 발표한 한 논문에서 산욕열의 확산에 책임이 있는 것은 의사들 자신이라는 의견을 내놓았다. 그는 의사들에게는 감염된 여성을 돌볼 때 입었던 옷가지를 태우고 장비를 정화할 도덕적 의무가 있다고 주장했다.

홈즈 박사의 논문은 처음에는 큰 주목을 끌지 못했으나 일부 동료들 사이에서 상당한 논란을 낳았다. 실수로 피해를 끼쳤다고 지적당한 많은 의사들이 홈즈 박사를 공격했다. 한 비평가는 '의사들은 원인이 아니다. 그들은 신사다!'라고 말했다. 하지만 홈즈 박사가 수집한 많은 증거를 반박하기는 어려웠다. 의사들이 치명적 질환으로 사망한 여성들을 많이 부검할수록 감염되는 여성도 늘어났다. 부검을 실시한 일부 의사는 자신이 직접 병에 걸리기까지 했다.

그럼에도 불구하고 홈즈 박사의 논문이 발표된 지 12년이 지난 후에야 나머지 의료계 역시 책임을 인정하고 적합한 소독작업을 실시하기 시작했다. 해결책을 내놓겠다고 주장하던 사람들이 자신의 작업 방식이 문제의 일부였다는 점을 인정하고 나서야 산욕열은 사라졌다.

산욕열과 오늘날 우리의 기업문화에 몸살을 일으키고 있는 위험한 질병의 확산 사이에는 거북할 만큼 유사한 면이 있다. 우리는 새로운 계몽의 시대에 살고 있다. 이제야 비즈니스맨과 경제학자들이 과학자가 되어 각종 지표와 효율성, 린, 식스 시그마, ROI, 경험적 데이터 등을 의사 결정에 활용하기 시작했다. 이 많은 수치와 시스템을 갖추게 되자 우리는 이런 것을 관리할 관리자들에게 더 많이 의존하게 됐다. 그리고 나무는 보고 숲은 보지 못하는 것처럼, 때로 우리는 관리할 자원이나 시스템만 보고 그 너머에 있는 사람들, 실제로 일을 하는 사람들을 보지 못했다. 규모가 커질수록 사물들은 추상화된다. 사물들이 추상화될수록 우리는 그것들을 모두 쫓아가려고 숫자에 의존한다. 당연한 이치다. 각각의 주식시장 붕괴 사태(1970년대 석유 위기만 빼고)가 일어나기 전에 거의 동일한 여건들이 조성되어 있었다는 점은 결코 우연이 아니다. 홈즈 박사처럼 우리는 해답을 찾기 위해 우리 자신을 돌아보아야 한다.

'지표를 관리하는 관리자라면
누구나 리더가 될 기회가 있다.'

리더십은 사람을 책임지는 것이지 수치를 책임지는 것이 아니다. 관리자는 우리가 만든 수치와 결과를 챙기지만, 리더는 우리를 챙긴다. 지표를 관리하는 관리자라면 누구나 리더가 될 기회가 있다. 이 나라 모든 의사가 장비 소독의 중요성을 배우는 것처럼, 모든 조직의 리더는 자기 사람들을 보호하는 데 필요한 작은 일들을 해야 한다. 하지만 그전에 먼저 그들은 자신들이 문제의 원인이라는 사실을 인정해야 한다.

아주 현대적인 중독

정말 믿기 힘든 기분이었다. 마법 같은 효과가 있었다. 그 어떤 절망이나 불쾌, 우려나 불안, 공포나 걱정, 심지어 다른 사람이나 상황이 일으키는 위협까지도 날려버렸다. 그는 마치 '수리 받은 느낌'이었다고 회상했다. 뭐든 할 수 있을 것 같았다. 되고 싶었던 그런 사람이 된 기분이었다. 존은 술을 마실 때 그런 기분을 느꼈다.

어떤 사람들은 이 기분을 '술기운'이라고 부른다. 술을 몇 잔 마셨을 때 생기는 자신감의 상승 말이다. 친구 몇 명과 바에 있다가 저쪽에 있는 매력적인 여자와 눈이 마주쳤다면 그냥 걸어가서 자기소개를 하면 된다. 하지만 많은 남자들이 이것을 겁낸다. 마음을 가라앉히고 저쪽까지 걸어갈 용기를 내는 데는 한두 잔의 술이면 충분하다.

그 불안과 세상을 마주하는 데 필요한 용기를 몇 배로 곱해보면, 술이 알코올중독자의 삶에서 지니는 영향력과 중요성을 조금은 이해할 수 있을 것이다. 알코올에 의해 분비되는 도파민 덕분에 술을 마시면 어려움이나 위협, 공포, 불안, 피해망상의 기분이 사라진다. 알코올 중독을 관리하기 어려운 것은 이런 이유에서다. 알코올 중독자가 직면해야 할 수많은 문제들(직장에서의 스트레스, 인간관계에서 오는 스트레스, 금전적 스트레스 및 뭐든 역부족이라는 느낌)은 맨 정신일 때 더욱 악화되고 맞서기 힘들어진다. 어느 알코올 중독자는 그것을 이렇게 설명했다. "다른 사람들은 한 잔 하고 나서 집으로 가지만, 나는 집을 나서려면 술을 마셔야 했어요."

　알코올 중독으로 고생하는 많은 사람들이 10대 때부터 술을 마시기 시작했다. 거의 모든 사람들이 불안과 역부족이라는 감정에 대처해야 하는 시기다. 10대 때 우리는 부모의 승인이 필요하던 상태에서 또래의 승인이 필요한 상태로 이행한다. 이런 욕구는 평생 지속된다.

　사회에 대한 인식과 '소속감' 및 '잘 맞다는 느낌'을 갖고 싶은 욕구는 인간이 인류학적으로 성장한 과정에 속한다. 우리는 누구나 집단 내에서 환영받고 중요한 존재로 인정받는다고 느끼고 싶어 한다. '남들이 나를 어떻게 생각할까' 하는 걱정은 사회화의 자연스런 일부이며, 집단을 이뤄 사는 종으로서 인간이 생존하기 위해 반드시 필요한 요소이다. 성적으로 성숙하고 신체가 변화함과 동시에 갖는 사회적 불안감과 혼란, 자기 회의 등을 많은 10대들은 힘에 부친다고 느낀다.

　응원해주는 부모, 선생님, 친구들, 공동체 등이 필요한 것은 이 때문이다. 가족 식사나, 팀 스포츠, 취미 생활, 방과후 활동 등이 중요한 데는 이런 이유도 있다. 이 취약한 시기에 우리가 형성하는 튼튼한 인간관계는 우리가 대처하고 살아남는 데 다른 사람의 도움이 절실하다는 사실을 알려준다. 하지만 몇몇 10대는 기운을 내고 자신감을 찾는 데 알코올의 마법 같은 힘이 더 빠른 길이 될 수도 있다는 사실을 우연히 발견하게 된다. 감독하는 사람이 없으면 자기 회의가 들 때 다른 사람에게 의존하는 대신 알코올에 의존하게 될 수 있다. 이것이 중요한 이유는 10대 때 배우는 어려움이나 불안에 대처하는 요령이 나중에 성인이 되어서도 남은 인생 동안 여러 어려움에 대처하는 요령이 될 가능성이 크기 때문이다.

'마음을 진정'시키기 위해 알코올이나 담배, 폭식을 이용하는 것은 효과가 매우 크다. 이런 행동은 주변 사람의 도움 없이 혼자서도 할 수 있으며, 즉각적으로 효과를 발휘한다. 다시 말해 술을 마시거나 흡연을 할 때 느끼는 안정감이나 안도감을 얻는 데는 많은 노력이 필요하지 않다. 술을 마시거나 담배를 피우는 것과 동시에 그런 기분이 느껴지기 때문이다.

알코올이나 니코틴, 음식 등에서 얻는 쾌락은 모두 도파민에서 오는 것이다. 도파민은 우리가 무언가를 성취했거나 찾던 것을 찾았을 때 분비되는 화학물질이다. 도파민은 우리 내부에 있는 인센티브의 하나로서 우리가 음식을 찾고 집짓기를 끝내고 종으로서 발전하는 것을 촉진하기 위해 만들어졌다. 도파민은 우리의 생존과 번영에 이득이 되는 행동을 계속하게 할 목적으로 만들어졌다.

대자연은 니코틴이나 알코올과 같은 화학물질이 우리의 보상 체계를 교란할 수 있는 때가 오리라는 것은 상상하지 못했고 그래서 우리를 준비시키지도 못했다. 도파민은 음식을 쉽게 구할 수 없던 시절을 위해 만들어졌다. 우리 신체는 원하면 언제나 음식을 찾을 수 있는 세상에 맞도록 만들어지지 않았다. 폭식, 도박, 음주, 흡연은 모두, 표면상은, 도파민 중독이다. 이런 것들은 우리가 좋아하고 갈망하는 도파민을 손쉽게 얻을 수 있는 방법이다. 이런 도파민을 향한 욕망을 제대로 관리하지 못하면 우리는 중독에 걸린다. 그러다 보면 본래는 우리를 살아 있게 하려고 만들어진 화학물질이 우리에게 해가 되는 행위를 했을 때 오히려 보상을 주는 상태에까지 이른다. 이것이 정확히 지금 우리의 기업문화에 일어나고 있는 일이다. 지금의 기업문화에 있는 인센티브 프로그램은 새로운 종류의 도파민 중독을 일으킬 수 있는 환경을 만들어내고 있다. 우리는 실적에 중독되었다.

도파민 중독, 당신이 초래한 일이다

구석기 시대 우리 조상들은 사냥을 준비하고 그날 무슨 일이 일어날지 생각하며 흥분했다. 목표를 그려보고 그 목표를 달성했을 때의 보상을 그려보면 첫 번째로 도파민 분비가 일어나면서 사냥을 떠나게 만들었다. 사냥꾼 중 한 명이 그 근처에 가젤이 있었다는 단서를 발견하면 또 한 번 도파민이 분비되어 계속 가젤을 찾게 만들었다. 누군가 멀리서 가젤을 발견하면 도파민이 더 많이 분비되어 그때부터 몇 시간 동안 가젤을 쫓게 했다. 마침내 사냥꾼들이 아드레날린을 통한 흥분과 함께 가젤을 죽이면 도파민이 온몸에 퍼지면서 엄청난 성취감을 주었다. 서로 축하하면서 신망 있는 리더에게 고마움을 표하고 나면 이제 모두의 혈관에는 세로토닌이 흘렀다. 사냥꾼들은 서로 포옹을 하고 등을 두드려주면서 며칠 동안 함께 흙먼지를 뒤집어쓴 이들에게 강한 형제애와 유대감을 느꼈다. 옥시토신은 이런 유대감을 강화했다. 용감한 사냥꾼들이 음식을 가지고 부족으로 돌아오면 부족원들은 무더기로 칭찬과 존경을 쏟아냈다. 또 한 번 세로토닌이 흘렀다. 나머지 부족원들은 보호받는 기분을 느꼈고 자신들을 위해 사냥꾼들이 위험을 무릅쓴 것에 대해 고마워했다. 그러고 나면 모두가 기분 좋게 맛있는 식사를 함께 즐겼다.

음식을 찾던 선사시대 조상들처럼 오늘날 비즈니스 세계에서 우리는 최종 목표로 가는 중간 표지에 도달할 때마다 도파민을 얻는다. 안타깝게도 조상들과는 달리 우리는 불균형적인 보상 시스템의 환경에서 일하고 있다. 도파민 인센티브가 압도적인 환경인 것이다. 우리의 인센티브 구조는, 거의 전부가, 목표를 달성하면 그에 대한 금전적 보상을 얻는 것으로 이루어진다. 게다가 대개의 경우는 단기 목표(월간, 분기별, 연간 목표)를 달성했을 때 개인의 실적에 보상하는 식으로 이루어진다. 이런 인센티브 구조는 동료들 사이에 경쟁을 유발함으로써, 의도한 것은 아니지만 결과적으로는 집단 전체의 발전을 훼손하는 행동을 촉진하기도 한다.

나는 아메리카온라인AOL이 잘 나가던 시절의 예를 자주 든다. 아메리카온라인은 사람들이 자신들의 제품을 신청하게 만들려고 자주 CD를 발송하곤 했다. 사내의 고객유치 부서는 가입자 목표를 달성하면 금전적 인센티브를 받았다. 그래서 사람들이 무조건 서비스에 가입하게만 만들려고 여러 전략이 고안되었다. 첫 달에 공짜로 100시간을 제공했던 것이 곧 200시간이 되었고 나중에는 700시간까지 늘어났다. 나는 45일간 1,000시간을 제공했던 것까지 기억난다(이 프로모션의 혜택을 제대로 보려면 가입자는 하루에 1.7시간만 잠을 자야 했다). 효과는 있었다. 고객유치 부서원들이 개발한 모든 전략은 오직 한 가지 목표, 즉 자신들의 보너스를 최대화하도록 설계되었다. 문제는 사내에 고객 유지를 책임지는 부서가 있었다는 점이다. 이 부서원들은 가입을 취소한 사람들이 모두 돌아오게 할 방법을 찾아내야 했다. 각 부서가 다른 부서나 회사의 이익은 아랑곳하지 않고 오직 자기 부서의 지표에만 매달리게 하는 시스템을 만들어냄으로써 아메리카온라인의 리더들은 직원들이 회사의 비용을 증가시킬 방법을 찾아내면 인센티브를 제공하고 있었다.

대부분의 회사들이 제공하는 인센티브 구조는 직원들의 협력이나 정보 공유, 부서 간 지원 요청이나 지원 제공 등에 대해서는 보상하지 않는다. 다시 말해 회사는 안전권을 유지하는 데 필요한 행동이나 활동을 강화하지 않는다. 의도한 것이든 아니든, 회사들의 인센티브 구조는 도파민 중독을 가능하게 할 뿐만 아니라 그것을 키우고 부추기도록 설계되어 있다. 그리고 다른 모든 중독과 마찬가지로 도파민 중독에도 결과가 따른다. 판단력이 흐려지고, 외부인들을 덜 배려하고, 이기적으로 행동하게 된다. 우리는 다음 번 목표 달성에 집착하게 되고 그 누구도, 그 무엇도 우리를 방해하게 내버려두지 않는다.

23장
우리의 문제를 다음 세대에 떠넘기지 말라

석유 시추를 관리하는 규제가 있기 때문에 우리는 자원의 이점은 수확하면서도 자원을 주는 땅은 보호할 수 있다. 자동차와 기계의 배기가스를 감독하는 규제 덕분에 우리는 편리한 이기를 누리면서도 깨끗한 공기를 유지할 수 있다. 좋은 규제란 이런 것이다. 혜택과 그 혜택이 치르는 비용 사이에 균형을 맞춰준다. 정밀하지는 않지만 어떤 식으로든 불균형이 생기면 상업이나 우리 생활에 피해가 온다는 점에는 이론이 거의 없을 것이다. 그렇기 때문에 그 균형을 유지하려는 노력 과정이 진지하게 계속된다.

20세기 초에는 주파수 대역이 공공 소유의 희소한 천연 자원으로 여겨졌다. 라디오가 소개되자 방송계는 마치 서부 개척시대 같았다. 주파수는 한정되어 있는데 목소리를 내보내려는 방송국들이 난립했다. 그래서 의회는 조직화된 체제를 만들려고 1927년 라디오법을 통과시켰다. 이 법률이 나중에 1934년 통신법으로 대체되면서 연방통신위원회가 등장했다. 프랭클린 D. 루즈벨트의 뉴딜 정책 중 일부였다. 새 법률과 새로 생긴 위원회는 텔레비전이라는 새로운 매체도 책임졌다. 이것들은 라디오 때와 마찬가지로 방송 산업의 성장을 돕는 동시에 공공의 정보 접근성을 보호했다.

연방통신위원회가 이 한정된 자원을 규제한 방법 중 하나는 방송국으로 하여금 공공 주파수로 방송을 하려면 방송 면허를 따도록 요구한 것이었다. 방송 면허를 따기 위한 요구 사항 중에는 수익 창출의 바탕이 되는 지역민들을 위해 공공 서비스 프로그램을 제공하는 것도 있었다. 방송국들은 이런 요구사항을 따르지 않으면 면허를 잃게 될까 봐 겁을 냈다. 그래서 탄생한 것이 저녁 뉴스였다. 저녁 뉴스는 나머지 프로그램에서 나오는 상업적 이득과는 별도로 공익에 이바지하는 프로그램이었다. 방송국들은 저녁 뉴스를 통해서 돈을 많이 벌지는 못했지만 사업만큼이나 중요한 다른 것을 얻었다. 돈으로는 살 수 없는 그것은, 정직이라는 명성이었다.

1962년부터 1981년까지 〈CBS 이브닝 뉴스〉의 앵커를 맡았던 월터 크롱카이트는 '미국에서 가장 신뢰받는 남자'였다. 분명 CBS라는 회사 전체에 도움이 되는 명성이었다. 크롱카이트나, 낮에 뉴스를 진행하는 다른 앵커들이나 모두 자신들에게는 주어진 미션이 있다고 생각했다. "1960년대에 우리는 대중에게 필요한 정보를 제공해야 한다는, 반쯤은 종교적인 동기에 이끌려 일을 했어요." 〈나이트라인〉을 진행했던 기자 테드 코펠의 말이다. 뉴스는 대중에 대한 의무를 이행했다. 이것은 표면상 'NBC와 CBS, ABC가 엔터테인먼트 사업부로 올리는 어마어마한 수익을 정당화해주는 미끼 상품'이었다고 코펠은 설명한다. "방송국 간부들은 뉴스 프로그램이 수익을 낼 수 있다는 생각은 상상조차 못했죠." 기브 앤드 테이크라는 시스템이 균형을 이루고 있었다.

하지만 1979년말 일이 발생했다. 11월 4일 이슬람교도 학생 및 군인 한 무리가 테헤란에 있는 미국 대사관으로 밀고 들어가서 52명의 미국인을 인질로 잡는 사건이 일어난 것이다. 얼마 지나지 않아 ABC 뉴스는 〈미국 인질극: 이란 위기〉라는 시리즈 프로그램을 시작했다. 특별히 인질극 전개 상황을 보도하기 위한 프로그램이었다. 나중에 〈나이트라인〉으로 이름을 바꾸고 테드 코펠이 25년간 앵커를 보게 된 이 프로그램은 444일 동안 매일 밤 미국인들에게 인질극 상황을 업데이트했다. 이 프로그램은 즉시 인기를 얻었고 뉴스 역사상 처음으로 방송국 경영진들의 관심을 얻었다. 이제 방송국 경영진들은 뉴스를, 대의를 추구하는 이상주의적 저널리스트들이 운영하도록 그냥 남겨두지 않았다. 그들은 뉴스를 수익의 원천으로 보고 개입하기 시작했다.

방송된 지 10년이 넘은 〈60분〉과 같은 프로그램도 수익을 내기는 했으나, 매일 방영하는 프로그램은 아니었다. 밤마다 하는 뉴스가 아니었던 것이다. 게다가 이제 시대가 달라져 있었다. 80년대가 시작됐다. 미국의 부와 풍요는 사상 최고 수준에 달했고 더 많은 부와 풍요를 바라는 우리의 욕구가 미국이라는 나라의 생활의 모든 측면을 움직이는 동력이 되었다. 거기에는 텔레비전 방송도 포함되었다. 도파민을 향한 갈망이 상승세를 타고 있었다. 균형이 곧 깨질 참이었다.

이란 인질극 사태가 끝나고 레이건 정부가 시작됐다. 그와 함께 방송계에 새로운 보안관이 도착했는데 연방통신위원회 의장으로 지명된 마크 파울러였다. 파울러와 수많은 그의 지지자들은 (텔레비전 뉴스까지 포함한) 텔레비전 방송을 그저 수익을 추구하는 또 하나의 비즈니스로 보았다. 케이블 텔레비전의 도래 및 CNN의 도입으로, 공공 서비스이자 방송국의 꽃이었던 뉴스는 24시간 더 많은 돈을 벌 수 있는 또 다른 기회로 바뀌었다.

방송국이 또 다른 목표를 달성하는 데 방해가 되는 장애물은 모두 제거되어야 했다. 이제 규제 당국의 업무는 보호를 제공하는 것이 아니라 수익 창출을 돕는 것이 됐다. 하나둘씩, 때로는 의회의 도움을 받아, 때로는 단독으로, 파울러와 연방통신위원회는 방송국들이 방송 면허를 유지하려면 고수해야 했던 모든 기준들을 서서히 해체했다. 공익에 봉사함으로써 적어도 어느 정도의 균형을 유지하려는 목적으로 만들어졌던 기준들이었다. 먼저 방송 면허 갱신 기간이 3년에서 5년으로 늘어났다. 이 말은 곧 면허를 잃을까 두려워할 우려가 줄어들었다는 뜻이었다. 하나의 회사가 소유할 수 있는 방송국의 수가 7개에서 12개로 늘어났다. 이로써 각 지주회사들은 더 많은 시장점유율을 획득할 기회가 늘어났다. 전파를 탈 수 있는 광고 분량에 대한 규정도 없어졌다.

심지어 파울러의 연방통신위원회는 공중파를 이용한 수익 창출의 조건인, 비예능 프로그램의 최소 방송 분량에 대한 가이드라인까지 폐지했다. 1934년법의 주된 이유였던, 서부시대 같은 방송산업을 규제하고 각 방송국이 공익에 이바지하도록 하려던 목적은 이제 파괴되고 없었다. 그리고 여기서 멈추지 않았다. 아마도 방송국과 TV뉴스 사업에 가장 큰 피해를 몰고 온 것은 1987년 '형평의 원칙' 폐지 사건일 것이다.

형평의 원칙은 방송업자가 방송국을 이용해 한 가지 관점을 옹호하는 것을 막기 위해 1949년에 도입되었다. 이 원칙에 따르면 연방통신위원회로부터 면허를 받는 방송업자는 (면허의 조건으로) 공익에 이바지하는 논란 있는 주제를 다루어야 할 뿐만 아니라, 제시되는 관점에 대해서는 반드시 균형 잡힌 반대 의견도 제시해야 했다. 이 규정이 폐지되자 이제 방송국들은 당파적 관점을 취해도 될 권리가 생겼고, 사업에 도움이 된다면 아무리 극단적인 관점을 가져도 상관없게 되었다. 1973년 '논란 있는 화제에 관한 공정방송 위원회'가 반드시 필요하다고 했던 것, '공익사업의 가장 중요한 요건'이 사라졌다. 이제 서비스로서의 뉴스가 광고를 팔 수 있는 또 다른 플랫폼의 뉴스로 대체될 수 있는 길이 훤히 트였다. 1980년대에 더 큰 풍요의 추구가 계속되는 동안, 방송업계가 지닌 신뢰구축 측면에 대한 파괴 작업은 막을 수 없어 보였다. 도파민이 흘러넘쳤다.

서비스 대상인 사람들에게 해가 되지 않는 이상, 회사 리더들은 자신들이 원하는 방식대로 회사를 키울 권리가 있다는 데 이의를 제기할 사람은 없다. 문제는 뉴스 사업이 자신들이 서비스해야 할 사람이 누구인지 잊어버린 것 같다는 점이다. 지금의 텔레비전 뉴스 현황을 생각하면, 1등이 되겠다는 욕심이나 시청률을 올리겠다는 욕심이 공익에 대한 봉사보다 우선하는 동기가 될 때 어떤 일이 일어나는지 완벽하게 알 수 있다. 최악의 증상 중 하나는 미디어가 중요한 내용은 한심할 만큼 적게 다루면서, 정보성은 없고 흥미만 자극하는 이야기를 잔뜩 다루려고 한다는 점이다. 그 어느 때보다 지금, 정보 전달이라는 미션은 뉴스 전달이라는 사업이 되어버렸다.

이것은 저널리스트들 때문이 아니다. 사실 상당히 많은 저널리스트들이 여전히 코펠이 이야기한 진실을 보도하는 것에 관해 '반쯤 종교적인' 사명감을 갖고 있다. 문제는 현재 미디어 경영진들이 정보의 보급을 미션에 의한 행동이 아니라 비즈니스 포트폴리오의 일부라고 생각한다는 점이다. 이런 경영진들은 자신들의 제품이 공익 제공의 의무를 충족시킨다고 잽싸게 변명한다. 하지만 이런 주장은 성립이 되지 않는다. 그들이 시청률 결과에 따라 광고요금을 책정한다면 이것은 분명한 이해의 충돌이다. 마치 환자에게 필요한 약뿐만 아니라 환자가 요구하는 약을 처방해주는 의사처럼, 원하지 않아도 필요한 뉴스를 전하던 뉴스 회사들이 이제는 필요하지는 않아도 시청자가 원하는 뉴스를 제공하는 쪽으로 옮겨갔다고 코펠은 말한다. 코펠은 뉴스 회사에서 일한다는 것이 의미를 갖던 시절을 탄식하며 회상했다. 그 시절에는 그것이 상업적 추구 이상의 고귀한 일이었다. 그 당시 뉴스 방송은 진짜 뉴스를 재미있게 방송했을 뿐, 지금처럼 재미난 뉴스를 만들어내지는 않았다.

유권자들의 요구에 응하며 시간을 보내는 대신 정치자금 기부자의 환심을 사려고 하는 국회의원이나, 유해한 성분이 들어 있을 수 있다는 것을 알면서도 수익이 난다는 이유로 제품을 파는 회사의 리더처럼, 승리를 위한 경쟁은 언제나 존재했지만 언제나 문제를 일으켰다. 건강한 사회와 마찬가지로 건강한 조직에서는 승리의 동기가 서비스 대상인 사람들을 위하려는 동기보다 앞서서는 안 된다.

더 많이! 더 많이!

1929년 주식시장이 붕괴하기 전에 미국에는 2만 5,000개의 은행이 있었다. 하지만 그 중 다수가 불안한 기초 위에 세워진 은행이어서, 대략 절반 정도는 주식시장 붕괴 이후 몇 년 안에 문을 닫았다. 1933년에 의회는 당시 '1933년 은행법'이라고 알려진 '글래스-스티골법'을 통과시켰다. 은행 산업의 과도한 위험투자와 투기를 억제함으로써 미래 세대는 같은 곤경을 다시 겪지 않게 하려는 시도였다. '미국 금융 시스템에 대한 공신력을 보존하고 증진시키기 위한' 독립된 기구인 연방예금보험공사를 도입했고, 은행이 자신들의 이익만 추구할 경우 대중이나 국가가 겪게 될 위험을 줄일 수 있는 다른 규정들도 제정되었다.

글래스-스티골법의 가장 중요한 규정 중 하나는 일반 은행과 투자 은행을 구분한 것이다. 일반 은행은 예금 수신, 수표 업무, 대출 등 전통적인 은행 서비스를 제공하는 은행이다. 반면 투자 은행은 고객의 자금모집을 위해 증권을 발행할 수 있고, 주식 상품, 기타 금융 상품 거래 등 다른 서비스도 제공할 수 있다. 당시 일반 은행은 개인이나 기업, 의회의 자금을 보관하는 곳이라고 보았기 때문에, 투자 은행이 투기적이고 위험이 높은 모험을 하는 데 이들 자금을 손댈 수 없도록 해야 했던 것이다.

안타깝게도, 우리 선조들이 보호하려 했던 미래 세대는 새로운 매출원을 개척하기 위해서라면 공익을 위험에 빠뜨리는 짓도 서슴지 않았다. 그래서 무모한 투기로 닷컴 붐이 최고조에 달한 1999년에 글래스-스티골법은 대부분 폐지되었다.

이 법률 폐지를 정당화하면서 당시 재무장관이었던 로런스 서머즈는 '미국 회사들이 새로운 경제에서 경쟁할 수 있게 만들어주기 위한 것'이라고 말했다. 이 말은 진짜 의도를 숨기기 위한 정치적 수사에 불과했다. 공공복지를 보호하기 위해 특별히 만들어진 규제를 제거함으로써 한 산업(은행업)이 더욱 커지도록 돕고, 한 집단(은행가들)이 더 많은 도파민을 얻을 수 있게 도우려는 의도 말이다.

'새로운 경제에서 경쟁'하는 것이 주식시장 붕괴 여건을 만든다는 뜻이라면, 정치가들과 은행 로비스트들은 대성공을 거뒀다. 이 법률이 있던 1933년과 1999년 사이에 도산한 대형 은행은 거의 없었고, 1929년 대공황을 초래했던 주식시장 폭락 이후 미국에서 중대한 주식시장 붕괴 사태는 세 번밖에 없었다. 다시 설명하자면 한 번은 1973년 유가 급등으로 인한 주식시장 붕괴였는데 은행 위기 사태는 아니었다. 또 하나는 2000년 닷컴 버블의 무모한 투자로 인한 붕괴 사태였다. 2008년에 있었던 세 번째 붕괴 사태는 모기지 담보증권 이용 및 은행산업 측의 과도한 투기와 위험 투자의 결과였다. 2008년 붕괴사태를 위한 여건을 마련한 것은 이전에는 일반 은행이었던 시티그룹 같은 회사들, 증권을 취급하는 보험회사인 AIG 등이었다. 폐지된 지 10년도 채 되지 않은 1933년은행법이 있었더라면 금지되었을 영업 방식이었다.

글래스-스티골법을 대부분 폐지한 것은 나만 앞세우는 베이비붐 세대들이 자기 이익을 위해 법률을 피해가거나 망가뜨리려고 했던, 극단적이고 분명한 사례 중 하나였다. 또한 이것은 리더가 자신이 보호해야 할 사람들보다 자신의 이익을 앞세울 때 어떤 일이 벌어지는지 보여준 예시였다. (여담으로, 이 파괴적 풍요의 시기에 있었던 사건들은 모두 미국의 첫 베이비붐 세대 대통령인 빌 클린턴이 지켜보는 가운데 발생했다. 그는 1946년 8월 19일생이다.) 중독은 끔찍한 방식으로 우리가 현실감각을 잃게 만든다.

아침에 일어나서 전날 밤 중독 상태에서 했던 일을 후회하는 중독자처럼, 자신들이 초래한 파괴적 결과를 되돌아보는 베이비붐 세대들이 많다. 당시 책임자 자리에 있던 일부 인물들은 그런 파괴적 결과를 통해 겸손을 배운 듯하다. 2010년 블룸버그 텔레비전과 가진 인터뷰에서 메릴린치의 전 CEO 데이비드 코만스키는 글래스-스티골법을 폐지한 것이 실수였다고 말했다. "안타깝지만 저 역시 글래스-스티골법 폐지를 주도한 사람 중 한 명입니다." 그는 이렇게 말했다. "물론 제가 회사를 경영 중일 때는 [그 법률을] 엄격하게 시행하는 것이 싫었죠." 코만스키는 이제는 인정했다. "그런 활동을 했던 것이 후회되고, 우리가 그러지 않았더라면 좋았겠다 싶어요." 시티그룹의 공동 CEO였던 존 리드 역시 글래스-스티골법을 폐지한 것은 잘못된 생각이었다고 말했다. 이들 전 CEO들이 갑자기 제정신을 차리게 된 이유는 무엇일까? 책임자 자리에 있을 때는 차리지 못했던 정신을 말이다. 누구나 뒤늦은 깨달음은 있는 법이지만, 우리가 리더들에게 돈을 주는 이유는 그들의 비전과 선견지명 때문이 아니던가?

1980년대와 1990년대부터 본격적으로 일부 베이비붐 세대들은 시스템 내에서 우리가 과도해지고 균형을 잃고 중독되는 것을 막기 위해 만들어놓았던 통제 요소들이 꾸준히 해체되는 것을 간과했다. 회사 리더와 정부 리더들은 강력한 핵심층을 구축하고 그 외 다른 이들에 대한 보호에는 관심을 쏟지 않았다. 어느 집단의 리더이든 자신들의 손에 놓인 사람들을 돌봐야 하는 것처럼 (그래야만 궁극적으로 더 튼튼한 조직이 된다), 회사의 리더들은 자신들이 영업하는 환경 역시 잘 돌보아야 한다. 여기에는 경제는 물론이고 문명사회까지 포함된다. 최대한 많은 미국인들이 안심할 수 있게 만들어 놓았던 안전권이 이제 서서히 붕괴되면서 우리는 더 큰 위험에 노출되고 있다. 우리가 협동하여 전체로서의 이 나라를 보호하고 발전시키는 것이 아니라, 우리 자신들로부터 스스로를 보호하는 데 집중해야 할 형편이라면, 나라는 약화될 것이다. 다음 세대는 이전 세대의 문제를 고칠 수 있는 능력이 있다고 본다면, 우리는 그들이 자기만의 중독에 대처하고 있다는 것을 기억해야 한다.

24장
인간을 인간으로 보지 않는 사회

부의 대물림과 자기만 아는 세대

이것도 시가 되길

널 망쳐놓는 건 니네 엄마 아빠지.

일부러는 아닐지 몰라. 그래도 사실이지.

자기네 잘못을 너한테 몽땅 집어넣고

네 혼자 잘못도 몇 개 더 얹어주지.

하지만 그들도 망쳐놓은 사람은 따로 있지.

구닥다리 모자에 코트를 입던 바보들.

말도 안 되게 근엄하게 굴 때가 아니면

서로에게 욕설을 퍼부었지.

비참함은 대를 이어 전해지지.

비참함은 대륙붕처럼 깊어만 가지.

최대한 빨리 거기서 나와.

절대 네 자식은 낳지 말고.

필립 라킨의 1971년 작품인 이 시는 자식을 키우는 일의 음울한 모습을 보여준다. 슬프지만 그 속에는 일말의 진실이 들어 있다. 지금 우리가 살고 있는 파괴적 풍요의 시기는 대부분 우리 부모들과 그 부모들의 선한 의도 탓이다.

대공황과 전시 배급 시대에 성장한 '위대한 세대'는 자녀들만큼은 자신들처럼 젊어서 고생하기를 바라지 않았다. 이것은 좋은 일이었다. 자녀가 고난을 피하고 번창하기를 바라는 것은 모든 부모의 바람이다. 그래서 베이비붐 세대는 그렇게 키워졌다. 자신들은 결핍은 필요 없다고 믿었다. 이것은 원칙적으로 아무 문제가 없었고 당연한 일이었다. 하지만 베이비붐 세대의 그 거대한 규모와 그들 주위의 풍부한 자원 때문에 원칙에는 다소 왜곡이 생겼다. 어린 시절에는 부와 풍요가 늘어나는 것을 보았고, 1970년대에는 (그럴만한 이유로 인해) 정부에 대해 냉소했고, 곧이어 1980년대와 1990년대의 호황기를 누린 것을 생각해보면, 베이비붐 세대가 왜 '자기만 아는 세대Me Generation'라는 별명을 얻었는지 쉽게 알 수 있다. 우리보다는 내가 먼저였던 것이다.

아이디어와 부의 공유보다는 아이디어와 부의 보호를 우선하는 것이 지금은 표준이 됐다. 뉴저지에 사는 한 회계사는 내게 이전 고객들과 젊은 고객들 사이의 뚜렷한 차이를 말해주었다. "옛날 고객들은 세법의 테두리 안에서 일하고 싶어 했지요. 공정하게요. 그래서 그냥 내야 하는 만큼 선뜻 세금을 내려고 했어요. 그다음 세대는 엄청난 시간을 들여서 세법에서 빠져나갈 수 있는 구멍이란 구멍을 다 찾으려고 합니다. 책임을 최대한 적게 줄이려고요."

베이비붐 세대 본인들에게 자녀가 생기자, 그들은 자녀들이 책임자를 의심하도록 키웠다. "사람들이 네 걸 가져가지 못하게 해라. 기꺼이 보상을 하지 않는 이상 말이야." 이런 식이다. "네가 원하는 것에 아무것도 방해가 되지 않게 해라." 지금 환경이 1960년대나 1970년대와 동일하다면 역시나 충분히 일리 있는 생각이다. 하지만 요즘의 환경은 그렇지가 않다. 그래서 베이비붐 세대의 자녀들에게는 몇몇 좋은 생각들이 왜곡되어 있다.

X세대와 Y세대는 원하는 것은 무엇이든 얻을 수 있다고 배웠다. 인터넷 이전에 성장한 X세대는 이 교훈을 '고개를 숙이고 열심히 일하라'는 뜻으로 알아들었다. 간과되고 잊혀진 세대인 X세대는 젊었을 때 그 무엇에 대해서도 특별히 반항하거나 지지하지 않았다. 물론 냉전이 있기는 했지만 이때의 냉전은 1960년대와 1970년대보다 훨씬 더 부드러워진, 양호한 냉전이었다. X세대는 학교에서 핵공격에 대비한 훈련을 하며 자라지는 않았다. 1980년대에 성장한 것은 훌륭한 인생이었다. 1990년대와 새천년에는 경기가 더욱 호황이었다. 닷컴도 있었고 전자상거래, 이메일, 인터넷 데이트, 공짜 당일 배송에 기다릴 필요 없이 뭐든 당장 얻을 수 있었다.

Y세대는 특권의식이 있다는 소리를 듣는다. 많은 고용주들이

자기네 말단 직원이 이것저것 요구가 많다고 불평한다. 하지만 관찰자 입장에서 보면 그게 특권의식이라는 생각이 들지는 않는다. Y세대는 열심히 일하고 싶어 하고 기꺼이 그러려고 한다. 우리가 특권의식이라고 느끼는 부분은 실제로는 참을성이 없는 것이다. 그 원인은 두 가지다. 첫 번째는 성공이나 돈, 행복 같은 것들이 즉시 생긴다고 크게 오인하는 것이다. 메시지나 책은 하루 만에 받아볼 수 있겠지만, 커리어나 성취는 그렇지가 않다.

둘째는 더 불안하기 때문이다. 이것은 Y세대의 내부 보상 시스템에 끔찍한 합선이 일어난 탓이다. Y세대는 뭐든 거대한 규모가 정상이고, 돈이 서비스보다 중요하며, 기술이 인간관계 관리에 이용되는 세상에서 자랐다. 그들이 성장한, 사람보다 숫자를 우선시하는 경제 시스템은, 마치 원래 그랬던 것처럼 맹목적으로 당연시된다. Y세대의 생활 속에 자리한 추상화의 양을 줄이거나 극복할 대책을 마련하지 않는다면, Y세대는 부모의 과잉으로 인해 가장 많은 것을 잃는 사람들이 될 것이다. 보상 시스템의 왜곡으로 인해 가장 많은 영향을 받는 것은 Y세대일지도 모르지만, 실제로는 우리 중 누구도 그것으로부터 자유로울 수 없다.

주의가 산만한 세대

당신이 3만 5,000피트 상공에서 시속 525마일의 속도로 뉴욕에서 시애틀로 가는 비행기에 탑승하고 있다고 상상해보자. 조용한 비행이다. 난기류도 없다. 날은 맑고 기장은 끝까지 평안한 비행이 될 거라고 말한다. 기장도 부기장도 아주 오랜 경험을 가진 노련한 조종사들이고, 비행기에는 가장 현대적인 전자장비들과 경보시스템이 구비되어 있다. 연방항공국의 요구에 따라 두 조종사는 1년에 몇 차례씩 항공사의 모의비행장치를 타고 다양한 비상상황 대처 훈련을 가진다. 여기서부터 100마일 떨어진, 창문도 없는 어두운 방에는 10년 경험의 항공 관제사가 앉아 있다. 그는 스코프를 내려다보며 맡은 구역의 모든 항공교통 상황을 감시 중이다. 당신의 항공기는 지금 그의 구역을 지나는 중이다.

이제 그 관제사 옆에 휴대전화가 놓여 있다고 상상해보자. 근무 중에는 전화를 할 수 없도록 되어 있지만 그는 문자 메시지를 주고받거나 이메일에 접속할 수 있다. 그가 비행기에 좌표를 전달하고, 메시지를 확인하고, 다른 비행기에 좌표를 전달하고, 다시 전화기를 확인한다고 상상해보자. 그럴만하지 않은가?

이 가상 시나리오를 듣고 절대 다수의 사람은 마음이 편치 않을 것이다. 우리는 저 관제사가 쉬는 시간에 이메일을 확인하거나 문자메시지를 보냈으면 좋겠다. 인터넷 접속이나 개인 전화 사용이 완전히 금지된다면(실제로는 이렇다) 훨씬 마음이 편할 것이다. 우리 목숨이 달린 일이기 때문에 우리는 이런 사례를 냉엄하게 생각한다. 그렇다면 생사의 문제가 아닐 경우에는, 왜 우리는 일을 하다가, 전화를 확인하고, 장문을 쓰고, 문자 메시지를 보내고, 또 다른 장문을 쓰고, 또 메시지를 보내는 것이 집중에 방해가 안 된다고 생각하는 걸까?

Y세대는 자신들이 모든 기술과 함께 성장했기 때문에 멀티태스킹에 더 능하다고 생각한다. 하지만 감히 주장하자면, 내 생각

에 그들은 멀티태스킹에 더 능한 것이 아니다. 그들은 주의가 산만한 것에 능한 것이다.

노스웨스턴 대학에서 실시한 연구에 따르면 2000년과 2010년 사이 주의력결핍 과잉행동장애ADHD로 진단 받은 아동 및 청년들이 66퍼센트 급증했다고 한다. 10년 동안 왜 갑자기 전두엽 기능 장애 사례가 어마어마하게 치솟은 걸까?

질병통제센터는 주의력결핍 과잉행동장애를 가진 사람을 '주의를 집중하거나 충동적 행동을 제어하는 데 어려움을 겪거나(결과를 생각하지 않고 행동할 수도 있다) 과도하게 활동적인' 사람이라고 정의한다. 나는 이런 급증 추세가 단순히 주의력결핍 과잉행동장애를 가진 사람이 이전 세대보다 늘어났기 때문은 아니라고 생각한다. 물론 그게 사실일 수도 있지만 말이다. 또 자녀에게 테스트를 시키는 부모가 늘어났기 때문도 아니라고 생각한다. 이 역시 사실일 수도 있지만 말이다. 물론 진짜 주의력결핍 과잉행동장애인 사례도 많이 있지만, 나는 이렇게 갑작스럽게 숫자가 증가한 까닭이 오진처럼 단순한 원인 때문일 수도 있다고 생각한다. 나는 젊은 사람들이 주의산만함에 대한 중독을 키우고 있다고 생각한다. 문자 메시지나 이메일, 기타 온라인 활동이 주는 도파민 생성 효과에 한 세대 전체가 중독된 것이다.

우리는 때로 머릿속 전선들이 꼬여서 잘못된 행동이 인센티브를 받는 경우도 있다는 것을 안다. 알코올의 도파민 및 세로토닌 분비 효과를 10대 때 알게 된 사람은 정서적 고통을 누그러뜨리기 위해 사람에게 기대기보다는 알코올에 의존하게 될 수도 있다. 그리고 이것이 나중에 가면 알코올중독으로 나타날 수 있다. 마찬가지로 휴대전화의 띵동 소리가 갖는 도파민 분비효과 역시 기분을 좋게 만들고 그 행동을 되풀이하게 만들 수 있다. 다른 일을 하던 중이었더라도 일이 끝날 때까지 15분을 기다리는 것보다 즉시 전화기를 확인하는 편이 기분이 좋다.

일단 중독되고 나면 갈증은 채워지지 않는다. 운전 중에 전화가 울리면, 우리는 누가 메시지를 보냈는지 '봐야' 한다. 열심히 일을 하고 있는데 책상 위의 전화기가 진동하면 집중을 멈추고 '봐야만' 한다. 베이비붐 세대들이 '더 많이', '더 크게'라는 목표를 통해 도파민을 얻었다면, Y세대는 무엇이든 '더 빠르게' '실시간'을 충족시켜주는 것에서 도파민을 얻고 있다. 담배는 사라졌고, 소셜 미디어가 나타났다. 소셜 미디어는 21세기판 마약이다. (적어도 흡연자들은 밖에 함께 서 있기라도 한다.)

알코올중독이나 마약중독처럼 이 신종 질병은 젊은 세대들을 참을성 없게 만들고, 최악의 경우 더 외롭고 고립된 기분이 들게 만든다. 나중에 알코올중독이 되는 10대들이 대응 기제로서 신뢰하는 인간관계 대신 알코올을 사용하는 것처럼, 소셜 미디어나 가상적 인간관계에서 얻는 긍정적 확인도 진짜 신뢰하는 인간관계의 대응 기제로서의 역할을 대신하고 있다.

그 부작용으로서 Y세대는 이전 세대보다 행복이나 성취감을 찾기가 오히려 더 어려워질지 모른다. 잘 해내고 싶은 욕망은 있지만 문화적으로 참을성이 없기 때문에 노력의 결실을 볼 때까지 한 가지 일에 진득하게 시간이나 노력을 투자하기가 힘들어진다.

즉 성취감을 얻기가 힘들다는 얘기다. 이 책을 위한 조사를 진행하면서 나는 대단하고, 멋지고, 똑똑하고, 의욕 넘치고, 낙천적인 Y세대들을 계속해서 만났다. 그들은 자신이 하고 있는 초보적 수준의 업무에 환멸을 느끼거나 '세상에 영향을 미칠 수 있는' 새로운 일을 찾기 위해 직장을 그만두려 하고 있었다. 그들은 그러려면 시간과 에너지가 필요하다는 사실을 과소평가하고 있었다.

그것은 마치 산기슭에 서서 정상에 오르면 어떤 성공과 결과가 생길까 생각하는 것과 같다. 산을 더 빨리 오를 방법을 찾는 것은 아무 잘못이 없다. 헬리콥터를 타고 싶거나 더 빨리 오를 수 있는 기계를 발명하고 싶다면 힘내라고 격려할 일이다. 그러나 그들이 놓치고 있는 것은 산 자체이다.

'보는 즉시 가질 수 있는' Y세대는 자신이 어디에 서 있고 어디에 가고 싶은지 알고 있다. 이들이 이해하지 못하는 것처럼 보이는 것은 그 여정이다. 오랜 시간이 걸리는 여정 자체 말이다. 이들은 일에는 시간이 걸린다는 얘기를 들으면 당황하는 것 같다. 이들은 짧은 시간 동안 에너지와 노력을 퍼붓는 일은 좋아하지만, 헌신이나 투지는 잘 이해하지 못한다. 몇 가지 것에 자신의 많은 부분을 바치는 일은, 수많은 것에 자기를 조금씩 나눠주는 일로 대체된 것 같다.

이런 경향은 많은 Y세대들이 다양한 사회적 문제에 반응하는 방식에서 잘 볼 수 있다. 그들은 친구들과 모여서 코니 비디오(KONY Video, 아프리카의 아동 군인 및 성매매 추방 목적으로 만든 영상 — 옮긴이)를 함께 본다. 트레이번 마틴(무방비 상태에서 총에 맞아 숨진 17세 흑인 소년. 총을 쏜 남자는 무죄판결을 받아 인종차별 논란을 일으켰다 — 옮긴이)을 지지하는 후드티를 입은 사진을 찍어서 올리는 사람도 많다. 좋은 일을 하고, 돕고, 지지하는 것에 몹시 흥분한다. 하지만 그 도파민을 느끼고 나면, 바로 다음으로 넘어간다. 많은 시간과 노력을 들이지 않는, 주의산만함에 익숙한 Y세대는 헌신과 상징적 제스처를 혼동한다.

젊고, 유행에 민감하고, 선행 좋아하는 사람들에게 실제로는 아무 일도 안 하면서 좋은 일을 할 기회를 만들어주는 브랜드는 1:Face이다. 고객들은 자신이 지지하는 목적을 나타내는 색상의 시계를 구매할 수 있다. 예컨대 흰색은 기아 추방, 분홍색은 유방암 추방과 같은 식이다. 1:Face웹사이트에 따르면 이익 중에 명시되지 않은 비율만큼이 관련 자선단체로 보내진다고 한다. 문제는 이 시계를 차고 있는 사람에게 어떤 좋은 일을 하고 있냐고 물으면 아마 '관심을 제고하는 중'이라고 답할 거라는 점이다. 이게 Y세대가 입에 달고 사는 말이다.

모르고 있는 것들에 대한 관심이나 '대화를 주도하자'는 이야기는 많다. 하지만 대화가 문제를 해결하지는 않는다. 진짜 인간이 시간과 노력을 투자할 때만 문제가 해결된다. 다른 사람들이 해결하도록 압력을 넣고 있다는 말로 그런 캠페인을 정당화하는 것은, 해야 할 일을 하는 것에 나 자신의 시간과 노력을 투자할 마음은 별로 없다는 말과 같다. 인터넷의 한계가 여기서 드러난다. 인터넷은 정보를 확산시키는 놀라운 수단이고 타인의 곤경을 알리는 훌륭한 도구지만, 그 곤경을 완화할 힘은 거의 없다. 타인의 곤경은 기술적 문제가 아니다. 그것은 인간적 문제다. 오직 사람만이 사람의 문제를 해결할 수 있다.

돈이 시간과 노력을 대체했듯이, 이제는 브랜드가 나서서 실제로 아무 일도 안하고 좋은 일을 할 기회를 주겠다며 봉사 활동을 대체한다. 다른 사람을 위해 정말로 힘든 일을 해주고 싶은 인간의 욕구도 충족시키지 못하고, 세로토닌이나 옥시토신이 분비될 수 있는 희생의 조건도 충족시키지 못한다. 즉각적 만족을 위한 도파민 동기는 개인으로서의 우리가 그 어떤 소속감이나 지속적인 성취감도 느끼지 못한 채 이것저것 '기부'를 계속한다는 의미다. 최악의 경우 외로움이나 고립감은 위험한 반사회적 행동으로 이어질 수도 있다.

끔찍한 시나리오

실망과 환멸을 느낀 베이비붐 세대는 그 어느 때보다 많은 사람이 자살하고 있다. 2013년 질병통제센터에서 실시한 조사에 따르면 베이비붐 세대의 자살률은 지난 10년간 거의 30퍼센트가 증가하여 해당 연령대의 사망원인 중 암과 심장질환 다음으로 큰 원인이 되고 있다. 자살이 가장 크게 증가한 것은 50대 남성이다. 이 연령대는 자살이 무려 50퍼센트가 증가했다. 베이비붐 세대의 자살 증가와 맞물려 현재 자살로 사망하는 사람의 수는 자동차 사고 사망자보다 많다.

무언가 대책을 세우지 않는다면 상황은 계속 더 나빠질 것 같은 두려움이 든다. 문제는 2, 30년 후 우리 아이들이 자라서 정부나 업계의 책임자가 되면 이 수가 더 늘어나 있을 거라는 점이다. 이들은 진정한 지원그룹(우정이나 사랑으로 인한 생물학적 유대감)에 의존하기보다는 페이스북, 처방약품, 온라인 지원그룹 등을 주요 대응기제로 사용하기 때문이다. 우울증, 처방약품 남용, 자살 기타 반사회적 행동은 앞으로 더욱 증가할 것 같다.

1960년대에 눈에 띄는 교내 총격 사건은 1번 있었다. 1980년 대에는 27번 있었다. 1990년대에는 58번이 있었고, 2000년에서 2012년까지는 102건의 교내 총격 사건이 있었다. 미친 것처럼 보이겠지만, 단 50년 만에 1만 퍼센트가 증가한 것이다. 2000년 이후 총격 사건에서 범인들은 모두 1980년 이후 출생자였다. 그리고 14세에서 15세 사이의 범인이 많다는 점이 마음을 불편하게 만든다. 그 중에는 정신장애 진단을 받은 사람도 있었지만, 모두가 외롭다고 느낀 사람이었고 학교이나 공동체, 가족으로부터 버림받고 단절되었다고 느낀 사람들이었다. 거의 모든 경우 이런 나이의 어린 살인자들은 스스로 따돌림의 피해자이거나 사회성 부족 혹은 가족사의 문제 등으로 배척받았다고 느낀 사람들이다.

병든 가젤은 무리의 끝으로 밀려나고, 안전권 밖으로 밀려나 사자가 강한 놈 대신 약한 놈을 잡아먹을 수 있게 한다. 인간이 가진 포유류적인 원시적 뇌는 우리를 같은 결과로 이끈다. 안전권에서 벗어난 것 같고, 그 어떤 유대감이나 타인이 나를 사랑하고 돌봐준다는 느낌도 가질 수 없게 되면 우리는 통제에서 벗어난 느낌이 들며, 버림받고 죽음에 내몰린 기분이 든다. 이 정도의 고립감을 느끼면 우리는 필사적이 된다.

가상 세계의 인간관계는 이런 진짜 문제를 해결하도록 도와줄 수 없으며, 오히려 상황을 악화시킬 수도 있다. 페이스북에 과도한 시간을 소모하는 사람은 자신의 삶에 대한 느낌과 타인의 삶에 대한 느낌을 비교함으로써 자주 우울해진다. 미시건 대학의 사회심리학자들이 실시한 한 연구는 2주 동안 82명의 젊은 성인들이 페이스북을 사용하는 모습을 추적했다. 연구를 시작할 때 이들은 자기 삶에 얼마나 만족하는지 점수를 매겼다. 그다음에 연구자들은 2시간마다 하루 5번씩, 대상자들에게 스스로에 대해 어떻게 느끼는지, 페이스북에는 얼마나 많은 시간을 쓰고 있는지 체크했다. 지난 번 체크 이후 페이스북에 소모한 시간이 길수록 기분은 더 나빠졌다. 2주가 끝났을 때 가장 많은 시간을 페이스북에 소모한 사람들은 대체로 자기 삶에 덜 만족하는 것으로 보고되었다. 이 연구는 이렇게 결론 내렸다. "웰빙을 향상시키기 보다는…… 페이스북으로 상호작용하는 것은 젊은 성인에게 반대되는 결과를 가져올 수 있다. 웰빙을 훼손할 수 있다."

이것이 현실이다. 실적에 중독된 '자기만 아는 세대'는 기업의 남용이나 주식시장 붕괴로부터 우리를 보호해주던 규제를 해체해버렸다. 추상화된 세상에 사는 '주의산만한 세대'는 스스로 주의력결핍 과잉행동장애를 갖고 있다고 생각할지 몰라도, 실은 소셜 미디어나 휴대전화로 인한 도파민 중독에 걸렸을 가능성이 더 크다. 우리는 심연에 도달한 것처럼 보일 것이다. 그러면 우리는 어떻게 해야 하는가?

좋은 소식은 우리가 우리 자신에게 최고의 희망이라는 점이다.

8
부

우리 시대
성공한 리더가 된다는 것

25장
마지막이 가장 중요하다

우리에게 주어진 기회는 암울해 보인다. 우리는 신뢰가 필요한 협력에 적합하게 만들어진 동물이지만, 지금 우리가 일하는 환경은 그런 우리의 능력을 최악으로 발휘하게 만든다. 우리는 회의적이고 편집증적이고 이기적인 사람들이 되었고 중독에 노출되어 있다. 우리의 건강과, 심지어 인간성이 위기에 처해 있다. 하지만 변명만 하고 있을 수는 없다. 미디어나 인터넷 혹은 '시스템'만 탓하고 있을 수는 없다. '기업들'이나 월스트리트, 혹은 정부만 탓할 수도 없다. 이 상황의 희생자도 우리지만, 이 상황을 만든 것도 우리이기 때문이다.

그러나 우리의 최후를 준비하고 있는 것은 외부의 위험이 아니다. 외부의 위험은 언제나 있어 왔고 앞으로도 결코 사라지지 않을 것이다. 영국의 저명한 역사학자 아널드 토인비의 표현을 빌면, 보통 문명이 사라지는 것은 살인 때문이 아니다. 우리를 가장 크게 위협하는 것은 조직 내부의 위험이 증가하는 것이다. 그리고 다행히도 그런 위험은 우리가 충분히 통제할 수 있는 위험이다.

알코올중독자모임AA은 알코올로 인한 도파민 중독과 싸우는 사람들을 75년간이나 성공적으로 도와왔다. 그들의 12단계 회복 프로그램에 대해 들어보았을 것이다. 그리고 그 중 1단계가 바로 '문제가 있다는 것을 인정하는 것'임을 알 것이다.

우리는 실적과 수치목표 달성에 시스템적으로 중독된 조직 문화가 너무나 많다는 것을 인정한다. 중독은 다른 모든 중독과 마찬가지로 즉각적인 도취감을 주지만 건강이나 인간관계에 심각한 피해를 주는 경우가 많다. 우리의 중독을 더욱 복잡하게 만드는 것은 우리가 알파의 지위가 되기 위한 인류학적 요구사항은 무시한 채, 유명세나 부만 가지고 지위를 올리려고 한다는 점이다. 하지만 중독되었음을 인정하는 것은 겨우 제1단계에 지나지 않는다. 이제 알코올중독자모임처럼 우리는 힘든 회복 과정을 시작해야 한다.

우리는 서로를 싸우게 만드는 시스템들을 변화시키고 서로 돕도록 장려하는 새로운 시스템을 만들기 위해 필요한 노력과 희생을 해야 한다. 이것은 혼자서는 할 수 없는 일이다.

"알코올중독자모임의 커다란 비밀이 뭔지 알아요?" 알코올중독에서 회복 중인 존이 내게 물었다. "누구는 실제로 끊을 수 있고 누구는 못 끊는지 알아요?"

알코올중독자모임에 가입한 사람들 중에서 12번째 단계를 완료하기 전에 술을 끊을 수 있는 사람은 거의 없다. 나머지 11단계를 모두 끝냈더라도 12번째 단계를 완료하지 못하면 다시 술을 마실 가능성이 크다. 중독을 극복하는 사람은 12번째 단계를 완료하는 사람이다.

그 12번째 단계는 다른 알코올중독자가 알코올중독을 이겨내도록 헌신적으로 돕는 일이다. 12번째 단계의 핵심은 뭐니 뭐니 해도 봉사다. 우리가 조직 내부에 있는 도파민 중독을 깨뜨리기 위한 핵심 열쇠 역시 봉사다. 고객이나 직원, 주주에게 봉사하자는 얘기가 아니다. 그런 것들은 추상화된 사람이기 때문이다. 내가 말하는 봉사는 우리가 매일 함께 일하고 있는 사람, 진짜이고 살아 있고 내가 알고 지내는 사람에 대한 봉사다.

알코올중독자모임의 미팅이 온라인 채팅방이 아니라 교회 지하 혹은 레크리에이션 센터에서 열리는 데에는 이유가 있다. 또 알코올중독자가 스폰서(자기를 도와주기로 한 다른 알코올중독자)의 도움이 필요할 때 이메일을 보내는 대신 전화기를 집어 드는 데도 이유가 있다. 그것은 중독을 이겨내기 위해 필요한 소통이 반드시 진짜 소통이라야 하기 때문이다. 가상 소통으로는 안 된다.

알코올중독자모임의 목적 자체가 사람들에게 안전하다는 기분을 느끼게 해주는 것이다. 고난을 함께 나누고, 도움을 주고받기 위해 모이는 사람들은 따뜻하고 친절하며 사람을 환영한다. 많은 알코올중독자들이 모임이 끝난 후에도 이런 소통을 계속 이어간다. 존이 말해준 것처럼, 그가 나누었던 소통은 외로움을 덜 느끼게 해주었고, 그가 들었던 얘기들은 그에게 희망을 주었다.

"알코올중독은 마치 당신을 공격하려는 늑대 떼와 같아요." 존의 말이다. "프로그램에 들어가서 사람들 속에 있으면 공격 받지 않는 거죠. 사람들이 당신을 안전하게 지켜줄 테니까요." 다시 말해 알코올중독자모임은 가족이나 부족 혹은 소대와 같다. 서로 꼬리를 맞댄 채 서 있는 이솝 우화의 황소들처럼 사자로부터 서로를 지켜주는 것이다. 알코올중독자모임은 완벽하게 형성된 안전권이다.

옥시토신이 있으면 신뢰할 수 있다

세상에서 마주치는 위협들에 대처하는 일은 혼자서는 해낼 수 없다. 적어도 혼자서는 효과적일 수 없을 것이다. 거기에는 우리를 믿어주는 사람들의 도움과 지원이 필요하다. 도파민에 중독된 회사들이 스스로를 규제할 수 없듯이, 혼자서 12단계를 밟으려는 중독자들, 스스로 자기 발전을 모니터하려는 사람들은 대개가 실패하고 만다. 알코올중독자들은 혼자서는 성공할 수 없다. 그들은 자신들의 성공에 시간과 노력을 바치는 사람들, 즉 스폰서를 위해서도 성공하고 싶어 한다. 이게 바로 당초 세로토닌이 작용하는 방식이다. 세로토닌은 지위만 높여주는 것이 아니라 보살핌과 멘토 관계 역시 강화해준다.

그리고 옥시토신이 있다. 신뢰와 사랑의 감정, 그런 따뜻하고 몽글몽글한 감정들은 중독을 이겨내는 데 필수적인 것으로 나타났다. 노스캐롤라이나 대학교 채플힐 캠퍼스의 정신과에서 실시한 2012년 연구에서 나온 예비 결과에 따르면, 옥시토신의 존재는 실제로 알코올중독자와 헤로인중독자들이 금단 증상과 싸우도록 해준다. 심지어 옥시토신 레벨이 상승하면 처음부터 신체 의존성이 발생하는 것을 막을 수도 있다는 증거까지 있다. 다른 사람을 위한 봉사나 희생, 이타적 행동을 통해 옥시토신이 건강하게 분비되면 처음부터 기업문화가 유해해지는 것을 줄일 수 있을지도 모른다는 증거들이 많다.

옥시토신은 워낙에 강력해서 우리가 형성하는 신뢰와 사랑은 중독을 막거나 이겨내게 해줄 뿐만 아니라 실제로 장수에도 도움을 준다. 듀크 대학교 메디컬 센터에서 실시한 또 다른 2012년 연구에 따르면 커플인 사람은 싱글인 사람보다 훨씬 더 오래 산다. 한 번도 결혼하지 않은 사람은 성인이 되어 계속 결혼 생활을 유지한 사람보다 중년기에 사망할 확률이 두 배나 높았다. 결혼한 커플이 암과 심장질환 발병률이 낮다는 연구 결과도 있다. 가깝고 신뢰하는 인간관계는 집에서만 우리를 보호해주는 것이 아니라 직장에서도 우리를 보호해준다.

끈끈한 신뢰가 깊이 흐르는 해병대와 같은 문화에서는 '눈에 보이지 않는 것들'이 시스템을 보존하고 높은 수준의 결속력을 유지시켜준다. 신뢰와 사랑이 넘쳐나는 시스템 내에서는 도파민에 중독되기가 훨씬 어렵다. 옥시토신이 많을수록, 신뢰관계는 더 튼튼해지고, 옳은 일을 하기 위해 더 큰 위험도 감수하며, 서로를 더 많이 지켜주고, 궁극적으로는 집단의 성과도 개선된다. 안전권을 강하게 유지하는 것은 그 속에서 생활하고, 일하는 사람들이다.

어떤 식으로든 고난(우울증, 외로움, 실패, 해고, 가족의 죽음, 인간관계의 상실, 중독, 법정 다툼, 범죄의 피해자가 되는 것 등)을 이겨낸 사람에게 어떻게 견뎠는지 한 번 물어보라. 거의 100퍼센트의 경우 "000의 도움이 없었으면 해낼 수 없었을 거예요."라는 얘기를 듣게 될 것이다. 그들은 가족이나 친한 친구 혹은 어떤 경우에는 낯선 사람의 이름까지 들먹일 것이다.

혹시 기내에서 끔찍한 서비스를 받았다면 옆에 있는 낯선 사람에게 불평을 이야기함으로써 위안을 받을 것이다. 자기중심적인 상사의 야망 때문에 고생하는 사람이라면 직장에서 똑같은 일을 겪는 사람을 통해 마음의 위로를 얻을 것이다. 나와 친한 사람이 앓는 질병과 같은 병을 앓는 가족을 가진 사람을 만나면 우리는 유대감을 느낀다. 우리가 도움을 청하는 것은 공통의 관심사가 있거나 공통의 목적을 추구하는 사람들이다.

인간적 유대감(진짜이고 진실하며 솔직한 인간적 유대, 서로 아무것도 바라는 것이 없는 관계)을 느낄 수 있으면 우리는 견뎌내고 도와줄 힘을 얻는 것 같다. 이겨내는 것을 지켜봐줄 파트너가 있으면 우리는 훨씬 더 많은 역경을 참아낼 수 있다. 그렇게 되면 역경이 견디기 쉽게 느껴질 뿐만 아니라 스트레스와 불안을 다스리는 데도 실제로 도움이 된다. 우리 옆에 누군가가 있으면 코르티솔은 그 검은 마법을 부릴 수 없다. 조니 브라보 같은 사람들 혹은 그 어떤 군인, 선원, 공군, 해병대라도 옆 사람을 위해 기꺼이 자기 목숨을 걸 수 있는 유일한 이유는, 옆에 있는 사람 역시 자신을 위해 똑같은 일을 해줄 거라고 확신하기 때문이다.

26장
우리에게 가치를 부여하는 건
성공이 아니라 고난이다

　선진국에 사는 우리는 보통 생존을 위해 일하지는 않는다. 우리는 필요한 모든 것을 충분하고도 남을 만큼 갖고 있다. 너무 많아서 낭비해도 될 정도로 말이다. 애리조나 대학교 투손 캠퍼스의 인류학자 티모시 존스의 2004년 연구에 따르면, 거둬들이기만 하면 되는 음식 중에서 50퍼센트는 아무도 먹지 않는다고 한다. 실제로 미국의 가정은 구매한 음식의 14퍼센트를 평균적으로 낭비하고, 그 중 15퍼센트는 아직 유통기한이 지나지 않은 음식이다. 돈으로 환산하면 평균적인 미국 가정은 해마다 거의 600달러어치의 고기, 과일, 야채, 곡식을 내버린다. 음식을 더 많이 보존하거나 냉동하는 법을 배우는 것만으로도 미국의 가정들은 연간 거의 430억 달러를 절약할 수 있다.

　개발도상국에서도 미국과 같은 양을 상실하지만 음식물을 내다버리기 때문은 아니다. 스톡홀름국제물연구소에 따르면, 추수

한 곡식 중 50퍼센트 정도는 단지 상하거나 보관을 잘못해서 먹을 수 없게 된다고 한다. 개발도상국에서는 사람들이 식품을 제대로 관리하지 않아서 식량 공급의 50퍼센트를 잃고, 선진국에서는 공연히 음식을 내다버림으로써 식품의 50퍼센트를 잃는다.

이것이 바로 너무 많이 가질 때의 부담이다. 무언가가 얼마든지 더 있다면 필요하지 않은 만큼은 써버리거나 없애버리기 쉽다. 우리가 가진 낭비벽이 새로운 현상은 아니다. 구석기 시대의 조상들도 이런 식으로 살았다. 호모 사피엔스가 농경을 왜 시작했는지에 관한 학설 중에는 처음부터 호모 사피엔스들이 이용가능한 자원에는 별로 신경을 쓰지 않았다는 주장도 있다. 우리는 처음부터 가진 것을 낭비해왔고, 더 낭비할 수 없을 때에만 조정했다고도 말할 수 있을 정도다. 요즘에는 직원들의 선한 의지를 낭비하는 조직 리더가 너무 많은 것 같다. 그런 일이 더는 불가능해지면 그런 관행이 얼마나 더 지속될 수 있을지 궁금하다.

미국인이 버리는 에너지나 음식의 양을 측정할 수 있다면, 마구 버리는 돈이 얼마나 되는지 알 수 있다면 실제로는 우리가 얼마나 적은 것을 필요로 하는지도 알 수 있을 것이다. 그리고 어쩌면 그것이 우리의 가장 큰 도전과제일지도 모른다. 하나의 사회로서 우리가 아무런 부담을 느끼지 않는다는 사실 말이다. 공동의 부담을 나눠지고 있다는 느낌은 우리가 힘을 합치게 만드는 원동력 중 하나다. 어려움이 적다는 것은 협력할 필요도 적다는 뜻이고, 이 말은 곧 옥시토신이 적게 나온다는 의미다. 자연재해가 일어나기 전에 어려운 사람을 돕겠다는 지원자는 거의 없다.

재해가 발생한 후에야 지원자가 몰린다.

지금 시대는 음식과 자원, 선택의 기회가 풍부하다. 슈퍼마켓에 진열된 그 많은 제품과 전기와 같은 이용 가능한 자원들을 우리 사회는 당연하게 받아들인다. 이것이 바로 상용화의 힘이다. 어느 자원이 주변에 온통 널려 있다면 체감 가치는 감소할 것이다. 컴퓨터도 이전에는 대단한 물건, 특별한 도구였다. 델과 같은 회사들은 이들 기계의 뛰어난 가치를 활용해 거대한 기업을 일구었다. 하지만 공급이 늘어나고 가격이 하락하자 컴퓨터는 상용화되었다. 그와 함께 이것이 우리 삶에서 얼마나 놀라운 도구인가 하는 감사의 마음도 줄어들었다. 풍요는 가치를 파괴한다.

우리가 어떤 것을 감사하게 여기는 것은 그것을 쉽게 얻을 수 있을 때가 아니라 힘들게 노력해야 하거나 얻기가 어려워서 큰 가치를 가질 때이다. 땅속 깊은 곳의 다이아몬드이든, 커리어의 성공이든 인간관계든, 모든 것에 가치를 부여하는 것은 그것을 얻기까지 필요한 고난이다.

'우리가 애정을 가지고 기억하는 것은 일이 아니라
동지애이며,
그 일을 완수하기 위해 어떻게 힘을 합쳤던가 하는 점이다.'

내 인생 최고의 날

'직장에서 최고의 날은 언제였습니까?'라고 물어보면, 모든 게 순조롭고 작업 중이던 큰 프로젝트가 기한과 예산에 맞춰 완성되었을 때라고 답하는 사람은 없을 것이다. 모든 게 잘 되게 만들려고 우리가 얼마나 힘들게 노력하는지 생각하면 이런 날은 상당히 좋았던 날이 되어야 함에도 말이다. 하지만 이상하게도 모든 것이 순조롭게 계획대로 진행된 날은 우리가 애정을 갖고 기억하는 날이 아니다.

대부분의 사람은 모든 것이 잘못된 것처럼 보였음에도 열심히 노력했던 프로젝트를 더 따뜻한 마음으로 떠올린다. 우리 팀이 새벽 3시까지 남아 있던 일, 차가운 피자를 먹었던 것, 데드라인을 못 맞출 뻔했던 일을 우리는 기억한다. 이런 날들이야말로 직장에서 최고의 날이었다고 기억하는 경험들이다. 그것은 어려움 자체 때문이 아니라 우리가 어려움을 공유했기 때문이다. 우리가 애정을 갖고 기억하는 것은 업무가 아니라 동지애이며, 그 일을 완수하기 위해 우리 팀이 어떻게 힘을 합쳤던가 하는 점이다. 그 이유는, 다시 말하지만, 자연스런 것이다. 힘든 시기에 서로를 도와주려고 노력하면 우리 신체는 옥시토신을 분비한다. 다시 말해 우리는 어려움을 나눌 때 생물학적으로 더 가까워진다.

이 말을 계속 반복하니 지겨울 수도 있지만, 우리 신체는 우리에게 가장 이로운 행동을 반복하도록 인센티브를 주려고 한다. 어려울 때는 부족이나 조직, 종을 보호하기 위해 서로를 돕는 것보다 우리를 기분 좋게 해주는 일은 없다. '직장에서 최고의 날'

은 우리가 서로 어려움을 견디고 극복하도록 도와줬던 날이다. 그런 날들이 좋은 기억으로 남지 않는다면 그것은 아마 팀이 힘을 합치지 않고 배신과 이기심이 난무했었기 때문일 것이다. 각자 알아서 해야 하는 문화에서 일을 한다면, '직장에서 좋았던 날'조차 생물학적 관점에서는 여전히 나쁜 날일 것이다.

군대에 있는 사람들은 전투에 배치되었던 때를 즐겁게 이야기한다. 진짜 위험이 도사리고 있는 냉혹한 조건에서 생활하는 집단이 이런 때를 좋게 기억한다는 것은 이상하게 보인다. 그들은 '그날을 즐겼다.'고 말하지는 않을 것이다. 심지어 '그날이 싫었다.'고 말할지도 모른다. 하지만 놀랄 만큼 많은 사람들이 '그 경험에 감사한다.'고 말할 것이다. 이것이 바로 우리가 다른 사람의 도움 덕분에 힘든 시간을 끝까지 견뎌냈다는 것을 알 때 느끼는 옥시토신의 영향이다. 그리고 이런 인간관계는 우리가 귀환했을 때도 어려움을 헤쳐 나가게 돕는다. 흔히들 믿는 것과는 반대로 전투에 배치된 사람들은 실제 후방에 있었던 사람들보다 자살률이 약간 더 낮다. 전투에 배치되지 않은 사람들은 자신의 팀이 밖에 나가 외부 위험에 함께 맞서 싸우는 동안 혼자 있는 것이 힘들기 때문이라는 해석도 있다.

자원이 희소하고 위험이 도사리고 있을 때는 우리는 자연히 똘똘 뭉친다. 육해공군과 해병대가 전투 상황에서는 그토록 잘 협력하다가도 펜타곤에 돌아와서는 엇나가는 아이들처럼 싸우는 것도 이 때문이다. 전투에서는 불확실성이 높고 외부 위협이 실재하므로 생존과 성공 기회를 높이기 위해 힘을 합친다. 반면 펜타곤에 돌아오면 제일 큰 위협이라고 해봐야 큰돈을 잃는 것 정도이고, 각 군의 리더들은 자신들의 이해를 보호한다는 이름으로 서로 반목한다. 전투에서는 어느 군이냐와는 무관하게 다른 사람을 돕기 위해 자신을 희생했다는 이야기가 흔하다. 펜타곤에서는 한쪽 군이 다른 군이 필요한 것을 얻도록 도우려고 희생했다는 얘기는 찾기 어렵다.

어려움을 헤쳐 나가기 위해 어쩔 수 없이 협력해야 할 때 우리 종이 번창한다면, 우리에게 필요한 것은 현대라는 풍요의 시대에 맞는 어려움을 재정의하는 것이다. 우리는 재적응하는 법을 배워야 한다. 이런 복잡한 환경 속에서 우리가 타고난 대로 활약하는 법을 알아내기 위해서다. 많은 리더들을 위해서는 다행한 일이지만, 그러기 위해 우리가 풍요를 포기하거나 수도승 같은 삶을 살아야 하는 것은 아니다. 우리에게 주어진 도전 과제는 미래에 대한 비전이 우리가 가진 도구에 의해 제한된다는 점이다. 우리는 우리가 가진 자원으로 실현할 수 있는 것보다 더 큰 비전을 새로 짜야 한다.

고난을 재정의하자

작은 사업체들이 그토록 자주 대형 기업을 앞서는 혁신을 이뤄내는 것은 우연이 아니다. 지금 있는 대형 기업들은 거의 모두 처음에는 작고 혁신적인 기업이었다. 하지만 몸집이 커지면서 혁신할 능력을 잃어버린 것 같다. 요즈음 자원이 넘쳐나는 대형 기업이 혁신하는 것처럼 보이는 방법은 큰 아이디어를 가진 작은 회사를 사들일 때뿐인 것 같다. 왜 더 작고 자원도 부족하고 적은 인원으로 고군분투하는 기업이 혁신을 생각해내는지 대형 기업의 리더들이라고 해서 궁금하지 않을까? 규모와 자원이 반드시 이점은 아닌 것 같다.

한정된 자원으로 인한 어려움을 나누고, 무에서 유를 창조하려는 사람들과 함께 일하는 것은 작은 기업의 훌륭한 공식이다. 하지만 이미 함께 고생했고 성공도 거둔 회사가 그런 환경을 재창조하는 것은 극히 어렵다. 우리가 애플을 그토록 신기한 회사라고 생각하는 것은 이 때문이다. 애플은 애플 I, II에서 매킨토시와 아이맥으로, 아이팟과 아이튠즈에서 아이폰으로, 몇 번이고 성공을 반복했다. 옛날 제품을 팔 새로운 방법을 찾는(가장 성공적인 회사들은 대체로 택하는 방법) 대신에 그들은 새로운 제품을 발명해서 새로운 산업에서 경쟁했다.

우리는 인간이라는 종이 풍요를 생각하고 만들어지지 않았다는 것과 풍요로운 환경에 있으면 우리 내부 시스템이 망가질 수 있다는 것을 알고 있다. 우리는 우리 행동에 영향을 주는 화학물질들이 균형을 잃게 되면, 단기적인 도파민 주도의 사내 인센티브 구조가 주는 중독적 특성에 무릎을 꿇을 위험이 크다는 사실도 안다. 그리고 옥시토신과 세로토닌이 더 쉽게 흐를 수 있는 날이 오지 않는 한, 우리가 뭉칠 수 없다는 것도 안다.

성공적 회사의 리더들은, 혁신을 원하고 직원들로부터 사랑과 충성심을 얻고 싶다면, 회사가 직면한 고난을 재정의해야 한다. 절대적 용어가 아니라 자신들의 성공에 맞는 상대적 용어로 재정의

해야 한다. 다시 말해 안전권 밖에 존재하는 위험과 기회는 각자의 회사 크기에 맞게 과장되어야 한다. 좀 더 자세히 설명해보자.

작은 회사가 고전하는 이유는 계속 살아남을 수 있도록 보장해 줄 자원을 못 가지고 있기 때문이다. 생존은 아주 실감나는 걱정거리다. 직원들이 어떻게 똘똘 뭉쳐서 자신들이 가진 문제보다 더 큰 생각을 해내느냐가 성공과 실패를 가르는 경우가 많다. 돈으로 문제를 해결하려고 하는 것은 효과도 떨어지고 지속적일 수도 없다.

반면 더 크고 성공한 회사는 생존에 대한 공포가 없다. 자원이 넘쳐나기 때문이다. 생존은 동기가 될 수 없으며 성장이 동기가 된다. 하지만 이미 보았다시피 성장이란 추상적이고 구체적이지 못한 목적지여서 인간의 영혼에 불을 댕기지는 못한다. 인간의 영혼에 불이 붙는 것은 회사의 리더가 성장해야 할 이유를 제시했을 때이다. 분기 목표나 연간 목표를 제시하는 것은 설득력이 떨어진다. 충분한 고난이 제시되지 않기 때문이다. 그렇다고 그런 목표가 쉽다는 얘기는 아니다. 쉬울 수도 있고 아닐 수도 있다. 하지만 이런 회사는 이미 그런 목표를 달성하기 위해 이용할 수 있는 자원이 있다.

정말로 동기를 불어넣고 싶다면, 이용가능한 자원의 크기를 넘어서는 도전이 필요하다. 아직 존재하지 않는 세상에 대한 비전이 필요하다. 일하러 와야 할 이유 말이다. 단순히 큰 목표를 말하는 것이 아니다. 위대한 조직의 리더들은 이 일을 해낸다. 그들은 말 그대로 아직 아무도 무엇을 해야 할지, 어떻게 해결해야 할지 모를 만큼 버거운 도전 과제를 제시한다.

빌 게이츠는 마이크로소프트에 책상마다 한 대의 PC라는 비전을 제시했다. 이 비전은 어떻게 되었는가? 비록 선진국에서는 이 목표를 대체로 이뤘을지 몰라도, 목표가 완수되려면 아직도 갈 길이 멀다. 작은 기업과 마찬가지로 대형 회사도 기존의 능력에 맞춰 도전과제를 다시 정의할 수 있다면 직원들은 해결책을 찾아낼 것이다. 그리고 거기서 혁신이 나온다. (안타깝게도 주로 스티브 발머의 형편없는 리더십 때문에, 문제가 생기면 돈을 쏟아 붓고 필요하면 사람을 희생시키는 성향 때문에, 마이크로소프트의 리더들은 그들이 찾던 바로 그 혁신을 주도하는 데 필요한 환경을 망쳐버렸다.)

스티브 잡스는 그의 말을 빌자면 '우주에 자국을 남기고' 싶어했다. 좀 더 현실적으로 풀어서 쓰자면, 그는 어느 기술의 가치를 정말로 파악하려면 그 기술을 우리가 사는 방식에 맞춰야 한다고 믿었다. 그 기술이 작동하는 방식에 우리 삶을 맞출 것이 아니라 말이다. 직관적 인터페이스와 단순함이 그의 비전을 발전시키는 핵심 열쇠였던 것은 이 때문이다.

회사의 리더가 직원들에게 어떤 신념을 제시한다면, 회사가 가진 자원보다는 크지만 직원들의 지혜보다는 크지 않은 도전과제를 제시한다면, 직원들은 모든 것을 바쳐 그 문제를 해결할 것이다. 그 과정에서 회사를 발전시킬 뿐만 아니라 업계를 바꾸고 세상을 뒤집어놓을지도 모른다(초기 마이크로소프트가 그랬듯이). 하지만 앞에 놓인 문제보다 회사의 자원이 훨씬 많다면 풍요는 우리에게 해가 될 것이다.

큰 도약을 위해서는 작은 발걸음이 필요할 수도 있지만, 우리에게 동기를 부여하는 것은 그 작은 발걸음의 행동이 아니라 큰 도약이라는 비전이다. 그 비전을 향해 헌신한 후에야 우리는 자신의 삶을 뒤돌아보며 중요한 일을 해냈다고 자평할 수 있을 것이다.

목적의 가치

1960년대 스탠리 밀그램의 권위와 복종에 대한 실험은, 더 높은 정당성에 대한 신념이 있는 사람은 다른 사람에게 해를 끼칠지도 모른다고 의심되는 명령을 따를 가능성이 훨씬 적다는 것을 보여주었다. 여러 변수의 실험 중에서도 과학자를 최고의 권위로 보지 않았던 사람들만이 끝까지 진행하기를 거부했다. 그들에게 맹목적으로 명령을 따르지 않을 수 있는 힘을 주었던 것은 더 높은 목적에 대한 고집이었다.

비즈니스의 세계에서는 상사도 고객도 우리를 넘어서는 최고의 권위는 아니다. 공개 기업의 경우라면 주주도 월스트리트의 애널리스트들도 아니다. 믿든 안 믿든, 작은 기업의 경우에도 궁극적으로 투자자가 답은 아니다. 이 모든 '권위'들은 밀그램의 실험에 나오는 흰색 가운을 입은 과학자와 같다. 주어진 상황의 권위자일 수는 있지만 우리의 의사결정을 지배하는 궁극적 권위는 아니다. 밀그램의 연구를 통해 예상할 수 있듯이, '이유'를 열심히 생각하는 리더와 회사, 강한 목적의식과 용기가 있어서 월스트리트나 추상적 주주들의 압박에도 맞설 수 있는 리더와 회사가 장기적으로는 더 좋은 성과를 낸다.

밥 채프먼은 회사가 계속 수익을 내고 성장할 수 있게 하기 위해 열심히 노력했지만, 수익은 그저 배리웨밀러 사에서 일하는 직원들에게 봉사하는 데 필요한 도구라고 생각했다. 그의 생각에 수익은 동력이지 목적지는 아니었다. 채프먼은 더 높은 권위에 응답했고 회사의 보호 아래 놓인 아들딸들을 돌보아야 할 책임감을 느꼈다. 채프먼은 수치를 달성할 수 있는 단기적 의사결정을 내리라고 하는 사람들을 무시할 수 있는 용기가 있었다.

'인간이 5만년 동안 번창할 수 있었던 것은
자기 자신에게 봉사하려고 했기 때문이 아니라
타인에게 봉사하고 싶었기 때문이다.'

코스트코의 제임스 시니걸은 자신의 회사를 위해 일하는 이들에 대한 책임이 단순히 그들의 노력으로 수익을 올리는 사람들에 대한 책임보다 더 크다고 생각했다. 해병대의 리더는 자기 책임의 대원들을 본인보다 먼저 생각하라고 배운다. 사우스웨스트 항공의 모든 CEO들은 자신들의 가장 큰 책임은 직원에 대한 책임이라는 것을 알고 있었다. 직원들을 섬기면 직원들도 고객을 섬길 것이다. 그러면 고객이 궁극적으로 사업을 견인하고 주주들에게 이익을 준다. 이것이 올바른 순서다.

이들 뛰어난 리더들과 그 조직에서 일하는 이들은 이기적 동기를 가진 어느 외부인을 위해 봉사하는 것이 아니라 어느 목적을 위해 봉사한다고 생각한다. 그리고 그 목적은 항상 인간적인 목적이다. 모든 사람이 자신이 회사에 오는 이유를 안다.

회사가 자신의 목적을 글로벌 리더가 되는 것이라든가, 누구나 아는 브랜드가 되는 것 혹은 최고의 제품을 만드는 것이라고 선언하면, 그것은 회사 이상의 그 누구에게도 가치를 의도하지 않는 이기적인 욕망이다. 이런 목적은 목적이 아니기 때문에 인간에게 영감을 일으킬 수 없다. 아침에 일어나면서 그런 것을 달성하겠다고 생각하는 사람은 없다. 다시 말해 그런 것들은 회사보다 더 큰 목적이 아니라는 얘기다.

인간이 5만년 동안 번창할 수 있었던 것은 자기 자신에게 봉사하려고 했기 때문이 아니라 타인에게 봉사하고 싶었기 때문이다. 이것이 바로 12번째 단계가 갖는 가치이다. 우리는 서로에게 헌신해야 할 충분한 이유를 제시하는 리더가 필요하다.

27장
지금 우리에게는 더 많은 리더가 필요하다

조니 브라보를 기억할 것이다. 자신의 가장 큰 자산은 지상에 있는 병사들에 대한 공감이라고 믿었던 A-10기의 조종사 말이다. 조니 브라보는 아프가니스탄에서 돌아와 몇 년 후에야 리더가 되려면 정말로 무엇이 필요한지 알게 됐다. 훈련 미션에 따라 네바다 사막에 비행기를 착륙시킨 후였다. 그의 비행기를 점검할 수석 정비사가 다가와 인사를 하고 그가 비행기에서 나오는 것을 도와주었다. 그날따라 정비사는 제 컨디션이 아닌 것 같고 다른 데 정신이 팔려 있는 것 같아서 조니 브라보는 정비사에게 잔소리를 했다. 그는 함께 일하는 사람들이 최선의 상태이길 원했다. 그래야 자신도 지상에 있는 병사들을 최선을 다해 지원할 수 있기 때문이다.

수석 정비사는 사과를 했다. 그는 잠을 충분히 자지 못해서 피곤하다고 설명했다. 정비사는 야간학교를 다니고 있었는데 아내와 자신에게 새 아기가 태어나서 밤새 잠을 자지 못했다고 했다. 그 순간에야 조니 브라보는 공감이라는 것이 우리가 봉사해야 하는, 이름도 얼굴도 모르는 사람들에게만 해당되는 것이 아니라는 사실을 깨달았다. 공감은 아침 9시부터 저녁 5시까지 고객이나 직원에게만 제공하는 어떤 것이 아니었다. 공감은 조니 브라보가 설명하듯 '리더가 되고 싶은 사람이라면 매분 매초 모든 사람에게 서비스해야 하는 것'이다.

리더란 남보다 더 적게 해도 되는 면허가 아니라, 남보다 더 많이 해야 할 책임이다. 그리고 그게 바로 어려운 부분이다. 리더십에는 노력이 필요하다. 시간과 에너지가 든다. 그 효과가 항상 쉽게 측정되거나 즉시 나타나는 것도 아니다. 리더십은 언제나 인간에 대한 헌신이다.

나 같은 사람이 이런 책을 쓰는 것은 우리가 더 큰 이익을 위한 변화를 일으킬 수 있다는 희망 때문이다. 그 이익에는 상업적 이익도 포함된다. 어쩌면 이런 책이나 기사를 읽는 많은 이들이 그들에게 동감할 수도 있겠지만, 조직의 리더들이 현 상태에 도전하라고 요구하지는 않는다.

찰리 김이나 밥 채프먼, 제임스 시니걸, 데이비드 마르케 선장, 로버트 굿래트 의원과 허세스 샌들린 의원처럼 조직을 리드한다면, 측정 가능한 구체적 혜택들을 일반적 경우보다도 훨씬 많이 얻을 수 있다. 그럼에도 불구하고 밀턴 프리드먼 같은 사람이 옹호한 이론, 혹은 잭 웰치 같은 경영자들이 개척한 이론이 여전히 복음처럼 퍼져나간다.

오늘날 많은 리더들이 사람을 어떻게 리드할 것인가에 대한 제임스 시니걸의 이론보다 잭 웰치의 사업 경영방식을 더 선호하는 이유는 스릴 때문이다. (제너럴일렉트릭의 주가 실적과 코스트코를 비교한 296페이지의 그래프를 다시 한 번 확인하기 바란다) 시니걸의 방식은 롤러코스터 같은 극적인 효과를 내지는 못할지 몰라도 안정적인 방식이며 회사가 보다 꾸준히 성공하는 방식이다. 반면 웰치의 방식은 도박과 같다. 등락과 승패를 반복하고 스릴, 흥분, 환한 불빛, 고도의 집중, 라스베이거스 같은 것이 연상된다. 가진 돈이 충분해서 기계를 계속 당길 수 있다면 언젠가 잭팟을 터뜨릴 수도 있을 것이다. 하지만 그렇게 오래 게임을 할 수 없다면, 딱 맞는 시점에 나갈 수 있을지 확신할 수 없다면, 혹은 보다 지속가능하고 안정적인 것을 바란다면, 보다 튼튼한 안전권을 가진 회사에 투자하고 싶을 것이다. 한 경제에 롤러코스터와 같은 기업이 몇 개 있는 정도는 문제가 없다. 하지만 직원들을 열심히 돌보는 것보다 도파민이 주는 흥분을 우선시하는 리더가 많다면 전체 경제가 균형을 잃게 될 것이다.

리더가 되는 것은 모든 면에서 부모가 되는 것과 같다. 우리가 돌보는 사람이 행복할 수 있도록 헌신하고 그들의 이익을 위해 기꺼이 희생하여, 우리가 사라진 후에도 오래도록 그들이 우리의 깃발을 이어갈 수 있게 하는 것이다.

17세기 영국의 물리학자 아이작 뉴턴 경은 제2운동법칙의 공식을 f=ma로 제시했다. 힘은 질량 곱하기 가속도이다. 옮겨야 할 질량이 무거우면 힘을 더 가해야 한다. 대형 회사의 방향을 틀거나 커다란 문제를 해결하려면 어마어마한 힘이 필요하다. 그리고 그것이 우리가 종종 하는 일이다. 크게 리포지셔닝을 하기도 하고, 크게 조직을 재편하기도 한다. 무언가에 큰 힘을 가할 때의 문제는 그 힘이 우리를 뒤흔든다는 점이다. 우리는 이익이 되기는커녕 피해가 생기지는 않을까 걱정한다. 이것은 안전권을 훼손한다.

하지만 우리가 종종 무시하는 또 다른 변수가 있다. 바로 'a', 즉 가속도이다. 변화가 반드시 갑작스럽고 즉각적이어야 한다고 누가 말했는가? 밥 채프먼, 찰리 김, 데이비드 마르케 선장 등은 새로운 이론을 들고 쳐들어가 조직을 해체하지 않았다. 그들은 조금씩 뜯어고쳤다. 작은 변화를 실천하고, 실험했다. 어떤 실험은 효과가 있었지만 다른 실험은 그렇지 못했다. 하지만 시간이 지나 운동량이 쌓이면 변화가 축적됐고 조직과 조직 내 사람들은 변모했다.

리더십, 진정한 리더십은 꼭대기에 앉아 있는 사람의 요새가 아니다. 그것은 집단에 속한 사람이라면 누구라도 가져야 할 책임감이다. 공식적 직위를 가진 사람은 더 큰 규모로 리더십을 발휘할 권한이 있을 수도 있지만, 우리 각자에게도 안전권을 튼튼하게 유지할 책임이 있다. 우리 모두가 오늘부터 다른 사람을 위해 작은 일들을 시작해야 한다. 하루 하나씩이라도.

리더는 마지막에 먹는다 (원제 : LEADERS EAT LAST)

사이먼 사이넥 **지음** | 이지연 **옮김**

초판 발행일 2014년 5월 23일 | **1판 22쇄** 2018년 11월 16일
펴낸이 조기룡 | **펴낸곳** 내인생의책 | **등록번호** 제10-2315호
주소 서울시 서초구 나루터로 60 정원빌딩 A동 4층
전화 (02)335-0445 | **팩스** (02)6499-1165
전자우편 bookinmylife@naver.com

ISBN 979-11-5723-000-6 (13320)
(CIP제어번호: CIP2014014977)

* 36.5는 내인생의책의 임프린트입니다.
* 책값은 뒤표지에 있습니다.
* 잘못된 책은 구입처에서 바꿔 드립니다.